——献给我的妻子和女儿

英美契约法的变迁与发展

The Transformation and Development of
Anglo-American Contract Law

刘承韪 著

图书在版编目(CIP)数据

英美契约法的变迁与发展/刘承韪著. —北京:北京大学出版社,2014.11
(国家社科基金后期资助项目)
ISBN 978-7-301-25039-6

Ⅰ.①英… Ⅱ.①刘… Ⅲ.①契约法-研究-英国 ②契约法-研究-美国 Ⅳ.①D956.13 ②D971.23

中国版本图书馆 CIP 数据核字(2014)第 246813 号

书　　　名：英美契约法的变迁与发展
著作责任者：刘承韪　著
责 任 编 辑：周　菲
标 准 书 号：ISBN 978-7-301-25039-6/D·3705
出 版 发 行：北京大学出版社
地　　　址：北京市海淀区成府路 205 号　100871
网　　　址：http://www.pup.cn
新 浪 微 博：@北京大学出版社　@北大出版社法律图书
电 子 信 箱：law@pup.pku.edu.cn
电　　　话：邮购部 62752015　发行部 62750672　编辑部 62752027
　　　　　　出版部 62754962
印　刷　者：北京宏伟双华印刷有限公司
经　销　者：新华书店
　　　　　　730 毫米×1020 毫米　16 开本　17 印张　297 千字
　　　　　　2014 年 11 月第 1 版　2014 年 11 月第 1 次印刷
定　　　价：35.00 元

未经许可,不得以任何方式复制或抄袭本书之部分或全部内容。
版权所有,侵权必究
举报电话:010-62752024　电子信箱:fd@pup.pku.edu.cn

国家社科基金后期资助项目
出版说明

　　后期资助项目是国家社科基金设立的一类重要项目,旨在鼓励广大社科研究者潜心治学,支持基础研究多出优秀成果。它是经过严格评审,从接近完成的科研成果中遴选立项的。为扩大后期资助项目的影响,更好地推动学术发展,促进成果转化,全国哲学社会科学规划办公室按照"统一设计、统一标识、统一版式、形成系列"的总体要求,组织出版国家社科基金后期资助项目成果。

全国哲学社会科学规划办公室

目 录 | Contents

引言:英美契约法为何值得关注? / 1

1 | 一、欧陆契约法的反理论性和封闭性
2 | 二、英美契约法的开放性和多元化
3 | 三、英美契约法的高度国际化和广泛影响力
5 | 四、中国法的英美化

第一章　英国契约法的形成与建构 / 7

7 | 一、普通法形成的三要素:王室法庭、陪审制度与令状制度
8 | 二、令状诉讼:普通合同法形成的核心要素
10 | 三、违诺赔偿之诉(Assumpsit):英国一般契约法进化之工具
13 | 四、违诺赔偿之诉的历史功绩:现代英美合同法模式之型塑
16 | 五、法学家在契约法体系形成中的关键作用

第二章　美国契约法的形成与建构 / 20

20 | 一、法律形式主义的大本营:哈佛法学院
21 | 二、兰代尔的法律科学化观念
23 | 三、霍姆斯的"形式主义契约法"和威灵斯顿的"统一合同法"
24 | 四、ALI 与《美国第一次合同法重述》:美国古典契约法形成的标志

第三章　古典契约法核心原则的起源与流变:对价原则 / 34

- 35　一、对价原则的概念起源
- 53　二、对价原则理论模型的变迁
- 82　三、对价原则的功能变迁

第四章　古典契约法核心原则的形成与流变:合同相对性原则 / 109

- 109　一、所谓合同相对性
- 111　二、大陆法系合同相对性的缘起与解释论的演变
- 117　三、英美法合同相对性原则的确立——内部作用还是外力影响?
- 124　四、合同相对性原则的未来

第五章　古典契约法的构造与特质 / 128

- 128　一、契约自由:古典契约法的核心理念
- 130　二、古典契约法的哲学倾向:契约法的客观性与标准化
- 131　三、古典契约法的心理学假设:抽象平等的理性人
- 132　四、古典契约法的法学品性:不证自明和演绎性质
- 134　五、古典契约的个别性、不连续性与静态性
- 135　六、古典契约的即时性与现时性
- 135　七、古典契约法理论的固有缺陷

第六章　新古典契约法:英美契约法的调整与改良 / 137

- 137　一、新古典契约法的思想基础:现实主义法学与"回应型"法社会学
- 139　二、新古典契约法的代表人物及其思想
- 148　三、新古典契约法的经典文本:《统一商法典》与《第二次合同法重述》
- 157　四、新古典契约法的理念与内容
- 172　五、新古典契约法的特质
- 174　六、新古典契约法的经典制度:保护信赖利益的允诺禁反言原则

第七章　契约法社会化浪潮与现代契约法的发展 / 190

- 191　一、契约社会化与"关系性契约"难题
- 193　二、社会化的契约法理论方案的兴起
- 201　三、关系契约理论：契约法社会化运动的最强音
- 210　四、关系契约理论的困境

第八章　英国契约法与美国契约法之比较 / 227

- 227　一、法律体系的差别：英国法的形式性 vs 美国法的实质性
- 228　二、法律传统的差别：英国法的保守 vs 美国法的开放
- 229　三、核心法律制度的差别
- 231　四、法律渊源形式的差别

第九章　中国契约法治现代化的思考 / 234

- 234　一、英美契约法变迁阶段的启示：以共时性发展完成历时性任务
- 235　二、新古典契约法对于中国民法典编纂的意义
- 237　三、关系契约理论的启示与反思
- 239　四、英美契约法精神的启示：合同法是市场交易基本法
- 243　五、英美现代契约法的规范意义：微观制度价值

结语 / 248

参考文献 / 249

后记 / 265

引言　英美契约法为何值得关注？

王泽鉴先生说过，英美法的精髓在于其契约法和侵权行为法。① 但在中国法学界看来，由于存在"大陆法重视理论与逻辑，英国法重视实践与经验"②的法律传统界分，再加之英美契约法成形较晚，所以一般认为，大陆法系契约法理论似乎肯定要比英美契约法理论丰富、高深和发达许多，大陆契约法在中国似乎也比英美契约法更为主流。可令人疑惑不已的是，在现代合同法重大理论的创造发展以及对国际契约法规则（商务游戏规则）的贡献方面，英美法似乎要比大陆法更具优势，这一点甚至连欧洲大陆的学者也深受困扰。③ 尤其是最近几十年来，大陆契约法表现出自我封闭、死气沉沉的保守倾向，相反，英美契约法则堪称后起之秀，理论创新兴旺蓬勃、层出不穷，并呈现出"青出于蓝而胜于蓝"的强劲发展势头。更为重要的是，在这样一个有点"泛商"主义的时代，英美契约法比欧洲大陆契约法更能与市场经济规则和自由企业制度相契合，也更符合商业社会对制度和规则的需要，英美契约法已经在相当程度上代表着现代契约法的发展潮流。因此，相较于大陆法来说，英美契约法越来越成为值得中国法学界认真关注和对待的法律系统，其具体原因主要有以下四点：

一、欧陆契约法的反理论性和封闭性

法典编纂是大陆法系的精髓，但正如欧洲法学家自己所说，法典编纂模式意味着法律发展的结束④，或者至少是法律理论繁荣的终结。在法国和德国民法典逐渐形成的古典契约法阶段之后，在欧洲大陆已经很难觅见像当年

---

① 参见王泽鉴教授为杨桢《英美契约法》一书（北京大学出版社2003年第3版）所做的序言。
② 〔英〕阿蒂亚：《英国法中的实用主义与理论》，刘承韪、刘毅译，清华大学出版社2008年版，第5页。
③ 比如，Aristides N. Hatzis, The Anti-Theoretical Nature of Civil Law Contract Scholarship and the Need for an Economic Theory, in *Commentaries on Law & Economics*, Vol. 2, 2002.
④ Andreas A. Gazes, Reflections on the Heyday of Law and Legal Science, *2.1 Kritike Epitheorese 13*, 1995, 20.

萨维尼、普赫塔、蒂堡和威尔克尔等法学家所进行的热烈而宏大的理论讨论。民法法典化导致了大陆契约法的自我封闭和反理论倾向(Anti-Theoretical Nature),相关学术研究止步于对法典条文的注释与解读,采取相对纯粹的概念法学或法律形式主义的研究方法,较少参考借鉴哲学、经济学等其他学科的理论资源,因此在现代合同法重大理论(grand theories)的创造发展等方面,大陆法系近代以来贡献甚微。① 此种过分形式主义的法律传统还造就了德国学界"立法者修改半个字,半壁图书馆俱成废纸"的说法,这是注释法学和法教义学的必然后果。与此同时,契约法在欧洲大陆民法典的模式下是其债法的一部分,不仅其契约法,就连债法也是非常封闭的法律系统,契约法甚至不是学者单独研究的领域,而只能作为债法或民法典的附属部分,此种法律体系和法律制度上的附属性和封闭性,也最终导致了欧洲大陆契约法的自我封闭特质,合同法与市场、社会和人的生活隔绝孤立,失去了现实的依靠和现实的观照。

二、英美契约法的开放性和多元化

在英美法世界中,法律就是经验,法律就是生活。面对生活,法律一直采取开放的姿态,它绝不仅仅是法律逻辑的演绎,而是活生生的社会生活的展现,用霍姆斯的话说,"法律的生命在于经验","法律显示了国家几个世纪以来发展的故事,它不能被视为仅仅是数学课本中的定律及推算方式"。法学前贤也已区别了"书本上的法"和"生活中的法"。"书本上的法"内容明确、逻辑一致,却缺乏应有的灵活,甚至僵化停滞。只有调之以"生活中的法","书本上的法"才能赋有其应有的活力和热度。② 具体在契约法领域,英美国家的契约法是独立的法律部门,是市场经济体系和自由企业制度的基石,是张扬个人自由和私法自治精神的法律制度,是促进、保护和鼓励市场交易的规则,而非大陆法系所定位的"欠债"的问题,小到地铁票的买卖,大到金融衍生品的交易,一切皆为合同,它扩张着人的行为,联结着人的关系,提升着经济的效率,建构着社会的秩序。

即使从法学研究和法律学科的角度来看,英美法也保持了此种高度的开放性和多元化。因为英美法律人深知,在现代学科知识体系中,任何一门学

---

① See Aristides N. Hatzis, The Anti-Theoretical Nature of Civil Law Contract Scholarship and the Need for an Economic Theory, in *Commentaries on Law & Economics*, Vol. 2, 2002.
② 付子堂:《法之理在法外》,载《法制日报》2013年10月25日。

科都不能拒绝其他学科的成果,法律更是如此。如果过分专注于法律本身,我们可能会迷失其中而"不识庐山真面目"。正如要认识故乡,就必须离开故乡,到更广阔的天地中去;要认识地球,必须离开地球,到更浩瀚的宇宙空间中去。认识法律,研究法律也是这样。只有容纳并认真汲取其他学科的新成果,我们才能找到认识法律的新视角,发现进入法律的新路径。这就是所谓的"法之理在法外"的道理。①

因此,尽管英美契约法系统形成较晚,但其致力于规范与实证、法学与哲学、经济学、社会学等学科的理论统合,善于运用其他学科的知识资源来分析法律和发展法律的优势,大大促进了其创新性发展,这一点在美国契约法中体现最为明显。此种开放式和多元化的综合发展进路也极大压缩了概念法学和形式主义契约法的发展空间,比如,从美国近二十年的法学杂志和法律评论中可以看出,关于纯粹合同法规则和教义的研究已经非常有限,而且即使有,也大多出现于排名非常靠后的法学杂志的"法律发展和法律概览"和法律评论学生编辑的评论与注释中。② 也大大提升了英美契约法的生命力和创造力,英美法在古典契约法阶段之后奉献出了诸多重大的契约法理论创新,并因此开创了古典契约法和现代契约法两个契约法理论阶段的新纪元,带来了契约法理论的勃兴,其中尤以梅因的"从身份到契约"、富勒的"信赖利益"、吉尔莫的"契约的死亡"、阿蒂亚的"合同自由的兴衰"、波斯纳等人的"契约之经济分析"、麦考利的"契约之经验研究"、肯尼迪等人的"私法之批判"和麦克尼尔的"关系契约"等诸学派理论最为著名。尤其是吉尔莫与麦考利的契约死亡学派、麦克尼尔的关系契约等现代契约法理论创造明显是受到了社会学、经济学等多元交叉学科方法或理论的重大影响。

三、英美契约法的高度国际化和广泛影响力

由于英国曾经的"日不落帝国"的国际影响力和英语为世界第一大语言等诸方面的关系,英国契约法在当今世界范围内得到大范围的应用和选择适用。再加之"英国契约法注重商业情趣,是商人的法律,而不是农民的法律"③,高度市场化的品格使得其更容易国际化。因此,其国际化程度要比大陆法国家的契约法高出很多,所以香港学者杨良宜教授才将英国契约法称作

---

① 付子堂:《法之理在法外》,载《法制日报》2013年10月25日。
② See Aristides N. Hatzis, The Anti-Theoretical Nature of Civil Law Contract Scholarship and the Need for an Economic Theory, in *Commentaries on Law & Economics*, Vol.2, 2002, 4.
③ 〔德〕海因·科茨:《欧洲合同法》(上),周忠海等译,法律出版社2001年版,第83页。

"国际商务游戏规则"。①

英国契约法的此种国际化和影响力更因为20世纪以来美国的全球经济和政治领导地位的确立和发展而得到不断的强化。尤其是在法律全球化过程中,美国法的全球化表现突出,势头强劲,以致有人认为法律全球化实质上是全球法律的美国化。② 这种判断虽然有些绝对,却可从一个侧面反映出美国法在法律全球化过程中的重要地位和广泛影响。中国学者何美欢教授也通过列举四个事实来向我们证明,法律全球化等于美国化:其一,美国律师事务所遍布全球,这不仅表现在美国律所的势力范围已经侵入了欧洲大部分地区及亚洲的一些重点城市,更重要的是,包括大型跨国公司在内的这些重要客户对美国律师的法律服务极为信赖;其二,美国法学教育传播到世界各重要地点,在今天的欧洲、拉丁美洲和亚洲的各主要商业城市里年满40岁以下的律师几乎全部在美国接受过至少一年的法学教育;其三,美国式法律文件及做法的传播,鉴于美国的经济实力及在国际贸易中的主导作用,美式法律文件及做法的对外传播几乎成了一种必然;其四,美国法律的传播,美国商法、公司法、证券法及银行法、民事侵权法、产品责任法、医疗失误法等法律对其他国家相关法律的生成都产生了重大影响。③ 上述事实说服力强劲,笔者也基本赞同她的观点。

并且,由于国际贸易规则是在经济和政治强势国家主导下构建的规则,美国作为第一经济强国,这一规则自然就融入了更多的美国风格,塑造了全球化时代的新商人法。晚近的研究表明,新商人法的发展并非是完全自发的,而是受到某种力量的影响和支配,这就是"跨国律所"或英、美律师。换言之,新商人法的"自创生"只是表面的特征,实际上暗中正在受到美国法的型塑,而美国法逐渐占领新商人法,则主要归功于有背景、有规模、有实力、有灵活机制的美国大型律所。也就是说,在全球化过程中,美国大型律所几乎包揽了跨国公司的主要法律事务,并实际上建构和塑造了新商人法。从渊源上,这种新商人法虽然得益于国际模范法典或其他国际"软法"(比如《国际商事合同通则》),但更多是出自美国律师之手。正是在这种意义上,夏皮罗才认为,跨国公司通过创制合同条款的自我立法及其纠纷解决机制,导致了

---

① 参见杨良宜:《国际商务游戏规则:英国合约法》,中国政法大学出版社2000年版,第1页。
② 例如海德布兰德认为,法律全球化是"跨国法治的美国化",参见〔美〕W. 海德布兰德:《从法律的全球化到全球化下的法律》,刘辉译,载〔意〕D. 奈尔肯和〔英〕J. 菲斯特编:《法律移植与法律文化》,高鸿钧等译,清华大学出版社2006年版,第157页。
③ 何美欢:《论当代中国的普通法教育》,中国政法大学出版社2005年版,第1页。

商法的全球化,而这个领域的全球化实际上是美国化。① 弗拉德也直截了当地指出,英国跨国律师所适用的主要是英国法;美国跨国律师所采用的是纽约州法,因为它们的总部设在纽约,根据该州的合同法,它们形成了适用于跨国公司的标准合同。② 换言之,美国大型律所把它们在纽约形成的跨国商事合同予以全球化。如此说来,新商人法虽然是通过合同建构法律,但这种合同并非属于无(国家)法律的合同,而是以美国纽约州或英国法为基础的合同。这种法律也并非与国家法没有关联,而是与美国法(或较低程度上英国法)存有潜在的关联。美国大型律所通过其跨国商事法律实践,巧妙地主导了新商人法的内容和特征,成功地使之美国化。③

同样不容置疑的另外一点事实是,自"第二次世界大战"之后,尤其是自20世纪末的经济全球化以来,美国法不再追随和继受欧洲法,而是大规模地反攻欧洲法,甚至使欧洲法出现了"美国化"的趋势。欧洲各国包括大陆法系的代表德国和法国也大量借鉴美国的契约法、公司法、证券法等商法规范,因为最发达的规则毫无疑问是产生于世界上最发达的经济金融中心。美国的商事规则也直接影响国际贸易形势,造就了全新国际商事规则,主导了国际贸易立法权,与美国商事贸易的增多也使得各国都需要尽可能地多了解和学习美国法,美国商事规则也促进了近些年以来各国比较私法的大幅度发展。

总之,尽管美国契约法与英国契约法有所不同,但总体上是继受了英国契约法的理论和制度,因此共同构成了与大陆法所不同的"英美契约法系统"。英美契约法也因为美国对国际商务规则制定的影响力和决定力而成为当今世界商务往来的真正游戏规则,比如《联合国国际货物销售合同公约》(以美国《统一商法典》为蓝本制定)、《国际商事合同通则》等国际契约规则的制定就主要受到了英美契约法的主导性影响。对于中国来说,要想更好地理解和有效参与国际商事活动,就必须对这些国际契约规则以及其背后的英美契约法有着深入的研究,因此英美契约法代表了契约法发展的潮流,值得中国法律界认真关注和研究。

四、中国法的英美化

中华人民共和国成立之初,由于复杂的社会原因,国家在政治上实行

---

① M. Shapiro, The Globalization of Law, *Global Legal Studies Journal*, 1993, vol.1, 38, 39.
② J. Flood, Lawyers as Sanctifiers: The Role of Elite Law Firms in International Business Transactions, *Indiana Journal of Global Legal Studies*, 2002, vol.14, 48, 56.
③ 高鸿钧:《美国法全球化:基于四种典型的观察与分析》,载《中国法学》2011年第1期。

"一边倒,倒向苏联"的国策。在法律领域,全面废除旧政权长期实行的"六法全书",直接向苏联学习,也只能向苏联学习。由于历史的原因,旧中国的法制归属大陆法系,法学教育采大陆法方式,图书资料也多是关于大陆法系的内容。

尽管如此,由于英美文化在现代世界的强势,即使是大陆法系国家也不能对英美各国的法律制度熟视无睹,了解甚至模仿英美法制已成为一种不得不为的选择,因此,在这种情势之下,身为"法治后进国"的中国似乎就不应当采取只针对大陆法的单一继受路线,对人类文明(包括法治文明)保持一种开放的姿态或许会更加有助于中国法律秩序的建构和社会的治理。比如,随着社会进步和司法实践的需要,中国司法实务界和法学界在改革开放以来,逐渐关注、借鉴英美法理论和制度体系,从司法制度设计、对抗制诉讼、法学教育改革、公司证券、商事合同等商业法律制度等多个方面借鉴英美法律制度和理论体系,以此推动和完善中国法治建设。

当然,英美法所具有的、与大陆法迥异的法律传统和制度设置的诞生和形成,也有赖于英美各国的特定社会历史条件,这或许在一定程度上为部分国人主张拒斥英美法提供了借口。但笔者认为,英美各国在为当代世界创造普适性规则方面是有着突出贡献的,尤其是在各国具有最小差异的合同法领域,英美国家在相对发达和开放的市场交易的基础上提供了越来越多的普适性交易规则。而且我们也应当清楚的是,现代欧洲大陆各国对美国的法律进口已经远远超过了美国对欧洲法律的进口。就像麦当劳和好莱坞大片一样,英美法正在而且将继续风靡全球。因此,对英美合同法的借鉴和吸收必然会成为一种潮流,我国 1999 年《合同法》的起草似乎也在一定程度上印证了这一点。中国 1999 年统一合同法中的要约承诺制度、合同解除制度、违约责任制度、预期违约制度等大量规则和制度内容都明显取自《联合国国际货物销售合同公约》(CISG)和《国际商事合同通则》(PICC),而这两个重要合同法文本则主要是英美法经典文本《美国统一商法典》(UCC)的翻版,因此,中国合同法具有了非常浓重的英美法的色彩。要充分理解、有效改造和不断发展中国合同法治都离不开对《联合国国际货物销售合同公约》《国际商事合同通则》以及其背后的《美国统一商法典》的深入研究。

第一章 英国契约法的形成与建构

一、普通法形成的三要素：王室法庭、陪审制度与令状制度

自公元1066年诺曼人征服英格兰后，英国普通法便开始了新的纪元。尽管诺曼征服之初，英国当时实行的法律还都是纷繁芜杂的地方习惯法，法律非常不统一。但诺曼征服带来了中央集权化趋势和集权体制的建立，并且由于"英国国王们首要关心的是赢得公众对其法院系统的信任，其办法就是促成那些有助于提高该系统在案件处理结果上的公平和效率的诉讼程序和实际做法"①，这便使得王室法庭的地位逐渐突出，并进而造就了统一的英国普通法。当然，王室法庭从一开始就面临着与并存的郡法庭、庄园法庭、教会法庭等争夺某些案件的司法管辖权或"司法领地"的问题，王室法庭之所以能在这场争斗中获得胜利，是因为它采取了十分得力的两种措施：陪审制与令状制。王室法庭所采的陪审制以一种理性的举证方式取代了神裁、宣誓、决斗等原始而古老的、非理性的、诉诸上帝或其他神秘力量的查证手段②，从而使得王室法庭较诸于其他法庭更为先进、更具竞争力、更受欢迎；令状制则不仅为王室增加了财政收入（因为令状需要购买），更重要的是，令状制大大扩张了王室法庭的司法管辖权。因此，普通法传统的形成最为重要的司法因子是王室法庭及其与之配套的令状制和陪审制三者的确立③，是王室法庭、陪审制与令状制这三种司法要素共同作用的结果。

另外，王室法庭显赫的地位还直接影响了法律职业的特性和普通法的生成方式。在普通法形成之初，位于伦敦的英国四大律师学院而不是大学垄断了普通法，直到15世纪，任何人如果不是四个主要律师学院（林肯学院、内殿

---

① 〔美〕卡尔文·伍达德：《威廉·布莱克斯通与英美法理学》，张志铭译，载《南京大学法律评论》1996年秋季号。
② 〔英〕R.C.范·卡内冈：《英国普通法的诞生》，李红海译，中国政法大学出版社2003年版，第80页。
③ 同上书，第2页。

学院、中殿学院和格雷学院)之一的成员,就不能"做"律师,也即不能在普通法院"出庭"和辩案。另外,普通法是最难捉摸的未经编纂的法律形式,它隐藏于法官在普通法院判决的案件中所发表的意见,只有从中才能发现它。除了律师和法官自己或者所有律师学院的成员以外,没有人知道法院已有的主张是什么以及它们的判决意味着什么。这就是说,律师学院通过其成员——从底层的学徒到中层的出庭律师、高层的主管律师学院的委员、皇室法院高级律师和法官——完全控制和把握了由王室法院颁布的"法律",大学在其中的地位是十分尴尬的,这也说明了英国律师在传统上对于涉及法律的各种"学术的"或"哲学的"论述所表现出来的某种冷漠态度。因为英国法出现于伦敦而非牛津(大学),它是在大学之外围绕着王室法院产生的。简而言之,它是执业律师的法,而不是神职人员或者哲学家甚至教授的法,执业律师经年不断地努力以保持它这样一种存在方式。① 因此,普通法法律规则、制度和文化的形成也主要是律师、法官等法律人行为的结晶。

可见,与大陆法对议会立法和大学传授的实质依赖不同,英国普通法传统的形成主要是司法运作的结果,于是,便有学者将普通法的这种以司法救济为出发点而设计运行的一套法律体系称为"普通法的司法中心主义",从而与大陆法的"立法中心主义"特征相区别。②

二、令状诉讼:普通合同法形成的核心要素

本书并非是对普通法的宏观历史解读,而只关涉英美合同法的相关内容,但对于英美国家的合同法来说,令状这一司法制度的历史无论如何都应当是我们倍加关注的核心。因为迄今为止,没有人否认这样一个事实:现代英美合同法是从普通法的令状制度(writ system)或诉讼形式(forms of ac-

---

① 〔美〕卡尔文·伍达德:《威廉·布莱克斯通与英美法理学》,张志铭译,载《南京大学法律评论》1996年秋季号。
② 李红海:《司法地解读普通法》(译者序),载 R.C.范·卡内冈:《英国普通法的诞生》,李红海译,中国政法大学出版社2003年版,第18页。当然,也有论者将基于普通法生成要素上的特殊性描述为:它在很大程度上是律师学院的成员,也即在范围有限的实际诉讼中作业的出庭律师和法官们的创造。因此,它所带有的独特标志,并不具备像法典那样由一批经合理制定的规则构成的属性,而是具有逐渐创造的"法律"属性,即,它是由审判庭中的律师和法官在受制于单个案件的事实和在场的无法预测的外行陪审团的情况下,零零碎碎地创造的。因此,它形成了自己的独特风格、法律拟制以及各种使那些不懂诉讼程序和令状制度奥妙的人极难理解的东西。〔美〕卡尔文·伍达德:《威廉·布莱克斯通与英美法理学》,张志铭译,载《南京大学法律评论》1996年秋季号。

tion)发展而来的。①

"令状制度"是英美法中非常独特的诉讼方式与制度,是"中古时代英国法律之最大特点"。② 自亨利一世(Henry I)在位(12世纪初),直到19世纪令状被一一废止前,令状主宰了整个英国法律,并逐步催生了我们今天看到的普通法制度与传统,包括普通合同法。令状制度对英美法影响之大,可从英国著名的法律史学家梅特兰(Maitland)的名言中略有所觉:"诉讼形式(forms of action)虽然已经消亡,但是它们仍然在坟墓中统治着我们。"③逝去后还有这么强的威力,可见令状制度对整个英美(合同)法的巨大影响力。

通常所谓"令状",乃一种加盖君主名衔之文书指令,指示法院之执达员(sheriff)命令被告出庭,并就原告起诉之内容提出答辩。④ 但是,头一批令状是在诺曼人征服英格兰后不久签发的,原是命令王室官吏传召被告人,以便能就保有某片土地权利问题进行查问。⑤ 最初的令状则只不过是国王、教皇或其他统治者便利处理日常事务的一种"行政性质"⑥的文书工具,但在原始行政令状司法化之后,取得起始令状就成为在王室法庭起诉的一个必备条件,亦即在王室法庭,只有取得令状才有诉讼和救济的可能,而且,只有提诉之事符合某项可用令状要求的时候,诉讼才能进行。同时,"由于任何欲向王室法院获得救济之原告,须先取得此等令状之签发,各种不同形态之令状,乃应运而生,而英国之法律,即围绕着此种不同之令状而发展起来"⑦。且由于为大批不同类别讼案提供处理办法,诉讼中类似案由便多次出现,每一案由及相应的诉讼都采用相同的程式的格式化的令状诉讼逐步确立。可以说,格式化的令状诉讼程序和制度的设置直接促进了英国普通(合同)法的统一和形成。但是,格式化诉讼形式就意味着,各种类别之诉讼有其王室法院所承认之个别令状,故欠缺令状即无法获得救济,至少无法获得王室法庭所给予之救济。在这种情况下权利之存在,取决于法院救济之存在;而法院救济

---

① James Oldham, Reinterpretations of 18th-Century English Contract Theory: The View From Lord Mansfield's trial Notes, *Georgetown Law Journal*, August, 1988, 1950.
② 杨桢:《英美契约法论》(第三版),北京大学出版社2003年版,第275页。
③ Maitland, *Forms of Action at Common Law*, Cup, 1948, Lecture I, p.2.
④ 杨桢:《英美契约法论》(第三版),北京大学出版社2003年版,第275页。
⑤ 〔法〕泰格、利维:《法律与资本主义的兴起》,纪琨译,刘锋校,学林出版社1996年版,第198页。
⑥ 著名法史学家T.F.T.普拉克内特简明地指出了令状诉讼的行政性质的起源,他写道:"普通法是从御前会议发展出来的行政程序的产物……它围绕诉讼程序得以具体化、系统化……这些取代旧的法律程序的行政措施不断增加,直至最后才意识到自己的本质是真正的法律性质。"See T.F.T. Plucknett, The Relations Between Roman Law and English common Law Down to the Sixteenth Century, *Univ. Toronto Law Journal*, 3(1939—40), 32.
⑦ 杨桢:《英美契约法论》(第三版),北京大学出版社2003年版,第275页。

之存在，又取决于此一令状（诉讼形式）之存在。也就是说，无（合适）令状即无救济与权利。① 但相对于复杂而多变的现实生活来说，当事人对令状种类的了解和选择也必定是有限的和困难的，因此会有很多人得不到王室法庭的救济。于是，我们看到了要求原告人将其案情嵌入标准诉讼形式的僵硬规定的弊端。这样，为了缓解这种令状诉讼形式制度的苛严，律师们要么迫切要求制定新的令状——新的"诉讼形式"，要么则恣意施展诡辩术，强使案情适合某种可用格式。② 而这些做法也都在相当程度上影响了普通（合同）法的发展轨迹。因此，有学者断言，在19世纪之前，英国法之所以能有效地组织起来，并非通过财产、侵权和合同等一般性概念，而是通过诸如侵害之诉（trespass）和违诺赔偿之诉（assumpsit）等诉讼形式。③ 是诉讼形式和程序搭起了早期英国普通法的结构④，法律中充斥着对形式主义的膜拜和对实质原理与思想的隐匿倾向。

三、违诺赔偿之诉（Assumpsit）：英国一般契约法进化之工具

早期合同法的缓慢形成和独立过程主要就体现在各种古老的对人诉讼（The Personal Actions）的进化中。这些对人诉讼包括收回不法取得动产之诉（Replevin）、请求返还扣留物之诉（Detinue）、专约之诉（Covenant）、清偿债务之诉（Debt）、审查账目之诉（Account）等。与合同法发展直接相关的三种诉讼形式是对专约之诉（covenant）、清偿债务之诉（debt）和违约赔偿之诉（assumpsit）。

但专约之诉不能为允诺的执行提供一种一般性的基础，因为对于盖印书面的形式主义要求基本上与罗马法的要式口约（stipulation）没有太大的差别。⑤ 其特别的盖印书面要求的形式性使其不可能成为合同诉讼的通用或一般模式。

尽管清偿债务之诉在一定程度上克服了专约之诉的弊病（如僵化书面的要求），并且曾是中世纪合同诉讼最为常用和普遍的诉讼形式，但是其弊

---

① A. W. B. Simpson, *The History of Common Law of Contract: The Rise of the Action of Assumpsit*, Clarendon Press, 1975, p.5.
② 〔法〕泰格、利维：《法律与资本主义的兴起》，纪琨译，刘锋校，学林出版社1996年版，第198页。
③ James Gordley, *The Philosophical Origins of Modern Contract Doctrine*, Clarendon Press, 1991, p.2.
④ D. J. Ibbertson, *A Historical Introduction to the law of Obligations*, Oxford University press, 1999, p.11.
⑤ E. Allan Farnsworth, *Contracts*, Aspen Law &Business, 1999, 3rd ed., p.13.

端同样明显①,主要体现在:(1)清偿债务之诉对于"相等补偿"(quid pro quo)的特别要求阻碍其成为合同诉讼的一般模式。(2)清偿债务之诉对于一定金额(a sum certain)的要求和适用落后"宣誓断讼法"(Wager of Law)的弊端。(3)清偿债务之诉不能进行实际履行和损害赔偿的救济,只能是返还原告一定的金钱和动产。这些弊端使得债务之诉不能为允诺的执行提供一种一般性的基础,不能成为合同诉讼的一般模式。

现代英国合同法是围绕一种叫做"违诺赔偿(assumpsit)"的诉讼形式成长起来的,尽管违诺赔偿之诉的渊源可以追溯到14世纪,但是直到16世纪它才获得作为违反协议(允诺)之救济的独立支配地位,直到17世纪它才成为普通法合同诉讼的通常形式。② 因此,法恩思沃斯(Farnsworth)教授断言,针对专约之诉和清偿债务之诉的不足,普通法开始寻求更好的方法加以解决……后来便逐渐发展出来了所谓的违诺赔偿之诉。③ 违诺赔偿之诉产生的最初原因就是为了提供一种其他诉讼形式(debt、covenant等)都不能提供的救济。④

违诺赔偿之诉的兴起是一个缓慢的过程,它经历了从侵害赔偿之诉到循案侵害赔偿之诉再到违诺赔偿之诉的漫长的演变,但创立之初的违诺赔偿之诉距离成为一种成熟而统一的合同诉讼模式还有两步重要的棋要走。学者杨桢对此的阐述简洁而精当:

欲使违约赔偿之诉(assumpsit)成为一般契约上之诉讼方式,有二难题须先行克服:第一,使"不履行"(non-feasance)与"履行不当"(misfeasance)同样亦能适用违约赔偿起诉。第二,使"一定金额的债务"(a liquidated sum of money)与"一般损害的赔偿金额"(general damages)一样,均可在违约赔偿之诉中获得救济。⑤

对于上述第一步工作,也就是使得违诺赔偿之诉适用于合同当事人不履行之情形主要是道尔吉案(Doige's Case)⑥的功劳。该案发生于1442年,被

---

① 有学者认为,清偿债务之诉(debt)的三个弊端为:对一定数目的要求、对相等补偿的要求和宣誓断讼法的运用,即"the requirements of a sum certain and quid pro quo and the availability of wager of law", See James Oldham, Reinterpretations of 18th-Century English Contract Theory: The View From Lord Mansfield's trial Notes, *Georgetown Law Journal*, August, 1988, 1950.
② A. W. B. Simpson, *The History of Common Law of Contract: The Rise of the Action of Assumpsit*, Clarendon Press, 1975, p.3.
③ E. Allan Farnsworth, *Contracts*, Aspen Law & Business, 1999, 3rd ed., p.14.
④ P. H. Winfield, *Pollock's Principle of Contract*, Stevens & Sons Limited, 1946, 12th ed., p.111.
⑤ 杨桢:《英美契约法论》(第三版),北京大学出版社2003年版,第280页。
⑥ (1442) YB. 20 HVI Trin VI, pl.4.

公认为违诺赔偿之诉发展中的著名案例。该案案情为:原告欲向被告购买一块地并已预先支付了价金,而被告道尔吉也允诺于14天内将该土地售与原告。但被告没有履行其允诺,事实上他已将该土地转卖于第三人,并且继续欺骗原告说要将土地转让给他。原告因此提出欺诈诉讼。诉讼中,被告抗辩应以专约之诉诉讼而不应以欺诈方式诉讼。最后,理财法院(Court of Exchequer Chamber)判决原告胜诉。此案很明显是不履行之一种,同时也是欺诈之诉及侵害权益之诉所共同发展成违诺赔偿之诉的重要来源。[1] 因为在本案之前,违诺赔偿之诉还主要适用于那些被告有类似于侵害的错误履行(misfeasance),但并不适用于被告不履行(non-feasance)之情形。后者主要靠专约之诉获得救济和赔偿,但专约之诉要求书面盖印,弊端明显。最终,考虑到违诺赔偿之诉的灵活性等优势及合同诉讼统一的需要,就首先在道尔吉案中再次采用类推之方法,承认信赖被告的言辞(或者基于对被告允诺的信任)为诉讼理由,以欺诈诉讼的形式将不履行与错误履行并在一起,共同纳入到了违诺赔偿诉讼之中。

对于上述第二步工作,即将清偿债务之诉(debt)适用的情形完全地统一于(纳入到)违诺赔偿之诉的范围中,从而以违诺赔偿之诉来取代清偿债务之诉并统一整个合同诉讼模式与合同法的工作,则是由1602年著名的斯莱德案(Slade's Case)[2]完成的。尽管"清偿一定金额"(a liquidated sum of money)的案件与清偿债务之诉有着天然的依存关系,以其为最早也是最适当的诉讼救济方式,但清偿债务之诉所具有的内在缺陷使得它在面临违诺赔偿之诉这种新型的合同诉讼形式时丧失了竞争力和活力。并且由于早期英国法中的诉讼形式是禁止重叠的,同时也为了寻求一种统一的合同法模式和诉讼形式,于是,在"清偿一定金额的债务"的情形,法律就开始越来越趋向于对违诺赔偿之诉的承认甚至抬爱。于是,违诺赔偿之诉便开始侵蚀清偿债务之诉的地盘,并逐渐地取代它。斯莱德案就是作为现代合同法祖先的违诺赔偿之诉大获全胜并统一合同法的标志,所以该案也被视为现代合同法发展史上的里程碑。

斯莱德案[3]的内容如下:原告斯莱德应被告Humphrey Morley的特定要

---

[1] A. G. Guest, Anson's Law of Contract, 1984, 26th ed., p.12.
[2] (1602) 4 Co. Rep. 92b.
[3] 在普通法发展的历史上,"斯莱德案"是人们讨论最多的一个法律诉讼案件。在过去的10年中人们在普通法的研究中发现了大量的新材料,不过如果从人们研究的角度来看,在这一方面所取得的小小的进步仍然无法回答有关这个案件本身的全部问题。J. H. Baker, New Light on Slade's Case, *Cambridge law Journal*, 1971, 51, 213.

求,经过讨价还价把一定数量的尚未收获的粮食卖给被告,同时被告真诚地承诺在某一特定日期付给原告16英镑;但是,被告蓄意欺诈原告,他没有履行付款义务,并使原告因此遭受了40英镑的损失。对于原告要求损害赔偿的主张,被告答辩称他没有赔偿的义务。法院的特别裁定说明,被告确实曾经承诺购买16英镑的粮食,但除了前述交易之外,他并没有作出其他承诺或者承担其他义务。所以如果根据整个事件法庭认定被告应该承担原告所指控的责任,那么陪审团就会作出对原告有利的判决,要求被告支付16英镑20先令的损害赔偿;如果法庭认定被告不应该承担责任,陪审团就会作出对被告有利的裁决。① 最终,经过该案中普通法法院全体法官的合议,一致同意:给付允诺可以被推定而构成违诺赔偿之诉。

总之,在斯莱德案之后,清偿债务之诉和违诺赔偿之诉,二者可择其一适用于请求救济一定金额之赔偿;违诺赔偿之诉可适用于救济不履行及一般未定金额损害之场合。但违诺赔偿之诉的兴起最终逐渐突破了其与清偿债务之诉的传统边界,逐渐废除了对合同诉讼的双重救济的原则(double-remedy doctrine)②,并以其自身优势开始吞噬清偿债务之诉的传统领地。至此,一般性的契约上的诉讼方式,乃告发展成其雏形,亦即吾人可谓1602年所达致的发展,为现代契约法之滥觞也。③ 斯莱德案确实标志着从对侵害行为的救济方式中发展而来的新的合同法发展的顶峰④,标志着违诺赔偿之诉的成熟和现代合同法历程的开始。其后,违诺赔偿之诉最终成为执行简单合同的通常方式。⑤

四、违诺赔偿之诉的历史功绩:现代英美合同法模式之型塑

(一) 违诺赔偿之诉废除了陈旧的"宣誓断讼法"

清偿债务之诉的一个重大缺陷就在于其允许古老陈旧而又很不合理的"宣誓断讼法"(wager of Law)的应用,从而导致一系列不公正的出现。"斯

---

① Coke's report, 4 Co. rep. 91a. 参见〔英〕S.F.C.密尔松:《普通法的历史基础》,李显冬等译,中国大百科全书出版社1999年版,第357—358页。
② A. W. B. Simpson, *The History of Common Law of Contract: The Rise of the Action of Assumpsit*, Clarendon Press, 1975, p.301.
③ 杨桢:《英美契约法论》(第三版),北京大学出版社2003年版,第281页。
④ 〔英〕S.F.C.密尔松:《普通法的历史基础》,李显冬等译,中国大百科全书出版社1999年版,第396页。
⑤ P. H. Winfield, *Pollock's Principle of Contract*, Stevens & Sons Limited, 1946, 12th ed. p.111.

莱德案"扩张了违诺赔偿之诉的适用范围,使以宣誓断讼法为特征的清偿债务之诉变得过时①,逐步被违诺赔偿之诉所取代,并最终达致了合同诉讼模式的统一。因此,作为"斯莱德案"的直接和实际的结果,最明显的就是它有效地终止了宣誓裁判方法的适用②,实现了法律的进步。尽管制定法对于宣誓断讼法的明确的废除是在很晚的 1833 年③,但 1602 年斯莱德案是从实质上作为一种制度废除了陈旧的宣誓断讼法的采证方式,审理此案的法官们对他们判决的结果也有着非常清醒的认识。④

当然,宣誓断讼法也有其历史功绩。取消宣誓断讼法而代之以陪审团制度直接导致对被告的不公正,因为该制度使得被告受到 12 个好人和真理的支配却使得原告太容易获得其主张的救济。⑤ 所以,为了纠正原、被告之间的利益不平衡,在斯莱德案将有利于被告的宣誓断讼法废除之后,英国最终又不得不通过了 1677 年《防止欺诈法(Statute of Frauds)》。⑥

(二) 违诺赔偿之诉对于待履行合同的承认

在违诺赔偿之诉诞生之前,非书面的待履行协议或允诺(executory contract)总的来说在王室法院(King's Court)是不能获得救济的。⑦ 能够获得救济的合同或协议必须是要么因为具有书面盖印文件的形式而符合专约之诉的要求,要么是一方当事人通过早期的证人(誓言)制度⑧或者通过已经实际交付了相等补偿(quid pro quo)而证明债务的存在,并符合清偿债务之诉的要件,单纯的待履行的允诺或协议因为不符合既有诉讼形式的要求而难以得

---

① A. W. B. Simpson, *The History of Common Law of Contract: The Rise of the Action of Assumpsit*, Clarendon Press, 1975, p. 297.
② 〔英〕S. F. C. 密尔松:《普通法的历史基础》,李显冬等译,中国大百科全书出版社 1999 年版,第 397 页。
③ 3,4 Will. IV, c. 42, st. 13.
④ A. W. B. Simpson, *The History of Common Law of Contract: The Rise of the Action of Assumpsit*, Clarendon Press, 1975, p. 298.
⑤ Ibid.
⑥ 《反欺诈法》现在在美国仍然十分重要,但英国早已将该法废除了。
⑦ 但这里存在两个例外,一个是教会法庭(Ecclesiastic Courts),一个是商人特别法庭。非书面的待履行协议或合同在这两种法院中是可以执行的。See P. H. Winfield, *Pollock's Principle of Contract*, Stevens & Sons Limited, 1946, 12th ed., pp. 110,111.
⑧ 早期提供证人的做法意在证明债务的存在,保证合同的执行,但证人誓言的性质决定了双方的待履行协议是得不到执行的:证人是仅能就其所见所听的事实发出誓言。基于这种目的,如果案件中提出了证人,就必然要求所提供的证人在财产转手时是要在场的,这样,证人能在买卖双方当事人间提供服务的主要案件就是那些由于财产的交付而引起的债务诉讼,而不会包括双方的待履行的协议,因为在待履行协议中是不可能出现偷窃的问题的(最初之所以要提供证人就是要靠在场的他们的发誓证明是否为偷窃)。Oliver Wendell Holmes, *The Common Law*, edited by Mark DeWolfe Howe, Little, Brown, 1963, pp. 257—258.

到法律的保护。正如美国著名法史学家霍维茨指出的那样:

与有关交换的经济和法律制度的历史相适应,合同的发展经常被划分为三个阶段:在第一阶段,所有的交换都是即时完成的,因此并不包含英美法意义上的合同词汇。每个人成为一个新事物的主人,并且他的权利不是根据允诺而是根据财产取得。在第二个阶段,当交易是部分完成时,该交换就具有了合同因素,因此,便产生了一方的债务或责任的问题。合同发展的第三个也是最后的阶段是在待履行交换变为可强制执行时出现的。①

可见,承认待履行合同的可执行性是合同法发展的最后阶段,也是最高级的阶段,从而实现了合同观念和制度上的突破。而这一阶段的最终实现是由违诺赔偿之诉完成的。最终,违诺赔偿之诉也扩张适用于最能体现当事人间的信用和信赖关系的待履行合同。② 因为,保护待履行合同也就意味着对合同当事人的期待(expectation)和信赖的保护。如果合同当事人双方以单纯的允诺作为相互的交换,哪怕没有任何一方的履行行为,该允诺对当事人还是有约束力的。例如,若甲同意在将来某一天将谷物卖给乙,乙则同意到时照付货款,这乃是一种"将来有效契约",即要在将来如实履行的契约。如果到期某甲不交货,或者某乙不付款,未践约的一方就违反了自己的诺言。这正如法官所宣称的,"每一项将来有效契约本身即带来一份诺言令状"③。到16世纪末,这种以单纯允诺交换为基础的待履行合同已经得到英国普通法院的广泛承认和执行。

(三) 违诺赔偿之诉开创了现代合同法的经典模式

就在英国法之父布莱克斯通(Blackstone)(1723—1780)开始对英国普通法进行一个完整的系统化工程之时,英国法中还是没有所谓的合同法部门的名称和领地。英国关于合同的制度、理论都是散乱而不统一的,合同法尚未成为普通法中一块独立的领地,它在很大程度上隶属于财产法和侵权法,例如布莱克斯通卷帙浩繁的《英国法评论》中有关合同的论述只有区区40页。虽然合同法后来逐步摆脱侵权法和财产法的束缚,但仍没有形成一个逻辑一

---

① Morton J. Horwitz, *The Transformation of American Law: 1780—1860*, Harvard University Press, 1977, p.163.

② 同样的思想存在于密尔松名著中:"几乎确定无疑的是,这种一般意义上的信任就是违约损害赔偿之诉的原始基础。"他指出了违诺赔偿之诉的信赖或信用基础,并且这种信赖也随着违诺赔偿之诉的发展而有了更大的扩展,这就为待履行合同的承认提供了前提。参见〔英〕S. F. C. 密尔松:《普通法的历史基础》,李显冬等译,中国大百科全书出版社1999年版,第380页。

③ 〔法〕泰格、利维:《法律与资本主义的兴起》,纪琨译,刘锋校,学林出版社1996年版,第198页。

致和体系讲究的合同法律系统，更没有一个像样的体系化合同理论。然而，英国社会在最早开始资本主义的经济社会发展之后，急需一种韦伯所谓的高度"形式理性化"的合同诉讼模式和合同法律制度，以便为从事工商业活动的资本家商人们提供一种可以预期行为后果并高度确定的合同法律规则。正是在这样的现实需求促动之下，英国契约法开始了自己的一般化之路。

从历史进程来看，古老的专约之诉和清偿债务之诉虽然没有发展出现代的合同法律制度，但至少他们所处理的问题还是关涉现代合同法内容的。作为专约之诉和债务之诉继任者的违诺赔偿之诉最终承担起了建构和发展现代合同法的重大使命，并通过号称现代合同法里程碑的斯莱德案最终决定性地废除了对合同诉讼的双重救济的原则[①]，为后来合同诉讼模式的统一和古典合同法模式的建立扫清了障碍。所以，违诺赔偿之诉又被称为"现代合同法的直接祖先(direct ancestor)"。甚至在后来，违诺赔偿之诉的发展影响越来越大，其逐步扩张适用于原来由清偿债务之诉规制执行的准合同关系，并创造了现代的准合同法律制度。[②]

五、法学家在契约法体系形成中的关键作用

在英国，法官和律师们有着要比学者更大的重要性、更高的地位和更广泛的责任，这一点非常明显，也与英国司法中心主义的法律传统一脉相承。这是因为，在英国法律人中也存在着一种非常强烈的传统，即法律无论如何都不是教出来的，而是学出来的(Law is anyhow not taught, but learned)。与获取实践经验的工作中的学习相比，书本上的学习经常会受到某种轻视。因此，学者扮演了一个相当卑微的角色。他的工作是教学，但他教的内容什么呢？很明显，他所教的内容是法院和议会制定的法律。自然，这一点本身就佐证了学者总体上在英国法律制度中所处的从属性角色。从历史上来说，法学家或学者扮演着相对较小的角色，是使得英国法与大陆法区分开来的众多因素之一，这一点没有什么疑问；如果说法系间的上述区别在今天正在逐渐缩小的话，那么事实仍然像劳森(Lawson)教授所说的那样，在普通法世界中，学者"不得不非常努力地工作以便让人们知道他们的存在，然而在民法法系

---

① A. W. B. Simpson, *The History of Common Law of Contract: The Rise of the Action of Assumpsit*, Clarendon Press, 1975, p.301.

② Sir William Holdsworth, *A History of English Law* (Volume VIII), Methuen & Co. Ltd. and Sweet & Maxwell Ltd., 1937, p.2.

国家,没有法学家的大陆法是不可想象的"。考虑到古罗马法学家在历史上所扮演的角色,学者仍然在现代民法法系中扮演着主要角色这一点,可能就不是什么令人惊讶的事情。例如,在德国,法学教授的威望与最杰出的法官相当,如果不是更高的话;并且法官会在他们的判决中详细讨论学术著作。法国法学教授的地位也同样很高,尽管法国法官从不在判决中详细讨论任何事情。但是,即使在现代美国这样一个几乎没有任何民法渊源的国家,学者也扮演了一个比在英国重要得多的角色。原因之一肯定是,在很多现代欧洲国家,在美国和加拿大也一样,法学家经常会被任命为法官。当然,在英国则从未出现过这样的事情。①

尽管英国法学家在法律界和社会中所扮演角色的重要性和地位功能要远不及实践法律人的法官和律师,但从历史上来看,英国契约法理论上的系统化和体系化则主要是法学巨擘安森和波洛克的功劳。英国契约法的理性发展之路如下:

首先,借鉴大陆法的立法思路和法学理论。由于制度缺失和理论积累的落后,早期英美契约法缔造者们把目光直接投向已经有着成熟契约法制度和思想的大陆法系。一方面,法学家边沁等人力主通过借鉴大陆法系的法典化立法全面改造杂乱无章的判例法,整编英国契约法。尽管未获成功,但在法典化立法思潮的影响之下,19世纪的英国还是在特定商业领域实现了法典化②,并在相当程度上帮助家庭法、继承法、合同法和侵权法等多个私法领域实现了对确定性和体系化的追求。对于古典契约法来说,这无疑是一种重大进展。另一方面,通过吸收波蒂埃等著名法学家的法学理论来为英国契约法体系化做好思想准备。波蒂埃被公认为近代债法理论的先驱,被后人尊为"法国民法典之父",《法国民法典》契约制度的全部内容,几乎都来自波蒂埃的理论。③ 其契约理论的核心内容是提出了契约的合意理论并建立了契约法相对完整的体系,英国法律界通过借鉴波蒂埃的债法理论来整编法律和裁断案件,不仅接受了自然法的洗礼,也由此发展出了一套相对确定和一般化的契约法律规则,为英国契约法体系化的最终实现做好了充分的理论和思想准备,这是英国法律系统外部力量的结果。

其次,以普遍合同法观念统一合同法。从内部视角来,英国古典契约法系统化工程是在两位理论巨人威廉·安森爵士(Sir William Anson)和弗里德

---

① 〔英〕阿蒂亚:《英国法中的实用主义与理论》,刘承韪、刘毅译,清华大学出版社2008年版,第141页。
② 如1890年《合伙法》、1893年《货物买卖法》和1906年《海事保险法》等。
③ James Gordley, Philosophical Origins of Modern Contract Doctrine, *Clarendon Press*, 1991, p.4.

里克·波洛克爵士(Sir Frederick Pollock)的设计和创造之下最终完成的。他们首先提出了一种普遍合同法的观念,从而取消了各类不同合同的当事人之间的差别。因为在17世纪末18世纪初,英国合同法仍是关于各种"类型"合同的法律。人们签订的合同可以分为保管合同、租赁合同、保险合同、附条件买卖合同、运输合同、出售土地合同和个人服务合同等等许多具体类型,且只受到仅适用于该类合同的规则之约束。[①] 因此,安森与波洛克取消各类合同差别、建立普遍合同法的观念非常重要,它确立了这样一种思想:合同法对所有人都是中立的,每个人都受到法律的平等保护。如果法律取消了商业合同与消费合同的差异,取消了贷款合同、雇佣合同、租赁合同之间的差别,取消了婚约和合伙合同之间的差别,那么那种只偏袒一方而反对另一方的家长式干预就很难能站得住脚了。当然,这也是亚当·斯密之后的政治经济学家们一直鼓吹的观念。他们强调合同法应当一视同仁,所有的合同都建立在经济欲望——进行自由交换和价值增值交换——的基础上,所有的合同都应得到同等的支持和对待。[②]

再次,为合同法创设出新的结构和形式。古典契约法形成之前,不仅合同观念和内容毫不统一,其结构形式也庞杂散乱。安森与波洛克的贡献就在于以理性的视角来观察和解释合同法。他们一改律师们对合同的实用主义的认识,以书面方式解读合同与合同法,将纷繁复杂的日常生活归结为若干种理想类型的交易活动,然后对这些不同类型的活动予以分析,并将其法律后果予以系统化处理,从而归纳总结出一般合同法的普遍原理。[③] 当我们今天说起合同法的普遍形式的时候,我们都会很自然地想起一些术语。比如,说到合同订立时,就会想起要约与承诺、对价理论、建立法律关系的意图;说到影响合同效力的因素时,就会想到过错、虚假陈述、欺诈以及不当影响;看到合同条款、条件、保证等术语时,就会想到合同的终止、履行、合同目的落空或违约。所有这些都来自于安森和波洛克自己的理解和设计,他们从罗马法、民法甚至自然法中寻找资源,然后形成了一套特有的关于合同法的理性化形式体系。可以毫不夸张地说,就为普遍合同法的产生所做的贡献而言,所有19世纪的法官加在一起也抵不上这两位理论的巨人(即安森和波洛

[①] 〔美〕哈罗德·伯尔曼:《契约法一般原则的宗教渊源:一个历史的视角》,郭锐译,载《清华法学》2005年第6辑。

[②] 〔英〕阿蒂亚:《英国法中的实用主义与理论》,刘承韪、刘毅译,清华大学出版社2008年版,第141页。

[③] A. W. B. Simpson, Innovation in Nineteenth Century Contract Law, (1975) 91 *L. Q. R.* 247, 251.

克)的贡献。法官们提供的只是砖头,但大厦的真正设计者则是这两位法学家。今天,不仅英国学者在以这种方式思考,英国的律师和法官们亦是如此,他们最终还是放弃了原先那种缺乏形式和理性基础的传统,尽管在现代法律体系确立后他们仍然固守了很长时间。① 自此之后,英国契约法完成了其体系化和一般化的过程,古典契约法理论得以最终确立。

---

① 见 J. H. C. Morris 所著 *Chitty on Contract*,(1961)第 22 版的前言。转引自〔英〕阿蒂亚:《英国法中的实用主义与理论》,刘承韪、刘毅译,清华大学出版社 2008 年版,第 142 页。

第二章　美国契约法的形成与建构

从理论脉络上说,英美古典契约法是在英国的安森(Anson)、波洛克(Pollock),美国的兰代尔(Langdell)、霍姆斯(Holmes)和威灵斯顿(Williston)等人逐代接续发展和演化中最终得以确立的,古典的一般化契约法以美国《第一次合同法重述》的出台为其最高潮,因此美国古典契约法的演化和形成也具有重大历史意义。

一、法律形式主义的大本营:哈佛法学院

人们一般把美国的所谓"(古典)正统"理论,追溯到从1870年起担任哈佛法学院的院长兰代尔(Christopher Langdell)。因为这个传统特别强调法律的普适性和科学性,也强调通过演绎逻辑而得出绝对真理,学者们也称之为"法律形式主义"(legal formalism)。它确实在19世纪70年代到20世纪20年代在美国法学界占到近乎统治地位。这种法律思想继承的是来自英国的传统,带有浓厚的形式主义色彩。尽管兰代尔开创的判例教学法使得美国后来的法律教育越来越实际,但兰代尔本人相信法律是一门科学,认为法律是由原理和原则组成,而法律的资源存在于已有的判例中,法律推理的目的就是要透过判决获得法律原则,同时把这些原则贯彻到以后的司法判决中。这个思路和欧陆以及英国的许多法学家的观点一样。所不同的是,兰代尔认为对这些原理和原则的学习的最佳途径是案例教学。因而兰代尔及其形式主义的追随者的贡献不过是在法律中增加了归纳和类比推理的内容。以兰代尔为代表的形式主义者认为:"上诉审的判决汇编就是原始资料,从中可以推导出普通法的原则……一旦这些原则显露出来了,就可以演绎出某个案件的正确结果。因此,人们既可以用这些原则来展示赖以抽取这些原则的上诉审案例决定的外观有错,同时又可以用它们来指导新案件的决定。"①他们的目的是为了尽量减少司法中的自由裁量

---

① 〔美〕波斯纳:《法理学问题》,苏力译,中国政法大学出版社2002年版,第19页。

权给人带来的对法律的确定性和科学性的怀疑。① 兰代尔的法律形式主义很快在纷杂芜乱的判例法中显示出了其优势,并从1870年起在美国成为统治地位的法律思想,而这样的思想后来又逐渐被哈佛法学院的其他著名法学家所继承和发扬。这些著名法学家包括哈佛的威灵斯顿和霍姆斯等。在兰代尔的僵硬的判例教学法的控制下,哈佛大学法学院成为了抵制法学教育"现实化"的中心。也正因为如此,庞德才明确指出,哈佛法学院是法律形式主义的大本营。

当然,需要注意的是,在20世纪30年代法律现实主义进入耶鲁大学法学院和哥伦比亚大学法学院的时候,哈佛大学法学院虽没有回应,但哈佛大学法学院绝不仅有法律形式主义者。其中有五个人是反对法律形式主义的,他们是菲利克斯·弗兰克伏特(Felix Frankfurter)、詹姆斯·M.兰蒂斯(James M. Landis)、埃德蒙德·M.莫根(Edmund M. Morgen)、托马斯·R.鲍威尔(Thomas Reed Powell)和乔治·嘎登讷(George Gardner)。菲利克斯·弗兰克伏特让他的学生要打破概念法学的禁锢,鼓励他们弄清所有课程之间的关系,开始了法律现实主义的实践。

二、兰代尔的法律科学化观念

从19世纪下半叶开始,法律是一门科学的观念便已经在美国流行。人们普遍认为,法律和物理、数学等科学一样,其根本的原理是可知的。② 承认法律为一门科学,就意味着承认法律原理的可知性,也就是可以通过对法律原理、法律规则和制度的梳理和设计来展现对法律的认知,并进而以这些设计出来的明确的、"概念化"的规则和制度代替那些普通法中的一直处于模糊状态的实体规则和推理方法。在这一思想运动中,奥斯丁被认为是英国法律科学化的奠基人,他要求他的追随者采取几何学家们所成功应用的方法来研究法律。③ 而哈佛大学法学院的首任院长、美国合同法始祖兰代尔教授则

---

① 参见张芝梅:《法律中的逻辑与经验——对霍姆斯的一个命题的解读》,载《福建师范大学学报》2004年第1期。

② Bone, Normative Theory and Legal Doctrine in American Nuisance Law: 1850 to 1920, 59 S. Cal. L. Rev. 1101,1113 (1986)(该文概述了19世纪的法律科学化的观点); Grey, Langdell's Orthodoxy, 45 University of Pittsburgh. L. Rev. 1, 16 (1983—84)(该文描述了兰代尔的"法律科学"的概念); Hoeflich, Law and Geometry: Legal Science from Leibniz to Langdell, 30 Am J. Legal Hist. 95,96 (1986)(该文描述了兰代尔的基于数学原理、作为推理模型的法律理论)。

③ Thomas C. Grey, Langdell's Orthodoxy, 45 University of Pittsburgh. L. Rev. 1,17 (1983)。

被认为是美国的法律科学化和概念法学派的杰出代表。①正是兰代尔的法律科学化和概念主义法学思想,为美国合同法的理论化、体系化和后来的法典化奠定了充分的思想基础,做出了卓越的贡献。

兰代尔在他1871年出版的美国第一本合同法案例教科书序言中强调了合同法的理性,他将法律看做是一种"科学",并认为,如果"基本的法律规则……能够被适当地分类和加以安排,从而每个规则都能够被置于一个恰当的位置,而不是任何别的地方,那么法律规则热的数量就不会像现在这样庞大得可怕"②。在"法律是一门科学"的思想和信念启迪下,兰代尔第一次发现了合同法这一"法学新大陆",而且揭示了合同的一般原理、原则和学说,对合同法和合同理论作了较为体系化的梳理。1871年的这本合同法案例教科书的具体内容包括:对要约的承诺、拍卖竞投、同时履行的条件、停止条件、解除条件、对价、债务、请求、独立及非独立的契据和允诺、同意、通知、要约、条件的成就、要约的撤回、单务及双务的合同等,第一次使得美国合同理论初步成为一个有自身逻辑关系的体系。③ 但兰代尔对合同理论的发现和揭示,绝不是判例法持续发展的自然结果,也不是其发明者在大脑中凭空制造出来的(而是利用了新旧判例),事实上,它标志着对过去,甚至对不久以前的过去的强烈突破。④ 合同法一般原理的形成意义重大,因为它促成了合同法理论和规则的体系化、系统化,并使得美国合同法法典化成为可能。

合同法领域之所以需要逐步体系化,是因为在19世纪之前的两个世纪,合同法的判例还只是涓涓细流,而到了19世纪的时候已经发展成了新判例法的洪水,合同法学者这才致力于将其中的法律规则整理成一个有秩序的整体。⑤ 也就是说,当合同的一般理论和规则越来越体现出杂乱而模糊的判例法所不具有的诸多优越性时,人们希望通过对合同一般原理体系化和法典化来达致判断的明确和简约,就成为一种必然的诉求。尤其是那些金融家、工业家和投资家,都迫切需要司法判决的预见性和稳定性。⑥ 于是,法律科学化和合同原理一般化思潮成为当时美国的一种潮流和方向。

---

① Daniel J. Klau, What Price Certainty? Corbin, Williston and the Restatement of Contract, *Boston University Law Review*, May 1990, 515.
② E. Allan Farnsworth, *Contracts*, Aspen Law & Business, 1999, 序言部分.
③ 傅静坤:《论美国契约理论的历史发展》,载《外国法译评》1995年第1期。
④ 〔美〕格兰特·吉尔莫:《契约的死亡》,曹士兵等译,中国法制出版社2005年版,第20页。
⑤ E. Allan Farnsworth, *Contracts*, Aspen Law & Business, 1999, p.26.
⑥ 〔德〕K.茨威格特、H.克茨:《比较法总论》,潘汉典、米健、高鸿钧、贺卫方译,法律出版社2003年版,第357页。

三、霍姆斯的"形式主义契约法"和
威灵斯顿的"统一合同法"

当然,作为美国统一契约理论的发明者,兰代尔的贡献显然还不够。其统一美国契约法的远大理想还有待他的继任者去发展其宏旨,去整理其要点,去勾勒其轮廓。① 霍姆斯、威灵斯顿就是兰代尔心目中最理想的两位伟大的继任者。

霍姆斯于1881年出版了《普通法》一书,其中也对合同法的一般原理进行了较为详细和系统的论述。霍姆斯是一位典型的实证法学家,主张客观地看待法律事务;同时他还是典型的实用主义者。因此,他一方面采用了奥斯丁的分析法理学方法,并继承发扬兰代尔的理论体系;另一方面,他还从梅因的《古代法》中汲取了历史进化的思想,反对像兰代尔那样完全按照古代罗马法的模式改造英美法,主张从普通法本身寻找进化的因素。于是,霍姆斯就在普通法的基础上,运用科学分析的方法,总结出了美国合同法的基本原理。霍姆斯契约理论的最大特点就是强调契约的外在性和形式主义,即契约必须具备一定的形式要件,按照一定的方式缔结才能产生法律的效力,否则就没有契约的存在,也更谈不上契约的责任。② 其中最核心的外部性理论就是对价交易理论。

兰代尔的另一位重要继任者是威灵斯顿(1861—1963),也正是通过威灵斯顿之手,美国古典契约法和古典契约理论最终得以形成。1895—1938年这段时间应该是威灵斯顿对于美国契约理论贡献最多的时间。就是在这段时间里,他担任哈佛大学法学院教授;努力起草国家统一的商业法律;出版了传世经典《合同法》多卷本;担任《第一次合同法重述》的报告人。具体说来:

首先,威灵斯顿负责起草了1906年的《统一买卖法》。在英国1893年《英国货物买卖法》的影响下,美国通过了由威灵斯顿起草的《统一买卖法》(Uniform Sales Act)。该法典被30多个州采纳,并成为后来《统一商法典》买卖篇的主体,其甚至被描绘成"美国第一部完全意义上的普通法法典"。③ 此外,威灵斯顿还负责起草了《仓单法》、1909年的《提单法》和《股票转让法》,

---

① 〔美〕格兰特·吉尔莫:《契约的死亡》,曹士兵等译,载梁慧星:《为权利而斗争》,中国法制出版社2000年版,第56页。
② 傅静坤:《论美国契约理论的历史发展》,载《外国法译评》1995年第1期。
③ 〔美〕伯纳德·施瓦茨:《美国法律史》,王军译,中国政法大学出版社1990年版,第156页。

这四部法律为后来起草的《统一商法典》铺平了道路,并最终成为《统一商法典》的主干内容。

其次,威灵斯顿于1920—1922年期间陆续出版了其经典的五卷本《合同法》体系书,该著作后来又在1936年进行了扩充,1957年修订过第三版,长时间以来被人们广泛认为是最权威的合同法著作,也是美国在科宾和法恩思沃斯之前的第一位以体系书的方式系统论述合同法理论和制度的合同法大师。在该体系书1920年版的序言中,威灵斯顿强调了合同法的普适性,他渴望"将合同法作为一个整体来看待,并且展示合同法上的原则所适用的广泛领域"①。

同时,威灵斯顿还担任《第一次合同法重述》的报告人,为美国法律界奉献了一版经典的合同法重述。正是通过这一系列的起草制定法、梳理合同理论和体系、重述契约法规则的工作,威灵斯顿在继承兰代尔和霍姆斯契约理论的基础上最终确立了美国的古典契约理论。

四、ALI 与《美国第一次合同法重述》: 美国古典契约法形成的标志

(一)《合同法重述》的诞生:法律确定性之诱惑

普通法的一般化和法典化运动意在解决判例法的复杂性、矛盾性所带来的弊端,从而为社会提供一种可预期的、具有确定性的制度。"确定性"在英美法这个历来坚持判例法的法系内掀起了不小的波澜。高度赞成法律确定性的学派是以兰代尔为首的概念主义法学派和法律科学学派。该学派主张,法律是可知的和可明确表述的,因此主张对法律确定性的要求,并认为达致该要求的手段主要是法典化。以上有关英国和美国诸多法律人对普通法法典化所作的努力就是对法律的确定性执著追求的体现,他们坚信:带来法律确定性的法典化将会助益人类生活和社会发展。法典化运动的确真真切切地展现了法律确定性的巨大诱惑力。美国法学会(American Law Institute,简称ALI)及其各种法律重述的诞生就是这种寻求法律确定性努力的延续,它们都是在法的"确定性诱惑"之下诞生的产品。威灵斯顿起草合同法重述也是基于对法律可知性和确定性的确信,并在霍菲尔德的分析主义法学基础上对法律规则进行的理性设计。据说,科宾之所以被吸收进重述委员会的重要

---

① E. Allan Farnsworth, *Contracts*, Aspen Law & Business, 1999,序言部分。

原因之一就是他对霍菲尔德的法律思想比较了解①,比较有利于重述对法律确定性追求目标的实现。

对法律进行重述的计划首先于 1922 年 3 月诞生了。刘易斯(William Draper Lewis)向鲁特(Elihu Root)提交了一个计划,其目的"在于创造一个能对法律进行有序重述的组织(即后来成立的美国法学会——引者注)……以澄清并尽可能简化我们所称的美国普通法"②。因为,根据当时的法律报告,美国法存在着不确定性(uncertainty)与复杂性(complexity)两大固有缺陷,而导致此种缺陷的原因则主要有三个:法律人在普通法的基本原理上缺乏一致意见;缺乏对普通法的系统发展;缺乏对法律术语的精确使用。③ 而在美国法学会看来,克服美国法上述固有缺陷,逐步提高美国法律的水平(确定性与简洁性)的方法就在于通过法律的重述来"澄清和简化法律"。"澄清和简化法律是一个写进美国法学会章程的目标,并在 1932 年《合同法重述》诞生时再次得到休斯(Charles Evans Hughes)和威灵斯顿(Samuel Williston)的强调。"④总之,美国法学会旨在通过法律重述的形式来减少判例法的庞杂性,形成一套容易接受的规则体⑤,从而追求法律的确定性,并实现社会正义。

美国法学会是由精选出来的执业律师(practitioners)、法官(judges)和大学教授(law professors)组成的,其会员目前已超过两千人,性质上属于一个民间学术团体组织。其在 1923 年 2 月成立并获得卡内基公司(Carnegie Corporation)捐款之后,就马上开始从事法律重述工作。"针对截至当时干预较少的领域(契约、代理、国际私法、侵权行为、财产权、保证、准契约等各种法的领域),尽可能准确地重述美国共同法的体系和各种协调最佳的解决方案。"⑥

---

① Daniel J. Klau, What Price Certainty? Corbin, Williston and the Restatement of Contract, *Boston University Law Review*, May 1990, 521.

② Lewis, History of the American Law Institute and the First Restatement of the Law, Restatement in the Courts 1, 2 (perm. ed. 1945). Cited in James Gordley, European Codes and American Restatement: Some Difficulties, *Columbia Law Review*, January 1981, 145.

③ American Law Institute, Report of the Committee on the Establishment of a Permanent Organization for the Improvement of the Law Proposing the Establishment of an American Law Institute, 1 A. L. I. Proc. pt. 1, 8 (1923).

④ James Gordley, European Codes and American Restatement: Some Difficulties, *Columbia Law Review*, January 1981, 145.

⑤ E. Allan Farnsworth, *Contracts*, Aspen Law Business, 3rd ed., 1999, p.27.

⑥ 〔日〕大木雅夫:《比较法》,范愉译,法律出版社 1999 年版,第 257 页。

最终，一共有十种法律重述诞生。① 其中，《合同法重述》是最早开始的重述之一，也是最好的一部"重述"。因为，《合同法重述》算是一群杰出的法学教授经过十年潜心的研究、分析和争论而得出的最终产品。② 它由威灵斯顿担任报告人（或陈述人）（Reporter）并负责准备草案；科宾担纲特别顾问（Special Adviser）并担任"救济"一章的报告人。③ 科宾和威灵斯顿等人都是当时法学界最有学识、也最有影响力的学者，他们的地位和权威性直接造就了《合同法重述》的崇高权威。④

美国法学会一直以自己曾奉献出《合同法重述》等多种重述和曾负责《统一商法典》的起草而自豪。《第一次合同法重述》总共602条，涉及了合同法的全部重要内容，是关于合同法的权威解读。

（二）《合同法重述》的诞生：法律确定性之困惑与法律灵活性之诉求

在当今社会，法律的确定性为人们所向往，并成为一种不折不扣的诱惑。普通法法典化建议之目的就在于追求法律的此种确定性，尤其在商业交易日益繁多而复杂的年代，商人们对法律确定性和后果可预期性的要求就成为以法典化来追求法律之确定性的主要动力。但是，问题就在于，大陆法系的法典模式在英美国家似乎有些"水土不服"，受到了一些质疑和抵制，在英美的现实生活中遇到了（理性主义的终结式的）确定性困惑的问题：(1) 确定性是否可能？(2) 确定性是否可欲？

1. 确定性困惑之一：确定性是否可能？

法律的确定性历来是法学领域极具争议的重大问题，这一问题在英美法

---

① E. Allan Farnsworth, *Contracts*, Aspen Law Business, 3rd ed., 1999, p.27. 其实，美国法学会现在的重述已达到13种（即除了家庭和继承法，美国私法的全部重要领域都进行了重述），包括代理法重述（agency）、冲突法重述（conflict of laws）、合同法重述（contracts）、裁判法重述（judgments）、财产法重述（property）、返还法重述（restitution）、证券法重述（security）、侵权法重述（torts）、信托法重述（trusts）、对外关系法重述（foreign relations law of US）、律师管理法重述（The Law Governing Lawyers）、保证法重述（suretyship and guaranty）和不公平竞争法重述（unfair competition）。

② Daniel J. Klau, What Price Certainty? Corbin, Williston and the Restatement of Contract, *Boston University Law Review*, May 1990, 512.

③ E. Allan Farnsworth, *Contracts*, Aspen Law Business, 3rd ed., 1999, p.27. 科宾和威灵斯顿虽然存在学术取向的严重分歧（对于对价交易理论和信赖保护的态度），但他们之间却有着良好的合作和深厚的友谊，在美国法学史上被传为佳话。他们两人一直相互尊重并相互影响。在威灵斯顿于101岁那年去世时，科宾在纪念他的文章中写道："塞缪尔·威灵斯顿对我来说就像一位兄长……尽管从未在其班上听过课，但他却是我最主要的合同法老师。"See Arthur L. Corbin, Samuel Williston, 76 *Harv. L. Rev.* 1327, 1327 (1963).

④ James Gordley, European Codes and American Restatement: Some Difficulties, *Columbia Law Review*, January 1981, 142.

系和大陆法系是有不同的判断的。大陆法的法典基本上都是建立在对法律的确定性的信仰基础上的;而英美法虽然也在普通法的法典化过程中受到了法律确定性的强大诱惑,但是长久的历史传统又不得不让他们再次认真地思考法律确定性的可能程度。在美国,先后有两位伟大的大法官——霍姆斯和卡多佐——对此作出过经典的论述。霍姆斯提出了"确定性的幻觉"的概念,认为我们的学者、法官及其法庭判决意见几乎总是承认一个假定,即存在能够而且必须以演绎方法教条式地加以应用的规则和学说,从而足以达致确定性。但实际上,那些由饱学的法官和法学博士们建造的规则、学说和定义并不一致。① 法律的确定性只是一种无法把握的幻觉。

卡多佐也以其丰富的法律职业经历和深邃的法律思维,对于法律确定性作出过同样精彩论断:

在担任法官的最初几年里,我发现在我航行的大海上没有任何航迹,为此我烦恼不已,因为我所寻求的是确定性。当我发现这种追求徒劳无益时,我感到万分压抑和沮丧。我试图到达陆地,到达有固定且确定规则的坚实的陆地,到达正义的乐园,在那里司法将以比它在我迟疑不决的心灵和良知中苍白的且微弱的反射更为简单明了且更加威严的方式宣告其自身。我感到要是"和布朗宁的《帕拉塞尔萨斯》中的航海者在一起,真正的天堂就总是在远方"。随着岁月的流逝,随着我越来越多地反思司法过程的性质,我已经变得甘心于这种不确定性了,因为我已经渐渐理解它是不可避免的。司法过程的最高境界并非发现法律,而是创造法律:所有的怀疑和担忧,希望和畏惧都是内心的折磨、死亡的悲恸和出生的痛苦的组成部分,在此,那些曾经服务于自己时代的原则死亡了,而新的原则则诞生了。②

可见,美国法学界在现实主义法学的立场下,给法典化的热潮浇了冷水。他们对法典化所依仗的法律确定性的信仰进行了无情的批判。从而使法律的确定性成为一种不确定的困惑,阻断了法典化的根基。

2. 确定性困惑之二:法典化的确定性是否可欲? ——寻求确定性与灵活性的平衡

一般说来,大陆法的法典体例和英美普通法的法典化思潮都是为寻求一种法律规则和社会生活秩序的确定性。但是,英美法无法克服自身历史传统的强大惯性,其在漫长的历史中形成了以司法为中心、高度体察和回应现实

---

① 〔美〕A. L. 科宾:《科宾论合同(上)》,王卫国等译,中国大百科全书出版社 1997 年版,第 214 页。

② B. Cardozo, *The Nature of the Judicial Process*, Yale University Press, 1921, p. 166.

的富有弹性的法律制度。该制度虽然不可避免地缺乏法典化的那种高度确定性,但却适应了英美国家的经济和社会发展,并事实上型塑了人民的思维习惯。在英美,法典法(制定法)只是对判例所揭示的各种原则加以明确化或修正的解决方法,其在一定历史阶段甚至被视为"异物"。① 因此,如果进行法典化的暴风骤雨式的法律传统变革,不仅无法为人民所接受,而且极有可能引发大的社会动荡。

况且,法典化在一定程度上就是僵化和教条化的代名词。教条化的法律条文和制度虽然最大限度地保证了法律的稳定性,但却在相当程度上丧失了法律的灵活性和回应性。而在法律的确定性是一种幻觉、不确定性是一种常态的时候,法律的灵活性就成为普通法的灵魂所在。因此,英美法对法律确定性的追求是有限度的,即以不丧失法律的灵活性为前提。正如美国学者丹尼尔所说:

虽然将确定性被作为美国法学会(ALI)的目标,但法典化并不被期望,因为在他们看来,法典化将牺牲弹性和灵活性。②

并且,"重述"计划可以看做是当时已经确立的法律对所谓法律现实主义者的抨击所作出的近乎本能的反应。③ 于是,在这种为解决判例法的矛盾和不一致、寻求法律的确定性和可预期性但却又怀疑和抵制制定法、害怕制定法的出台会牺牲普通判例法的灵活性的十分矛盾和困惑的倾向驱动之下,美国最终采取了一种较为折衷的解决路线:对合同法等法律进行重述(restate)。也就是说,重述是寻求法律的确定性和灵活性平衡的产物。关于确定性和灵活性两股力量对《合同法重述》诞生之影响的历史图景,杨桢和吉尔莫分别作出过精深的描绘。

台湾东吴大学法学院院长、英美法专家杨桢先生认为,确定性的追求是《合同法重述》诞生的首要动力:

有鉴于法院判例日益增加,且有相互间矛盾不相调和之情形,再加上现代生活经济条件复杂等,使得美国法律日益模糊。彼等更认为,除非一个新的要素出现,有助于法律之明确,否则普通法将会被制定法所取代。而《法律整编》(即法律重述——译者注)即在提供该一必需之因素。④

"合同死亡学派"的旗手格兰特·吉尔莫教授则认为,《合同法重述》是

---

① 〔日〕大木雅夫:《比较法》,范愉译,法律出版社1999年版,第241页。
② Daniel J. Klau, What Price Certainty? Corbin, Williston and the Restatement of Contract, *Boston University Law Review*, May 1990, 521.
③ 〔美〕格兰特·吉尔莫:《契约的死亡》,曹士兵等译,中国法制出版社2005年版,第79页。
④ 杨桢:《英美契约法论》(第3版),北京大学出版社2003年版,第92页。

合同法抑制法典化、追求灵活性的必然结果：

尽管绝大多数与契约密切相关的法律领域（主要指商法领域——引者注）在立法干预之下都实现了法典化，但长期以来契约法本身却仍在抑制法典化（保持灵活性——引者注）。这就是对为什么我们只有《契约法重述》而没有《统一契约法》的一种解释。①

因此，从总体上说，《合同法重述》是英美法抵制法律确定性的诱惑和普通法法典化的产物，又是对法律灵活性追求的产物，是一种折衷法律确定性和灵活性的选择。虽然加州大学伯克利分校的著名学者詹姆斯·高德理先生（James Gordley）认为，在20世纪里，法院通过利用《德国民法典》第242条"诚实信用原则"和138条"善良风俗原则"等诸多原则而实现所谓的"向一般条款逃逸"的程序，向世人证明了法典也是具有灵活性的。② 但法典的这种灵活性的确与英美法的判例法程序传统所具有的高度灵活性不可同日而语。

由威灵斯顿负责起草并于1932年通过的《第一次合同法重述》并没有让人们失望。它体系严谨、逻辑清晰、理论深厚，完全展现了古典契约理论的魅力。重述首先分章，每章又分节（Topic），节下为基本条文（Section），基本条文后有评论和释例（Comments & Illustrations）、报告者注解（Reporters Notes）、对照参考（Cross References）、案例援引（Case Citations）等对条文的详细解释和说明，有些章节前还有前言（Introductory Note）内容。我们以《合同法重述》第一条关于合同的定义为例：

§1 **Contract Defined**

A contract is a promise or a set of promises for the breach of which the law gives a remedy, or the performance of which the law in some way recognizes as a duty.

Comments & Illustrations：

Comment：

a. Other meanings. The word "contract" is often used with meanings different from that given here. It is sometimes used as a synonym for "agreement" or "bargain." It may refer to legally ineffective agreements, or to wholly

---

① 与合同密切相关的实现法典化的法律领域主要是指劳动法、反托拉斯法、保险法、商业规则和社会福利立法等。而"合同法抑制法典化"的判断也是由弗里德曼在其《美国合同法》（1965）中提出的。参见〔美〕格兰特·吉尔莫:《契约的死亡》，曹士兵等译，中国法制出版社2005年版，第8页。

② James Gordley, European Codes and American Restatement: Some Difficulties, *Columbia Law Review*, January 1981, 145.

executed transactions such as conveyances; it may refer indifferently to the acts of the parties, to a document which evidences those acts, or to the resulting legal relations. In a statute the word may be given still other meanings by context or explicit definition. As is indicated in the Introductory Note to the Restatement of this Subject, definition in terms of "promise" excludes wholly executed transactions in which no promises are made; such a definition also excludes analogous obligations imposed by law rather than by virtue of a promise.

b. Act and resulting legal relations. As the term is used in the Restatement of this Subject, "contract," like "promise," denotes the act or acts of promising. But, unlike the term "promise," "contract" applies only to those acts which have legal effect as stated in the definition given. Thus the word "contract" is commonly and quite properly also used to refer to the resulting legal obligation, or to the entire resulting complex of legal relations. Compare Uniform Commercial Code § 1—201(11), defining "contract" in terms of "the total legal obligation which results from the parties' agreement."

c. Set of promises. A contract may consist of a single promise by one person to another, or of mutual promises by two persons to one another; or there may be, indeed, any number of persons or any number of promises. One person may make several promises to one person or to several persons, or several persons may join in making promises to one or more persons. To constitute a "set," promises need not be made simultaneously; it is enough that several promises are regarded by the parties as constituting a single contract, or are so related in subject matter and performance that they may be considered and enforced together by a court.

d. Operative acts other than promise. The definition does not attempt to state what acts are essential to create a legal duty to perform a promise. In many situations other acts in addition to the making of a promise are essential, and the formation of the contract is not completed until those acts take place. For example, an act may be done as the consideration for a contract (see § 71), and may be essential to the creation of a legal duty to perform the promise (see § 17). Similarly, delivery is required for the formation of a contract under seal (see § 95). Such acts are not part of the promise, and are not specifically included in the brief definition of contract adopted here.

e. Remedies. The legal remedies available when a promise is broken are

及时弥补和纠正自己的失误。要小心对方问话的陷阱和圈套,不要被牵着鼻子走。

（8）千万不要作伪证,更不要串通作伪证,否则只会搬起石头砸自己的脚。

（9）当事人要抓住开放性问话阐明自己的主张和观点,该出手时就出手,不要一味地做"沉默的羔羊"。尽管有律师可以辩护和代理,但如果当事人能够在律师指导下恰当地予以配合,效果当然会更好。

（10）当事人问话要在律师的指导下进行,千万不能自作主张。

of various kinds. Direct remedies of damages, restitution and specific performance are the subject of Chapter 16. Whether or not such direct remedies are available, the law may recognize the existence of legal duty in some other way such as recognizing or denying a right, privilege or power created or terminated by the promise.

Illustration:

1. A orally agrees to sell land to B; B orally agrees to buy the land and pays $1000 to A. The agreement is unenforceable under the Statute of Frauds. B's right to restitution of the $1000, however, is governed by the same rules as if the agreement were enforceable. B has a right to recover the $1000 paid if A refuses to convey the land, but not if A is ready and willing to convey. See § 140 and the provisions on restitution in § 375. By virtue of this indirect recognition of the duty to convey, the agreement is a contract.

f. Varieties of contracts. The term contract is generic. As commonly used, and as here defined, it includes varieties described as voidable, unenforceable, formal, informal, express, implied (see Comment a to § 4), unilateral, bilateral. In these varieties neither the operative acts of the parties nor the resulting relations are identical.

g. "Binding promise." A promise which is a contract is said to be "binding." As the term "contract" is defined, a statement that a promise is binding does not necessarily mean that any particular remedy is available in the event of breach, or indeed that any remedy is available. Because of the limitations inherent in stating or illustrating rules for the legal relations resulting from promises, it frequently becomes necessary to indicate that a legal duty to perform arises from the facts stated, assuming the absence of other facts. In order to avoid the connotation that the duty stated exists under all circumstances, the word "binding" or a statement that the promisor is "bound" is used to indicate that the duty arises if the promisor has full capacity, if there is no illegality or fraud in the transaction, if the duty has not been discharged, and if there are no other similar facts which would defeat the prima facie duty which is stated.

REPORTERS NOTES:

This Section carries forward former § 1. See 1 Williston, Contracts § 1 (3d ed. 1957); 1 Corbin, Contracts § 3 (1963). For other important discussions of what contracts are, see Gilmore, The Death of Contract (1974); Friedman,

Contract Law in America: A Social and Economic Case Study (1965); Symposium, The Relevance of Contract Theory, 1967 Wis. L. Rev. 303; Macauley, Contract Law and Contract Research, 20 J. Legal Ed. 452 (1968); Farnsworth, The Past of Promise: An Historical Introduction to Contract, 69 Colum. L. Rev. 576 (1969); Macneil, The Many Futures of Contract, 47 So. Cal. L. Rev. 691 (1974); Macneil, Restatement, Second, of Contracts and Presentation, 60 Va. L. Rev. 589 (1974); Atiyah, Contracts, Promises and the Law of Obligations, 94 L. Q. Rev. 193 (1978); see also Leff, Contract as Thing, 19 Amer. U. L. Rev. 131 (1970).

Comments a and b. For a concise discussion of what constitutes a contract, how it can be created and its relation to tort actions for fraud, see Steinberg v. Chicago Medical School, 69 Ill. 2d 320, 371 N. E. 2d 634 (1977).

Comment e. Illustration 1 is new.

Comment f. Section 12 of the original Restatement defined unilateral and bilateral contracts. It has not been carried forward because of doubt as to the utility of the distinction, often treated as fundamental, between the two types. As defined in the original Restatement, "unilateral contract" included three quite different types of transaction: (1) the promise which does not contemplate a bargain, such as the promise under seal to make a gift, (2) certain option contracts, such as the option under seal (see §§ 25, 45), and (3) the bargain completed on one side, such as the loan which is to be repaid. This grouping of unlike transactions was productive of confusion.

Moreover, as to bargains, the distinction tends to suggest, erroneously, that the obligation to repay a loan is somehow different if the actual delivery of the money was preceded by an advance commitment from the obligation resulting from a simultaneous loan and commitment. It also causes confusion in cases where performance is complete on one side except for an incidental or collateral promise, as where an offer to buy goods is accepted by shipment and a warranty is implied. Finally, the effect of the distinction has been to exaggerate the importance of the type of bargain in which one party begins performance without making any commitment, as in the classic classroom case of the promise to pay a reward for climbing a flagpole.

The principal value of the distinction has been the emphasis it has given to the fact that a promise is often binding on the promisor even though the promisee is not bound by any promise. This value is retained in §25 on option contracts. But the terms unilateral and bilateral are generally avoided in this Restatement.

CROSS REFERENCES: ALR Annotations:

What constitutes a contract for sale under uniform commercial code §2—314. 78 A. L. R. 3d 696.

从《美国合同法重述》第 1 条的内容,我们可以清楚地看到重述与大陆法系法典的区别,它是法律确定性与法律灵活性平衡的产物,并且其内容丰富浩繁,阐释详尽,实乃古典契约理论集大成之作。总之,重述体系严谨、逻辑清晰、理论深厚,完全展现了古典契约法的魅力,并且重述还代表了美国契约法学界对大陆式的法典化与英美式的判例化模式的一种成熟的认知态度和调和做法,标志着美国古典一般契约法的最终形成。

第三章　古典契约法核心原则的
起源与流变:对价原则

在英美合同法中,有两个原则是支柱性的:对价原则(doctrine of consideration)与合同相对性原则(doctrine of privity of contract)。此两项原则构成了英美古典契约法的核心理论原则,贯穿英美契约法的全局与始终,并共同搭构起了英美合同法的理论结构和制度框架。[①] 一般说来,对价原则是决定合同效力的核心要素,其功能在于决定受诺人或合同当事人能否执行一项允诺或合同,即"哪些允诺可以得到法律的强制执行"[②];而合同相对性原则则是决定合同效力所及范围的核心要素,其功能在于确定合同当事人之外的第三人是否受合同的约束,是否享有合同权利,承担合同义务。[③]

对价原则是现代英美法的首要核心原则和理论,它不仅决定了当事人的允诺能否执行,即当事人间的合同有否约束力这一重大问题,更重要的是它型构了整个英美合同法的理论和制度体系。因此,对价原则是英美法学者所应当关注的焦点和中心,研讨英美合同法似乎很难绕开对价原则这一重要命题。现代人所理解的对价原则是一个完备的规则体系和理论体系,它既包括"对价必须从受诺人发出""对价必须充分,无须相当""过去的对价不是对价""履行既存义务不是对价"等操作性规则,又包涵"获益—受损理论(benefit-detriment theory)"和"对价交易理论(bargain theory)",是一个富有制度理性的成熟的理论模型。对价原则的起源与变迁对于深入了解和全面把握英美传统契约法的理论与制度有着十分关键的作用。

[①] 与大陆法系合同法的合同自由、主体平等、等价有偿、诚实信用、公序良俗、鼓励交易等原则相比,大陆法系的这些原则具有更强的理论性,属于理念型原则,英美法的对价原则和相对性原则属于制度性原则,具有更强的实践操作价值和制度构造价值,因此本书所讨论的英美契约法两大核心原则并大陆法所理解的合同法原则有所区别,特此说明。

[②] Roy Kreitner, The Gift Beyond The Grave: Revising The Question of Consideration, 101 *Colum. L. Rev.* 1876(2001).

[③] 当然,在决定第三人能否享有合同权利的问题上,英美国家的法院最初是通过援引对价原则来作出判决的,这一点我们可以从合同相对性原则产生的几个权威判例(如 *Tweddle v. Atkinson* (1861)和 *Dunlop Pneumatic Tyre Company Ltd v. Selfridge*[1915])中看得很清楚。其实,这也就牵涉到了合同相对性原则与对价原则的关系,对此问题笔者在后有专门论述。

一、对价原则的概念起源

(一)"对价(consideration)"的语言学释义

"consideration"一词的多义性

英文中用来指称对价的词语是"consideration",但"consideration"一词本身也有着非常丰富的内涵,远不是单纯的合同法领域的"对价"概念所能涵盖的。现代英汉综合大词典对"consideration"一词的解释就有如下五种意思:(1)考虑,思考;顾虑。(2)(为别人)着想;体谅。(3)考虑的因素,原因;考虑的结果。(4)重要性。(5)报酬。例如,在解释法律中的对价(consideration)一词时,就会发现consideration词义的多重性:一个允诺的对价是指当允诺人作出允诺时所考虑(consider)的因素。辛普森认为,虽然与对价并不完全相同,但"动机"(motive)一词确实是与"对价"非常接近的同义词。① 可见,对价还有动机的意思。

一般来说,只有在合同法中,"consideration"才指对价,"consideration"也只有与"原则(doctrine)"一词组合在一起,才能确定地构成英美合同法中的允诺或合同执行(约束力)的根据。所以,让我们来看看英美法经典法律辞书关于对价原则的界定。

英国《牛津法律辞典》(_Oxford Law Dictionary_)中的对价词条

英国最著名的《牛津法律词典》中的对价(consideration)词条:"对价是指对另一方的要约或者行为对等地给付、完成一定行为或暂不行使权利。在英国合同法中,要约,除非以契约的形式做出,否则,除了为价值重大的对价外,不能通过诉讼强制执行,该规则直到18世纪末才明确地建立起来。对价可能是一个做某事或不做某事的承诺,或者是依要约方的要求承受某些损失或损害。通常是支付货款,运送货物,提供服务或放弃另一合法权利。对价不能是承诺方已经负有的履行义务,它必须是有价值的,但并不一定具有与要约相当或足够多的价值。过去的对价,即在要约前所做的对价,是不充分的。对价理论对于英美普通法是独特的,但是,它在证明合同的存在、确保不轻易履行和阻止效力可疑的交易上的功能,在其他法律系统中是通过其他方

---

① A. W. B. Simpson, _The History of Common Law of Contract: The Rise of the Action of Assumpsit_, Oxford University Press, 1975, p. 321.

式体现出来的。"①

美国《布莱克法律辞典》(*Black Law Dictionary*)中的对价词条②

美国最权威的法律辞典《布莱克法律辞典》关于对价(consideration)一词的界定为：

(1) 允诺人从受诺人处收到的某种有价值的东西,如一个作为(act)、不作为(forbearance)或者一个回复允诺(return promise)。对价或其替代允诺禁反言等对于一个协议的执行是必要的。(2) 历史概念:法院的一项判决——在罗马法中称作 consideratio。

> "对价被解释为被告或第三人能从中获得利益或好处的原告的行为,或者是原告所承受的任何劳动、损害或不便。不管该损害和不便是多么小,只要原告履行上述行为和承受上述不便都是在被告明示或默示的同意之下或是经被告的要求、在特定的情形之下做出的,都可以构成对价。"Thomas E. Holland, *The Elements of Jurisprudence* 286 (13th ed. 1924).

> "对价在其最宽泛的意义上是指能使一个人愿意受到协议约束的理由、动机或诱因(reason, motive or inducement)。一个人同意给自己强加一种责任或者放弃或转移一项权利,不可能是无代价的。正是基于对此项事实的考虑,他才会同意承受新的负担或者放弃法律赋予他的利益。"John Salmond, Jurisprudence 359 (Glanville L. Williams ed., 10th ed. 1947).

> "对价一词已经存在了很长时间,因此,认为我们很长时间以来一直拥有对价理论便是很诱人的想法。但事实上,在 19 世纪之前,该词从未获得过任何特定的意义、代表过任何的理论。"Grant Gilmore, *The Death of Contract* 18(1974).

中国《元照英美法辞典》中的对价词条③

consideration 译为对价,是指合同成立的诱因;致使缔约方缔结合同的原因、动机、代价或强迫性的影响力;一方当事人获得的权利、利益、利润或好处,或另一方当事人所遭受的损失或承担的义务。这是有效合同存在并对当

---

① 〔英〕戴维·M.沃克:《牛津法律大辞典》,李双元等译,法律出版社 2003 年版,第 248—249 页。
② *Black's Law Dictionary*, Seventh ed., St. Paul, Minn.: West Group, 1999, pp.300—301.
③ 薛波:《元照英美法辞典》,法律出版社 2003 年版,第 289 页。

事人有法律约束力的基本且必需的要素。对价是英美合同法核心的重要概念。其引入是基于以下的原因:按照传统的观点,合同是一项或一组这样的允诺:它或它们一旦被违反,法律就会给予救济。而要使允诺成为一项法律能为之提供救济的允诺,即成为有法律约束力的合同,则受诺人(promisee)必须向允诺人(promisor)提供某种与该诺言相对应的回报,这种回报就被认为是对价。

consideration 的汉译问题

在汉语法学界,"consideration"一词也被译作"约因"。① 该种用法实是转译自日本,且现在仍然在日本和我国台湾地区使用。但该概念有混淆英美法的"consideration"和大陆法的"cause"(通常译为原因)之嫌,虽然二者在功能上有许多近似,但毕竟属于不同法系中的制度,且在大陆法的原因理论发生了从"客观原因论"到"主观原因论"的转变之后,二者的内涵及在各自合同法中的地位已有着天壤之别。

(二) "对价"词语之历史探源

探索对价原则的源头的最简单、最直观的方法莫过于考察英美法中"对价"一词的历史起源,这是一种纯形式的考证,故又被称为形式源泉的考察。

纯粹的对价语词的出现

15世纪末16世纪初,尽管"对价"尚未获得一个特别而固定的法律意义,但当时的律师们对该词是非常熟悉的。② "对价"这一词语早就出现于普通法的历史视野中。

当然,早期的"consideration"一词早在1429年的"by consideration"和1430年的"through consideration of mischiefs"两个词组中就出现了,但当时的"consideration"没有任何"对价原则"的含义,而只是意指如我们今天所常用的"考虑行为"那样的内容。③ 具有对价含义的"consideration"一词最早于1504年出现于土地用益法(law of uses of land)领域的白金汉郡公爵案(*The Duke of Buckingham's Case*)。④ 对于该案,一方的辩护律师认为,由于对于公

---

① 比如杨桢:《英美契约法论》,北京大学出版社2007年版;陈融:《解读约因:英美合同之效力基石》,法律出版社2010年版。
② A. W. B. Simpson, *The History of Common Law of Contract: The Rise of the Action of Assumpsit*, Oxford University Press, 1975, p.329.
③ Ibid., p.330.
④ 该案讨论于1504年但并未在当年作出判决。该案涉及一个公爵为了鼓励其弟弟和一个女人计划的婚姻,便与其他人达成协议,在他死后,由该女子对一定的领地(manors)享有用益权。但婚姻如期举行后,该公爵改变了主意,并打算撤销用益权的设定。于是,争议便发生了。

爵的承诺没有交易或对价(bargain or consideration),所以让公爵撤销其承诺是合理的;而另一方的辩护律师则认为,公爵作出承诺是基于良好的对价(good consideration),因此哥哥应当受到自然法的约束来援助、抚慰其弟弟。① 不管该案的最终判决结果如何,它必定首次以对价的意义使用了"consideration"一词,为后世土地用益法中的衡平对价原则和一般对价原则开启了先河。

土地用益法中的衡平对价原则(equitable doctrine of consideration)的基础是这样的思想,即激发一项交易的因素应当被视为决定该交易的法律效果的东西;违诺赔偿之诉中的对价原则的基础是这样的思想,即激发(作出)一个允诺的因素应当被视为决定该允诺法律效果的东西。② 可见,尽管领域有所区别,但二者存在明显的共同点和不可否认的渊源关系。[用辛普森的话就是所谓的历史连续性(historical continuity)]

用益法对后世对价的影响是巨大的,以至于甚至后来建立于 17 世纪早期的关于对价原则的标准定义仍然出自早期用益法而非来自违诺赔偿之诉:对价是要求有事实上或法律上相互补偿的原因(cause)或有价值的理由。③

但这里的对价并没有获得一种像后世的对价原则那样的技术性意义。十分清楚的一点是,尽管 1560 年之前的律师们认为:允诺要有约束力必须具有某种额外的因素,但当时对此额外因素并没有一种一致的描述方式。相反,却出现了多种类似的词语:对价(consideration)、原因(cause)、报酬或补偿(recompense)、相等补偿(quid pro quo)等。④ 也就是说,在 16 世纪上半叶之前,与合同法相关联的"对价"一词,不管是在普通法中还是自衡平法中都还没有获得一种技术性意义。虽然人们经常使用"对价"一词,但其他的词汇或表达也经常被用来指称与"对价"相同的内涵。例如,Street 先生就曾经指出⑤:

---

① A. W. B. Simpson, *The History of Common Law of Contract*: *The Rise of the Action of Assumpsit*, Oxford University Press,1975,pp.340—341.

② Ibid., pp.373—374.

③ Calthorpe's Case (1572) Dy 334b, 336b. 本案到底是发生于 1572 年还是 1574 年似乎有探究的余地:爱博特森(Ibbetson)书中标注为 1572 年;但辛普森(Simpson)书中则标注为 1574 年。D. J. Ibbertson, *A Historical Introduction to the Law of Obligations*, Oxford University Press,1999,p.142; A. W. B. Simpson, *The History of Common Law of Contract*: *The Rise of the Action of Assumpsit*, Oxford University Press,1975,p.323.

④ See D. J. Ibbertson, *A Historical Introduction to the Law of Obligations*, Oxford University Press, 1999,p.142.

⑤ Street, *Foundations of Legal Liability ii* 39. Sir William Holdsworth, *A History of English Law* (*Volume VIII*), Little, Brown and Co., 1926, p.5.

圣日尔曼(Saint German,1460—1540)在其《博士与学生》①一书中就利用了如下众多的词汇来指称与对价相类似的含义:报酬或补偿(Recompense)(4次)、原因(cause)(3次)、一定的对价或补偿(a certain consideration)(2次)、世俗(物质)利益的对价(consideration of worldly profit)(1次)、(cause in the sense of a desire to maintain the cause of learning or service of God)(1次)、相等补偿或对等物(quid pro quo)(1次)、货物或其他利益(goods or some other profit)(1次)、为允诺而转移的东西(thing assigned for a promise)(1次)、新的交换(new exchange)(1次)、允诺的费用(charge by reason of the promise)(1次)。

此时的对价只是表达合同约束力额外因素的多种语词之一种,并没有获得统一的、具有技术意义的对价原则。

具有技术意义的对价原则的出现

从对价的形式词源来看,在大约1560年以前人们是很难谈及任何统一的"对价"原则的(doctrine of consideration)。② 而且,即使在违诺赔偿之诉诞生并使对价获得了决定违诺赔偿之诉适用范围,亦即决定哪些允诺或协议可以获得救济和执行的一般技术性意义之后,如果从纯粹的语言学层面上来看,"对价"一词与"理由(reason)"和"动机(motive)"的含义几乎没有什么区别,以至于我们可以说,一个允诺的对价也可以被看做是做出该允诺的原因。③ 当然,这种观察也只是表面的。

普通法法院于15、16世纪发展出来的违诺赔偿之诉的影响不只在于它统一了合同诉讼形式、提供了允诺(包括单纯的待履行允诺交换)执行的一

---

① 克里斯多佛·圣日耳曼(Christopher Saint German)的《博士与学生》的对话录是一本非常有影响的著作。这本书是人们对普通法和教会法关系进行探究的起点(starting-point)。圣日耳曼或者日耳曼是内殿律师学院(Inner Temple)(四大律师学院之一)中的一位律师。他可能曾经在牛津大学待过,尽管近来的研究尚不能证实此点。虽然据说他曾经有过广泛的社会实践并拥有一个比其他任何律师都大的图书馆,但我们对他的一生了解并不多。他能够被人们记住,部分因为是一个神学辩论家,但主要还是因为他的《博士与学生》这本书。该书包括一位神学博士与一位普通法学生之间的两个对话集,是一本具有投机性特征的散漫的批判性著作。该对话录包含来源于教会法的相当多的东西。第一本对话录于1528年以拉丁文出版,并随后翻译成英文,并于1531年再版发行。而包含合同法内容的第二本对话录的英文版则于1530年最早出现。《博士与学生》对话录是一本非常受欢迎的书,并频繁再版。实际上,第二本对话录的增补第二版是在第一本出版内的一年内出现的。该书受到如此的欢迎并不奇怪,因为在当时甚至在17世纪之前,根本不存在任何其他的批判性的法律著作。毫无疑问,它也是一本非常有影响的著作,并且,就违诺赔偿之诉而言,该书的出版也比对价原则的出现早了许多年。由此可见《博士与学生》对话录对于普通合同法历史研究有着重大的学术价值。See A. W. B. Simpson, *The History of Common Law of Contract: The Rise of the Action of Assumpsit*, pp. 376—377.

② D. J. Ibbertson, *A Historical Introduction to the law of Obligations*, p. 142.

③ Ibid.

般根据,更重要的或许还在于它使得对价这一早先没有任何技术意义(technical significance)的词语在16世纪变成了用来表达违诺赔偿之诉构成的必要条件的技术性词语。① 就是说,在违诺赔偿之诉成为合同诉讼的一般模式并促进合同法的统一之后,人们就需要某种标准来确定违诺赔偿之诉这种新型诉讼形式的并不确定的范围,并且最初在非正式合同或协议之中就是用对价这一事物来确定违诺赔偿之诉的范围的(即哪些允诺符合违诺赔偿的诉讼格式——引者注),到最后整个合同责任就是依据对价的有无加以判断②,对价原则因此成为判断合同或协议能否执行或有否约束力的根据。

因此,著名法史学家霍兹沃思(Holdsworth)在《对价学说的现代历史》(Modern History of the Doctrine of Consideration)中指出:

> 对价主要是在与违反允诺诉讼(action of assumpsit)相关联的情况下取得了普通法上的技术性意义。它成为一个简明易懂的词汇,用以表明这种诉讼赖以成立的条件,以及那些仅能通过这种诉讼而被强制执行的合同的效力赖以确定的先决条件。……该学说(指对价原则——引者注)的主要要素是作为违反允诺诉讼之胜诉条件的逻辑结论而发展起来的。③

在违诺赔偿之诉建立之后,对价一词便成为描述合同约束力根源额外要素这一必要特征的一般性词汇。④ 非盖印(非正式)的合同只有符合违诺赔偿之诉的形式且只有具备对价才是可以强制执行或有约束力的。换言之,违诺赔偿之诉是不能用来强制执行一个无偿允诺(gratuitous promise)的,要使得一个允诺可以通过违诺赔偿之诉来获得救济,原告就必须证明他诉请执行的被告的允诺是他已经有所付出的交易的一部分。违诺赔偿之诉与对价原则合为一体,相生相伴。所有的违诺赔偿之诉都有一般性的对价原则相伴,所有的对价也只有在违诺赔偿之诉中才能获得普遍的技术性意义,而不只是单纯的法律词汇。

可见,从词源上来考察,具有技术意义的、作为一般合同可以执行标准的

---

① E. Allan Farnsworth, *Contracts*, Aspen Law Business, Oxford University Press, 3rd ed., 1999, p.18. 要构成违诺赔偿之诉(assumpsit)必须要有三种要素同时存在:对价、允诺和对允诺的违反(breach of promise)。See A. W. B. Simpson, *The History of Common Law of Contract: The Rise of the Action of Assumpsit*, p.406.

② James Oldham, Reinterpretations of 18th-Century English Contract Theory: The View From Lord Mansfield's trial Notes, *Grorgetown Law Journal*, August, 1988, op. cit., p.1950.

③ 转引自〔美〕A. L. 科宾:《科宾论合同》,王卫国等译,中国大百科全书出版社1997年版,第66页。

④ Quoted from D. J. Ibbertson, *A Historical Introduction to the law of Obligations*, Oxford University Press, 1999, p.142.

对价原则这一确切概念来自违诺赔偿之诉是没有疑问的。① 并且,对价原则的形式源泉或词源对于理解整个对价原则的内涵有着非常重要的意义,直到后来两次美国合同法重述起草之时,关于对价原则定义的争论在美国合同法巨擘科宾(Corbin)和威灵斯顿(Williston)②看来实际上也只是一种术语(terminology)的争论。科宾甚至还说道:界定对价一词是一个语言学(linguistic)问题而非法学问题。③

(三) 对价原则的实质源泉:相等补偿

对价原则的词源和形式考察是直观的、简便的,但也是表面的、不深入的,它并没有完全考虑到对价原则的早期形态和实质蕴涵。其实,事实正如霍兹沃思告诉我们的那样,对价原则受到了金钱债务诉讼赖以成立的"相等补偿(quid pro quo)"(有译为交换物)和发源于衡平法院的那些观念的影响。④ 其中,清偿债务之诉中的"相等补偿"这一非常特别的英国词汇对对价原则的形成贡献甚巨。

对价原则与相等补偿原则(quid pro quo)的关系

关于清偿债务之诉中的相等补偿原则,科宾曾作出过如下权威的界定:

> 相等补偿是与不付代价的收益相对立的。它表达了一种关于协商成交——以此物与彼物相交换的思想。它是一种概念和一种用语,它的使用在金钱债务诉讼中,比在其他任何普通法诉讼中都重要得多。在这种诉讼中,原告主张被告有义务付给原告特定之物或者相当之金钱作为回报的情况下接受了某物。最后,金钱债务诉讼成为仅仅被用于追

---

① 如辛普森教授就认为,对价原则在16世纪下半叶与救济违反允诺的违诺赔偿之诉(assumpsit)相联合(associated)。公开声明对价原则的最早的案例是1549年的 *Newman v. Gylbert* 一案;而公开出版的法律报告中以违诺赔偿之诉提到对价的最早案例则是1557年的 *Joscelin v. Shelton* 一案,该案中,被告考虑到原告的儿子答应将会与其女儿结婚的事实,被告允诺将在随后的7年里支付400马克给原告。在这里,法院认定将来的婚姻(future marriage)为对价。See A. W. B. Simpson, *The History of Common Law of Contract: The Rise of the Action of Assumpsit*, Oxford University Press,1975, p.318.

② 美国第一次合同法重述,就是由威灵斯顿担任报告人(或陈述人)(Reporter)并负责准备草案;科宾担纲特别顾问(Special Adviser)并担任"救济"一章的报告人。科宾和威灵斯顿虽然存在学术取向上的严重分歧(对对价交易理论和信赖保护的态度),但他们之间却有着良好的合作和深厚的友谊,在美国法学史上被传为佳话。See Arthur L. Corbin, Samuel Williston, 76 *Harv. L. Rev.* (1963), p.1327.

③ Daniel J. Klau, What Price Certainty? Corbin, Williston and the Restatement of Contract, *Boston University Law Review* (1990), p.534.

④ Sir William Holdsworth, *The History of Common Law of Contract: The Rise of the Action of Assumpsit*, Little, Brown and Co., 1926, pp.4—5. 美国著名影片《沉默的羔羊》的对白中多次出现过"quid pro quo"的用语,华语译制人将其译为"投桃报李",尽管很文艺,但也很恰当。

讨被告因为接受有价值之物而应付给原告一笔金钱。这一有价值之物就是被告因之而在法律上负有金钱形式的债务的相等补偿。①

其实,在"quid pro quo"这一特别的英语词语于15世纪形成之前,清偿债务之诉中的类似之物被称作"对等物(equivalent)"或"补偿物(recompense)"。② 相等补偿原则的要点是,在非盖印的合同交易中,如果债务人从债权人那里实际接受了某种实质利益或相等补偿,那么该债务人就有偿付该债务的义务,即该债务具有约束力。相等补偿的有无就成为一项债务合同能否执行或有无法律约束力的决定性的区分标准。

尽管从形式和历史阶段上来讲,相等补偿只与清偿债务之诉(debt)相关联,与其他诉讼形式没有任何关系。③ 但并不排除其对于其他诉讼形式及其具体内容的影响。从实质内涵上来看,现代英美合同法的对价原则在很大程度上来自清偿债务之诉中的相等补偿原则。对此,法恩思沃斯(Farnsworth)教授认为:

> 构成对价原则的要素主要是获益(利益)和损害,而其中最为重要的允诺人的利益要素就是从清偿债务之诉中的"相等补偿"而来,并通过后来一般违诺赔偿之诉(general assumpsit,亦即 indebitatus assumspit,是指后来代替清偿债务之诉的"要求付款的违诺赔偿之诉"——引者注)的扩张来建构对价原则的;而对价原则的受诺人的损害要素则是从特别违诺赔偿之诉(special assumpsit,指较早期的违诺赔偿之诉——引者注)的信赖中发展而来。④

但由于中世纪的相等补偿原则要求必须实际交付或履行后才能成就清偿债务之诉,所以有论者甚至将对价原则追溯于更早期更原始的英国普通法中的"实际交易"思想,他认为:

> 在伦敦承认或者承诺创设一项债务:在普通法中,除了存在盖印文件的情况之外,诉讼主张总是必须以实际的交易行为作根据的,这种做法的意义在于恢复了"实际"义务的古老思想或至少是进一步突出等价有偿的思想。⑤

---

① 〔美〕A. L. 科宾:《科宾论合同》,王卫国等译,中国大百科全书出版社1997年版,第226页。
② See P. H. Winfield, *Pollock's Principle of Contract*, Stevens & Sons,1st ed. 1876, p. 132.
③ Street, *Foundations of Legal Liability* ii 37. Sir William Holdsworth, *A History of English Law* (*Volume VIII*), Little, Brown and Co. , 1926, p.5.
④ E. Allan Farnsworth, *Contracts*, Aspen Law & Business, 1999, p. 19.
⑤ 〔英〕S. F. C. 密尔松:《普通法的历史基础》,李显冬等译,中国大百科全书出版社1999年版,第384页。

这样就将对价原则的发展脉络判断为:从古老的实际交付(交易)到实际交付的相等补偿,再到所谓的宽泛意义的对价(因为其包含了允诺此种未来没有实际交付的诺言可以成为对价的思想,承认了信用的价值,这是与违诺赔偿之诉的本质相适应的)。

霍姆斯的贡献:对对价原则实质源泉的发掘

在关于对价原则早期历史的问题上,霍姆斯是最早进行系统论述的法学家,他的名著《普通法》为我们留下了包括对价原则起源和发展在内的多种宝贵的知识财富。

霍姆斯对对价早期历史的切入没有脱离英美法的"(诉讼)程序中心主义"的视角。他认为,不管在历史上,债务的书面证据产生在先还是债务的证人(誓言)证据产生在先,总之,在没有书面证据时,证人就成为当事人间存在债务的证明。在亨利二世以后很长时期,在所有的债务诉讼中,如果对债务没有书面证据,那当原告被问到他有什么证明时,总是回答"好证人",然后正式提出他的证人,由法院来询问。① 后来,证人就成为证明非正式盖印合同当事人间存在债务的唯一合法方式,而当时要求证人发誓证明的当事人的交付必须是相等的补偿,这样,非正式合同、债务诉讼等便与相等补偿这种后来成为对价的东西紧密联系在了一起。对此,霍姆斯说道:

> 证人只能就其所知的事实发誓,而正巧除了一种特定的事实——财产的交付外这些证人又不被用于会导致债务的其他交易中,更巧的是这种交付又必须是有相等的补偿或报酬的(quid pro quo),所有这些事实加起来等于就是在说,能够以证人的方式证明的债务中,必须有相等的补偿或报酬。而通过这种证人方式而不是封印契据(deed)方式证明的债务,就是我们所说的简单合同债务,这样,从债务开始,并随后延伸至其他合同中,就逐渐建立了我们的这个古怪但非常重要的原则:每一个简单合同中都必须有一个对价。这一原则从来不适用于那些以被告盖章这种常用方式证明的债务或合同,而仅适用于那些在过去通过有限使用的程序建立起来的义务,这些都有力地说明了这个原则的出现与程序问题的联系绝不是偶然的。②

非常有可能的是,对价原则从债务之诉中产生,然后又从债务之诉中传

---

① Bract., fol. 315 b, Section 6; Britt. (Nich.) I. p.162; Magna Charta, c. 38; Y. B. 21 Ed. I. 456;7 Ed. II. 242; 18 Ed. II. 582; 3 Bl. Comm. 295, 344. Cf. 17 Ed. III. 48 b.
② Oliver Wendell Holmes, *The Common Law*, Little and Brown, 1881, p.258.

到了其他的合同诉讼形式中。① 霍姆斯关于对价起源于清偿债务之诉的判断部分地反映在了其关于英国法早期的清偿债务之诉三个发展阶段的总结性论述之中。他认为,债务诉讼的发展共经历了以下三个阶段:"第一阶段,这是适用于收回应得的金钱的唯一救济方式,但因侵害行为而发生的赔偿金责任除外;第二阶段,对价原则以其早期形式——给允诺人的一个好处被引入法律中;第三阶段,对对价的认识比以前要宽了,它也被明确表述为对受诺人的损害。"②在第一个阶段,尚未出现对价理论,因此理所当然,无论是对诉讼还是合同,也就都还没有基于所收到对价的性质而产生的限制。第二个阶段时,清偿债务之诉的"相等补偿"原则逐步演化为对允诺人的利益或好处(benefit),并型塑了后世对价原则的早期发展形态。第三个阶段时,由于违诺赔偿之诉这一新型诉讼形式的兴起,清偿债务之诉及其包含的内容便受到了一定的冲击和挑战,早期形态的对价原则(主要指发端于相等补偿的原始对价)便开始发生缓慢地变化,一是具有了受诺人损害的内涵,二是逐步一般化和技术化,形成所谓的"新对价原则"③。

霍姆斯并非一个拙劣的法史学家④,相反其法史学成就要远大于他的其他学术成就,因此他关于对价原则的起源的判断不会有着明显的失误。但为什么他却认为对价原则起源于清偿债务之诉(debt)而非违诺赔偿之诉(assumpsit)呢?笔者认为,从霍姆斯的意图和论述的内容来看,霍姆斯在此关于对价原则起源的判断并非是一种单纯词源或形式意义上的,他更关注对价原则的实质意义上的起源和源泉,即真正能具有现代英美合同法之对价原则的实质精神的原则和思想来源于哪里? 这种考察的难度和意义都同样大大超出了"对价"这一用语的历史考证。霍姆斯认为对价原则实质上源于清偿债务之诉中的"相等补偿"原则。英国著名法律史学家密尔松也同样认为:普通法的法官无疑主要关注的是地方法院强制实施协议的情势,以往诉讼中以"相等补偿"的名义孤立地局限于清偿债务之诉的相互关系,成了不同判

---

① Oliver Wendell Holmes, *The Common Law*, Little and Brown, 1881, p.259.
② Ibid., pp.270—271.
③ 这里所谓的新对价原则只是与在违诺赔偿之诉发展史中的清偿债务之诉中的"相等补偿"(quid pro quo)"这一实质上的对价原则和旧的对价原则相对称的。新对价原则新就新在它不仅具有相等补偿、好处获益等实质内涵,更在于它具有了"consideration"这种日后对价原则的高度技术化和形式性的外壳。——引者注
④ 尽管有人曾批评霍姆斯是一个糟糕的历史哲学家,H. L. A. Hart 评价他的《普通法》说,《普通法》就像一串用细线串起来的钻石项链,其中不乏史家和法律人的洞见,不乏细节的精彩,但贯串其中的历史哲学则是贫困的,是一种粗暴的集体主义社会哲学,因为这一点,他在法史学上的成就远不及梅因和萨维尼。但霍姆斯无论如何都是一位非常好的历史学家。柯岚:《霍姆斯法官的命运》,载法律思想网(http://www.law-thinker.com/show.asp?id=2345,2013 年 1 月 9 日访问)。

决的构成要素,并且在后来被归结为"对价原则"。①

同时,在主张对价原则起源于清偿债务之诉中的"相等补偿"原则之时,霍姆斯也驳斥了对价原则来自其他源泉的可能性:大陆法的原因②、衡平法、违诺赔偿之诉等。借用他的原话③:

> 过去认为(对价)这一规则是衡平法院从罗马法中借来的,后来又在衡平法中经过了一些改变,进入了普通法中。不过这种解释让人怀疑。从使用的词语上来看,在伊丽莎白统治时期以前,我从未看到对价被清楚地称为原因(cause),在更早的法律判决录中它都以"相等补偿"字样出现。据我所知,它最早出现在 Fleta 债务诉讼的解释中④,虽然我倾向于认为 Fleta 的这一解释并不可信,但仔细研究《年鉴》中按编年顺序排列的案件顺序就能明白,在我们能在任何衡平法案例中找到这一字样以前,对价原则已在清偿债务之诉中得到了充分的发展。当然,最早提到允诺人就其允诺应有些什么的案例中,还有一个是违诺赔偿之诉,但毫无疑问对价原则不可能是起源于它的。衡平法中第一次提到对价时,就我看到的资料,也是称其为"相等补偿",并要求须符合一定条件方能出现,而这些条件已在债务中完全地确立了。

综上所述,对价原则实质上是起源于清偿债务之诉中的"相等补偿"原则的。尽管现代意义上的对价原则成熟于作为现代合同法模式基础的违诺赔偿之诉,但对价的实质内涵和原理其实早在清偿债务之诉中就开始孕育和发展,并最终催生了现代英美法的对价原则和理论。霍兹沃斯所言极是:不管是过去还是现在,相等补偿原则的思想对于现代合同法及对价原则都产生了永久的影响(permanent influence)。⑤ 当然,霍姆斯及其《普通法》的伟大在一定程度上就反映在对这些繁复巨细的历史事实的尊重和精确发掘,以及对这些问题的深度(实质)把握而非表面敷衍上。

---

① 〔英〕S.F.C.密尔松:《普通法的历史基础》,李显冬等译,中国大百科全书出版社1999年版,第401页。
② 有"美国布莱克斯通"和"美国衡平法之父"之称的美国法学家肯特(Kent)就认为,英美合同法中的对价原则源自大陆法:"没有对价的合同是一个裸约(nudum pactum),尽管其从良心上看来有约束力,但却无法律约束力;并且这一普通法的格言是取自大陆法,尽管对价原则在大陆法中被视为学究气的思想"。See J. Kent, *Commentaries on American law* Littce, Brown & Co., 12th, 630 O.W. Holmes ed. 1873).
③ Oliver Wendell Holmes, *The Common Law*, Little and Brown, 1881, p.254.
④ 格兰威尔的 "justa debendi causa" (Lib. X. c. 4)似乎跟对价相去甚远。
⑤ Sir William Holdsworth, *A History of English Law*(Volume VIII), p.7.

（四）关于对价原则起源的争论

在考察对价原则的源泉之外，另一个更为重要的问题是我们还必须探究对价原则这一客观事物(thing)为什么会在英美法中出现。其实，对价原则也只是一个决定允诺或协议能否执行、合同有没有约束力的标准，而自罗马法以来，没有一种法律制度认为所有的允诺或协议都是可以强制执行的，所以也就必然都有自己关于允诺能否执行的区分标准，对价原则只不过是英美法独特的区分标准罢了。但面对至今仍支配整个英美合同法的独特的对价原则，人们都有一种解释其生成原因的冲动。于是，各种各样关于对价原则产生原因的观点便纷纷呈现在我们面前，下文便是对其中的代表性观点的陈述与评论。

1. 哲学精神的感召

身为古罗马五大法学家之一的乌尔比安说过，法是关于善良和正义的艺术。正义是法律中的永恒话题。更早时期的古希腊哲学家亚里士多德曾将公正(正义)视为"德性之首"，甚至是"一切德性的总括"①，并对正义作了细致的解析，把正义划分为分配正义(distributive justice)、校正正义(corrective justice)和交换正义(commutative justice)等。而其中与合同法直接相关的就是交换正义，交换正义要求当事人在进行交换时必须有对等的东西作为对其接受物品的补偿。② 随后，中世纪经院哲学的集大成者托马斯·阿奎那(Thomas Aquinas)③进而在亚里士多德的哲学思想的基础上发展了两种不同类型的合同理论：交换正义行为(acts of commutative justice)和慷慨行为(acts of liberality)。他认为，要求对等的东西体现了哲学上的平等的要求；但如果一方未得到等价物，而却希望能使对方收益，则体现了慷慨的要求。④ 由于正义是德性之首，所以交换正义行为要比慷慨行为更能成为一种社会的常

---

① 〔古希腊〕亚里士多德：《尼各马可伦理学》，廖申白译，商务印书馆2003年版，第130页。
② James Gordley, Contract Law in the Aristotelian Tradition, in Peter Bension (eds.), *The Theory of Contract Law New Essays*, London: Cambridge University press, 2001.
③ 托马斯·阿奎那(Thomas Aquinas)，生于公元1225、1226或1227年，死于1274年，被认为是最伟大的经院哲学家，他的同时代的人称之为天使博士。圣托马斯在大多数场合是如此紧密地追随着亚里士多德，以致使亚里士多德在天主教信徒心目中几乎具有教父般的权威；就是在纯哲学问题上批评亚里士多德，也会被人认为是不虔诚的。这或许主要是由于亚里士多德的哲学可以增强流行的经院哲学体系，延长经院哲学的寿命。亚里士多德和托马斯·阿奎那的统治性地位和势力一直持续到文艺复兴，其后，柏拉图才重新在大多数哲学家的见解中获得了至高的地位。参见〔英〕罗素：《西方哲学史》(上册)，何兆武、李约瑟译，商务印书馆1963年版，第549—550页；〔美〕梯利：《西方哲学史》，葛利译，商务印书馆1995年版，第211页。
④ James Gordley, Enforcing Promises, in 83 *Calif. L. Rev*(1995), 551—552.

态。对此,托马斯·阿奎那解释到,这也就是罗马法为什么会对那些付出多于正当价格(just price)或收到少于正当价格的当事人给予救济的原因。具体来讲,就是当合同价格偏离程度超过正当价格(指普遍估价,也就是市场价格)的一半时,法律就会进行干预、给予救济。①

14世纪中世纪的著名法学家巴尔都斯(Baldus)发展出后来成为大陆法特产的原因理论(doctrine of causa)之时,似乎就是以亚里士多德的上述关于交换正义行为和慷慨行为的区分为基础的。原因理论要求,要使一个允诺可以执行(有约束力),该允诺必须是因为下列两个原因或理由中的一个而作出的:为了收到某种回报的东西或者出于慷慨。②

于是便有人认为,英美法便在这种哲学思想和观念的影响之下发展出了对价原则③,英美法的对价原则从思想上发源于亚里士多德的交换正义的观念,是后世在古希腊哲学精神感召之下进行的法律制度创造。但这种观点存在着明显的问题,即"英美法关于合同形成的大多数原则(包括现代意义上的对价——引者注)都是在19世纪和20世纪初才得以发展出来,而此时亚里士多德的哲学已经几乎全被遗忘"④。可见,即使当今英美合同法的对价原则在相当程度上符合了亚里士多德和托马斯·阿奎那的正义观,如对价的获益受损理论体现了实质正义的理念,对价的充分性、相互性体现了亚氏和阿奎那所谓的交换正义的思想,但我们仍然无法断言对价原则是在正义哲学和正义思想的影响下诞生的。对于这一问题,美国学者霍维茨用美国近代的历史事实驳斥了对价原则源于纯粹的哲学(正义)精神的论调:

> 对价原则被美国内战前的精英(elite)中的很大一部分理解为确保交易中的实质公正的工具,也就是说,由对价来保证交换的东西的价值不存在太大的区别。但这种方法却逐步地衰退,至少是部分地因为由经济学家激烈批评所导致的公正价格概念的隐退,并且也部分地因为对各种当事人间的交易公正进行的司法和其他政府性审查中的颠覆性(subversive)活动。⑤

---

① See James Gordley, Enforcing Promises, in 83 *Calif. L. Rev* (1995), 551—552.
② Cited from James Gordley, Enforcing Promises, in 83 *Calif. L. Rev* (1995), 552.
③ 进而认为,在这一过程中,原因理论只是亚里士多德等正义哲学观念的不断传递的一个环节和阶段,继而在英美法中发展出了对价原则和理论。关于对价原则的诞生是否受到大陆法原因理论的直接促动的讨论,参见本节第三部分"大陆法原因理论的外部影响"。
④ James Gordley, Enforcing Promises, in 83 *Calif. L. Rev* (1995), 559.
⑤ Morton J. Horwitz, *The Transformation of American Law*, 1780—1860, Cambridge: Harvard University Press, 1977, pp.180—185.

当然,尽管如此,学者还是普遍认为对价原则不是一个建立于经济对等性的单纯的商业问题,其与道德因素密切相关。但这里的道德因素并不是亚里士多德和托马斯·阿奎那的交换正义等哲学或伦理学基因,而毋宁是关于允诺神圣性等朴素的道德观念及其延伸。例如,辛普森教授认为,违诺赔偿之诉及其对价原则都是在一种道德背景下产生的,而非是单纯的商业运作的结果:

> 在16和17世纪的历史中,鼓励商业交易安全的热情远不如对允诺神圣性的道德态度更为有力地促进了违诺赔偿之诉的形成。于是,法院进而通过对价原则等道德性原则来限制可诉允诺的范围。①

2. 商业经济的必然要求

另一种关于对价原则产生原因的主张有些类似于经济学家的思维,或者说其视角具有经济决定论的性质。此种观点认为,导致对价原则产生于英国而非大陆法的法国和德国的原因在于英国是近代资本主义商业经济的发源地,且在其后的诸多个世纪里,英国商业经济的规模和程度也都远远超过同时期的法国和德国,发达的商业经济直接导致了以商业经济为中心的法律制度和法律理念的诞生,对价原则就是其典型体现。例如柴舍尔(Cheshire)、费佛特(Fifoot)和佛姆斯通(Furmston)便在其名著中强调:"长期以来,普通法一直非常强调其合同的'商业情趣(commercial flavor)'。在订立合同后,一个英国人之所以负责任并不是因为他作出过允诺,而是因为他进行了一项商业交易(bargain)。"②而普通法之所以展现出如此鲜明的"商业情趣",恰恰是因为英国社会发达的商业经济的结果。在此种商业经济的模式之下,

> 商人们大多数没有了赠与的习惯,他们很容易理解一种法律制度,但并不情愿履行纯因狭义而做出的允诺。因此,对价学说是从这种不情愿中产生出来的原则,在像英国这样的国家里应该是很自然的,其合同法已规定要有"商业情趣",是零售商人的法律,而不是农民的法律。③

以上观点从经济基础的商业性到社会法律制度的商业情趣再到人们意

---

① A. W. B. Simpson, *The History of Common Law of Contract: The Rise of the Action of Assumpsit*, Oxford University Press, 1975, p. 125.
② *Cheshire, Fifoot & Furmston's Law of Contract*, London: Butterworths, 1996, p. 29.
③ 〔德〕海因·克茨:《欧洲合同法(上)》,周忠海等译,法律出版社2001年版,第83页。法国学者曾经轻蔑地讽刺英国合同法是为"店小二之国"设计的。克茨说,如果果真如此,普通法律师会反驳道,法国制度实际是为农民设计的。这或许也在相当程度上十分形象地说明了英国法律制度和英国社会的商业性和商业情趣。

识形态的商业色彩展现的是一条卡尔·马克思式的经济决定论的社会进化之路(含对价原则之进化),但是经济决定论早就受到人们普遍的质疑并陷入了严重的贫困,这在马克斯·韦伯之后更是如此。① 因此,遵循卡尔·马克思已经备受质疑的思想而得出的关于对价原则产生原因的判断,想必不会是没有问题的吧!

我国台湾学者谢哲胜先生认为,商业社会和商业经济的一个基本假设就是,当事人间交易的等价是社会资源效益最大化的必要条件,只有要求交易时的等价,个人才会更加有效地利用而不是浪费资源,因为他们深知该资源都是有代价地或者耗费一定的成本取得的。② 皮特·本森教授也认为,在一个相当程度上以私有财产制度和市场交易来完善社会和经济秩序的社会里,私法自治原则是适用于直接或辅助地与经济价值相关的自由交易的。与纯粹的赠与和完全未被信赖的允诺相比,这类交易有益于财富的产生、分工等。③ 从经济学的观点来看,以价值交换为内容的合同有利于增加公共财富。④ 也就是说,在经济学家看来,市场的交换和交易对社会公共财富的增加是有益的,而赠与等无偿的允诺则起不到这种功效,因此,在他们看来,以对价原则来决定哪些允诺可以执行,表明国家的态度和鼓励的目标,是值得赞许的。我们可以以上述经济学的思维来思考和论证对价原则存在的合理性和正当性,但是绝不是就此推论出"对价原则产生于商业社会和商业性思维之下,是为了达致社会资源之效益最大化才设计出的一种合同制度和理论"的虚假结论。

总之,在商业经济和对价原则关系问题上,人们确实存在着许多的思维混乱。我们没有任何有说服力的证据来断定对价原则因为商业社会的发展才产生的,事实也仅如法恩思沃斯所说,对对价原则的要求对一个进入商业时代的社会来说就很容易接受了。⑤ 对价原则只是迎合了商业时代的要求而易被在后来的英国商业社会接受和拓展,而不是源自商业社会,不是商业经济的必然产物。

---

① 马克斯·韦伯在其《新教伦理与资本主义精神》一书中重申精神和意识的力量,颠覆了卡尔·马克思的经济决定论。
② 引自谢哲胜先生 2004 年 9 月在社科院法学所所做讲座的内容。
③ Peter Benson:《合同法的统一》,载 Benson:《合同法理论》,易继明译,北京大学出版社 2004 年版,第 184 页。
④ C. Bufnoir, Propriete et Contrat 487 (1900), cited in Melvin Eisenberg, Donative Promises, in 47 U. CHI. L. REV (1979), p. 4. See also James Gordon III, A Dialogue about the Doctrine of Consideration, in 75 Cornell L. Rev (1990), p. 995.
⑤ E. Allan Farnsworth, *Contracts*, Aspen Law Business, 3rd ed., 1999, p. 19.

3. 大陆法原因理论的外部影响

对价原则是一个本土产品(indigenous product)还是部分地来自教会法和罗马法的原因理论,长期以来一直是一个颇具争论的问题,以至于直到现在对其谱系都没有一个令人满意的解释。①

当然,将对价原则的产生归因于大陆法原因理论或许是一种非常取巧(无须考虑对价原则的所谓深层的理论基础问题)却过于简单的观点,但其历来有众多的支持者。② 例如,布莱克斯通在描述"对价"时使用的就是大陆法律师们形容合同交换"原因"时的语言。③ 其后,鲍威尔(Powell)、考曼(Comyn)、泰勒(Tayler)、斯托里(William Story)和帕森斯(Parsons)的用法也同样如此。另据辛普森的观察,19世纪早期的学者也都将对价看做是原因理论的一个地方性的版本(local version)。④

但是,对价原则是否真的如他们所说,是大陆法原因理论直接影响的结果,是原因理论在英美国家的一个"地方性版本"呢?对此,现代大多数学者都持否定的态度。

英国著名学者波洛克(Pollock)认为,对价与原因没什么关系,对价一词出现于很早时期的用益法中,而在当时人们不可能知道大陆法之原因。并且,也没有任何证据表明对价原则与大陆法和教会法的原因理论有着任何的关系,相反,对价确实与清偿债务之诉中的相等补偿更为相似,虽然对价更为宽泛一些。⑤ 也就是说,英美法传统上清偿债务之诉中的相等补偿的观念足以在没有任何外来事物(extraneous matter)影响的情况下形成对价的概念和理论。事实上,罗马法学家的原因概念与英国法的对价词条的内涵难相吻合。这是因为,"对于普通法律师们的目的而言,后来教会法原因的形态过于宽泛,而其早期的古典形态则过于狭窄"⑥。学者辛普森也认为,对价与原因的关系非常小。同时,另一种证实对价原则是英美法产物而非大陆法或教会法等理论的继受的证据,在于《博士与学生》对话录这一沟通英美法与教会法的著作问世时,对价一词早已在英美出现在用益法(即现代信托法的祖

---

① Cheshire, *Fifoot & Furmston's Law of Contract*, Butter worths, 1996, p.8.
② 在现代,是法学家赛芒德(Salmond)第一次提出了这一主张。
③ William Blackstone, *Commentaries on the Laws of England*, Univ. Chicago Press, 1979, pp.440—470.
④ Simpson, Innovation in Nineteenth Century Contract Law, in *law Quarterly Review* (1975), p.262.
⑤ See P.H. Winfield, *Pollock's Principle of Contract*, Stevens & Sons,1st ed., 1876, p.133.
⑥ Ibid., p.134.

先①)中了。②

加州大学伯克利分校的合同法学家高德利(James Gordley)先生则更是直截了当地说道:"实际上,对价原则与原因之间几乎没有任何关系。"③相反,二者存在非常明显的差异:除了二者的内涵大小之外(如慷慨可以构成原因,但构不成对价),主要的差别在于原因的理论性和对价的实践性:原因是一个理论性胜于实践性的问题,其与现实中的允诺的执行问题几乎无关,对现实没有任何的效果。对价原则则与此完全相反。普通法法官从不抽象地追问人们为何做出允诺,也从不关心去创造一个内涵一致的对价定义,他们的任务是非常实际的,即用对价原则来限定违诺赔偿之诉中可执行的允诺的范围,④对现实世界中可执行的允诺与不可执行的允诺进行区分。

可见,不管从对价原则的形式词汇还是从其本质内涵来看,对价原则都不可能是来自大陆法的原因理论。大陆法的原因理论或许曾经对英美法对价原则的形成和型塑产生过一定的影响,但绝不是英美法对价原则产生的决定性力量。

小结:对价原则源于实现正义的诉讼形式机制

对任何原则、制度(包括对价原则在内)的历史描述都存在观察人相当程度的主观倾向,尽管笔者尽量通过客观、权威的材料来解读对价原则的真实理论,尽量达到韦伯所要求的"价值无涉(Wertfreiheit)"⑤,但观察者的倾向永远不可避免地渗透到自己的历史描述中,能做到的只是尽可能降低此种主观价值倾向的程度。

以上关于对价原则产生原因的主张都有一定的合理性,但都不是一种符合历史真实的判断。或许我们可以将它们作为对对价原则产生和演进的一种解释方式和观察视角,这无可厚非,但绝不能将它们认定为关于对价原则产生原因的最终结论。否则,贻害无穷。就像法恩思沃斯所说,用逻辑来解

---

① See *Cheshire, Fifoot & Furmston's Law of Contract*, Butter worths, 1996, p.9.
② A. W. B. Simpson, *The History of Common Law of Contract*: *The Rise of the Action of Assumpsit*, Oxford University Press, 1975, p.395.
③ James Gordley, *The philosophical Origins of Modern Contract Doctrine*, London: Clarendon Press, 1991, p.137.
④ Ibid.
⑤ 韦伯主张社会科学的研究一定要做到"价值无涉(Wertfreiheit)",它作为经验科学的原则向文化科学提出了客观性的要求:将价值判断从经验科学的认识中剔除出去,划清科学认识与价值判断的界限这个首先由韦伯提出的社会科学的客观性原则,今天在社会科学领域内仍然是广为接受的科学标准。参见[德]马克斯·韦伯:《社会科学方法论》,韩水法、莫茜译,中央编译出版社1999年版。

释对价原则的产生和发展是愚蠢的,我们只能以产生对价原则的历史和社会背景来解释。① 笔者在本章中采取历史的视角来研读对价原则,就是基于"历史视角能最客观地展现对价原则的源泉"的信仰。对此,霍姆斯说道,历史的主要作用在于去除规则的神秘性以及"治疗"那些"形神分离"的规则。因为:

> 某一远古时期的习惯、信念或需要确立了一项规则或一种程式。随着时光的流逝,这些习惯、信念或需要已经消失,但规则却保留下来。导致规则产生的原因既已消失,充满创造力的心智便将去探查此规则究竟何为。……在普通法的历史上经常存在这样的情况:在一些重要的法律部门中,人们用来证明某些远古"幸存者(survivals)"(指那些已经脱离了早先的"生存环境"但却顽强存活下来的规则或程式)之正当性的公共政策依据其实是后来人的发明。……于是,(今天的人便)有权重新思考这些流行的正当化理由,并且从一个更加广阔的视野来重新考量这些理由是否仍然令人满意。②

因此,我们更应当从对价原则的起源的历史中去把握对价的"程序原生性"特点,即对价原则乃至整个英美合同法都是与诉讼形式紧密联系在一起的,是从各种诉讼形式中发展出来的。难怪英国著名法史学家梅特兰的名言至今仍广为流传:"诉讼形式虽然已经消亡,但它们却仍然在坟墓中统治着我们。"③因此,对价原则的真正历史就隐藏在早期英国法的各种诉讼形式的历史中,其主要是从违诺赔偿之诉的程序基础上发展而来。④ 相等补偿原则也好,对价原则也好,都只是在特定诉讼程序下区别允诺能否执行的特殊词语和标准,后来便逐步地技术化、一般化,但都不能否认其产生是与普通法的诉讼程序纠缠在一起的。⑤ 总之,英国法院的法官发明对价理论和原则,就是旨在使各种契约纠纷都能够有一个统一的度量标准,使之能够在一种共同的诉讼形式下进行诉讼。因此,从这个意义上说,对价是法官用以判断在什么情况下作出的允诺应当产生合同性质的法律效力的一系列思维过程的完整化的总结。⑥

---

① E. Allan Farnsworth, *Contracts*, Aspen Law Business, 3rd ed., 1999, p.19.
② 郑戈:《如何阅读〈普通法〉》,载法律思想网之英美法论坛(http://www.law-thinker.com/show.asp?id=1579,2013年1月9日访问)。
③ Maitland, *Forms of Action at Common Law*, Cup, 1948, Lecture I, p.2.
④ Sir William Holdsworth, *A History of English Law*(Volume VIII), Little, Brown & Co., 1926, p.8.
⑤ Ibid., p.3.
⑥ 傅静坤:《二十世纪契约法》,法律出版社1997年版,第64、66页。

可见,以现代人的观点看来,英美法的对价原则确实反映了英美社会大量的价值观念和公共政策性的东西,但这些或许都只是一些遥远的历史遐想,是后人所妄增的"证明早期规则正当性的公共政策依据"(霍姆斯语),对价原则的真正原因或许没有我们所想象得那么复杂。正如霍姆斯所说,作为一种实体法规则,对价原则是不可能由于公共政策(policy)的原因而出现的。相反,该原则与一个奇怪的程序模式同时出现强有力地说明了,极可能这一奇怪的要求是与奇怪的程序相联系着的。① 所以,阿蒂亚教授才会说:"非常有可能的是,当法院首次使用'对价'一词时,它们也只是用其来指允诺执行的'理由'。如果说对价是'良好的',也只是意味着法院发现了执行该项允诺的充分理由。"② 他们或许并没有刻意为了公平正义等公共政策和社会价值目的的落实,而去创造一种有着固定的规则和操作方法的确定的对价原则,或者根本连想都没有想到对价原则的诞生,他们所关心的只是允诺的实施和执行这一更为现实的问题,是限制违诺赔偿之诉范围过宽以判断允诺能否执行的技术性标准自然发展的结果。后来的对价原则却是法官为了追求判决的一致性而逐步建立起来的完善规则。当然,即使史实如此,我们似乎也不能轻言英美法对价原则背后绝不存在隐含的社会经济和道德文化等公共秩序线索。

二、对价原则理论模型的变迁

(一) 前古典时期的合同理论与对价理论

在古典合同法形成之前,英国关于合同的制度、理论都是散乱而不统一的,合同法尚未成为普通法中一块独立的领地,不存在贯穿整个合同法的核心原则和理论,包括对价在内的古典合同理论尚处于形成和孕育当中。以对价原则为例,尽管从历史上来看,对价原则的源头可以追溯到 15 世纪和 16 世纪,并随着违诺赔偿之诉的形成逐步得以技术化和规范化,但在古典合同法理论和制度诞生之前,对价原则远没有获得内在理论的统一。事实上,英国所具有的实用主义传统和制度性著述的缺乏使得 16、17 世纪时不可能存在一个单一的对价原则,而是存在很多对价原则和理论。因此,当时的对价原则也许就是指允诺得以执行的多种理由罢了,就像大陆法的原因一样,还

---

① Oliver Wendell Holmes, *The Common Law*, Little, Brown & Co., 1881, p.254.
② P.S. Atiyah, Consideration: A Restatement, in *Essays on Contract*, Clarendon Press, 1986, pp. 181—182.

未形成统一而技术化的对价原则和理论。① 因此,吉尔莫才会说:

> 对价一词已经存在了很长时间,因此,认为我们很长时间以来一直拥有对价理论便是很诱人的想法。但事实上,在19世纪之前,该词从未获得过任何特定的意义、代表过任何的理论。②

前古典时期的对价理论的非技术化和不统一主要体现在以下几个方面:

1. 没有统一的对价理论模型(获益受损理论或交易理论)

判断有没有一个统一的对价原则或理论的最根本、最重要的标准就是看是否存在人们普遍认可的、利于掌控和操作的对价理论模型。古典合同法之后的对价原则就是建立在英国传统的获益受损理论和美国的对价交易理论之上的。在古典合同法之前的时期,人们对对价问题的认知还没有上升为一种理论的总结或升华,现代经典的对价获益受损理论和对价交易理论在当时不为人知,阐释对价理论内涵的最通常的做法主要是通过对对价的具体种类进行列举等较原始的手段。例如,人们将对价种类列举为金钱支付和其他报偿(money payment or other recompense),婚姻对价(marriage),利益对价(benefit),损害、辛苦或费用(detriment, travail or charge),自然的爱和情感(natural love and affection)等具体形态,这尽管在一定程度上有助于人们对于对价原则的理解和把握,但遗憾的是它最终流于一种粗糙地就事论事,期待以此手段来统一对价原则和理论,实在是一种奢望。

2. 没有统一适用的对价法律规则

我们今天之所以普遍承认统一的对价原则和理论在合同法中的核心地位,在很大程度上是基于对对价原则的多种具体操作规则的信赖。这些公认的规则包括对价必须充分但无须相当的规则、对价必须由受诺人发出但无须向允诺人作出的规则、过去的对价不是对价的规则、既存义务的履行不是对价的规则,等等。但是,这些规则在古典合同法之前的时期尚处于形成期,既不固定又不统一,更不可能来支撑一个统一对价理论的存在。况且,直到今天,对价原则名义之下的各种具体规则的不统一也仍然是困扰对价原则的一个问题,因此,我们也就不难想象古典合同法形成之前对价规则的散乱和不一致的严重程度了。

3. 没有统一的对价功能

在古典革命之前的时期,对价原则所发挥的功能都与允诺执行这种现今

---

① Cheshire, *Fifoot & Furmston's Law of Contract*, Butterworths, 1996, p.74.
② Grant Gilmore, *The Death of Contract*, Ohio State University Press, 1974, p.18.

对价原则的单纯功能无关,其功能在当时是非常多重的。简要说来,这些功能包括附加默示债务的功能、决定要求谨慎程度的功能、决定赔偿责任程度的功能、决定责任产生时点的功能、补充合同相对性原则例外的功能①,所有这些功能都与允诺的执行这种后世的对价功能没有关系或者没有直接的关系,从而显得凌乱而不统一,因此对价理论的统一性也就无从谈起。有鉴于此,后来的对价原则古典革命才会在很大程度上反映在将对价限制在允诺执行的功能上,以统一的功能定位来统一对价古典理论,进而统一整个古典合同法。

(二) 古典合同理论的确立与对价理论的古典革命

1. 以允诺为中心的古典合同理论的确立

古典合同法的重大贡献就是建立了合同法的统一原则、理论和制度。其中,"允诺"概念在古典合同法的形成过程中扮演了非常重要的角色。其实,在古典合同法一般化的原则和理论形成之前早就存在允诺、协议及其执行的问题,它们也很可能是当时合同法的重要部分,并且个人协议和允诺在经济组织中的相对重要性自18世纪中叶以来也一直处于上升期。但真正使允诺成为合同概念的唯一中心(exclusive focus)则毫无疑问是古典理论家们的功劳。②

(1) 英国著名法学家波洛克对"允诺中心的合同理论"的发掘。

在英美,古典合同法乃至整个法理学都是在法律科学化的观念带动之下逐步开启和形成的。正是兰代尔的法律科学化观念和概念主义法学思想,为后来美国合同法的理论化、体系化和法典化奠定了充分的思想基础,做出了卓越的贡献。所以,通常我们只要一说到古典合同法的创立都会提到兰代尔,认为他通过其名著《合同案例》一书"发现了合同法新大陆"(吉尔莫语),是当仁不让的合同法鼻祖。但是,兰代尔以法律科学化的思想来整理和改进合同法理论的努力,最终似乎也只停留在学术思想主张以及法学教育和研究的层面之上,没有形成一个可得操作的统一合同理论(在美国,合同法一般原理的系统化主要是由兰代尔的继承者霍姆斯和威灵斯顿完成的)。系统而自洽的合同理论体系的形成是19世纪合同法的全新发展和革命,其最早的完成者之一便是英国著名法学家波洛克爵士(Sir Frederick Pollock)。

---

① Roy Kreitner, The Gift Beyond the Grave: Revisiting the Question of Consideration, 101 *Colum. L. Rev.* 1876, pp.1885—1894 (2001).

② Ibid., p.1882.

早在1876年其《合同法原理》一书第一版在英国问世时,波洛克爵士就伤心地说"在我们现行的书中找不到一个令人满意的合同定义"①,表现出了对当时纷乱芜杂的合同概念和理论体系的强烈不满。随后,它要求人们应当充分认识到合同概念的特殊性和复杂性,并亲自开始了对于统一合同概念和理论体系的寻求。他首先指出,尽管人们通常会认为"同意(consent)"是创造和产生一个合同的"主要因素",但现实中确实也存在诸多基于"同意"的非合同交易。同意只是包含了非常宽泛意义上的人与人之间的共同意思的交流(类似于最广意义上的协议),因此,同意不能成为统一合同理论体系的核心要素。另一个重要概念"协议(agreement)"也没有获得合同理论的中心地位。尽管为了避免"同意"概念的上述弊端,人们通常将"协议"限制在狭义层面上加以使用:即只是人与人之间关于法律权利和义务问题的共同意思的交流。但即便如此,"协议"概念也仍然极端全面和广泛,无法用其描绘和贯穿有特定范围限制的合同法。以协议来界定的合同将会包括影响当事人权利在内的所有种类的交易:无偿债务、有偿(对价)债务、所有种类的财产转让(conveyance)(该问题在英美法中属于财产法的领地),甚至通过赠与进行的财产转让都包含在内。② 如此广泛的一个合同概念和理论体系将有名无实,是新时代的一个大杂烩,起不到统一和整编合同法理论的作用。所以,"协议"也没能成为合同理论的中心。

　　最终,波洛克将这一中心概念选定为允诺(promise)。这是因为:"存在一个合同也就意味着当事人一方或双方将去从事对方有权要求或将有权要求其从事的某种行为或不行为。……当事人将受合同约束的意思表示便只是将履行其受到约束的事务的一个承诺(undertaking),或者换句话说,是一个允诺。这就是我们一直在找寻的合同的特别标志。"③但是,要找到一个合同理论可得信赖的中心概念并非易事,特别是要求这一概念能够起到明确区分合同与处理财产问题的其他方法(尤其是财产转让与赠与)的作用。而波洛克时代的读者或许对日常生活中的"同意"概念、财产转让概念、甚至是罗马法中的要式口约等概念的熟悉和亲近程度要远大于"允诺"这一全新的概念。因此,要使人们了解、认可允诺概念,习惯于用允诺概念来观察、思考乃至梳理合同理论问题都主要依赖波洛克对其允诺中心的理论的鼓动和宣

---

①　Frederick Pollock, *Principles of Contract at Law and in Equity* (1st ed., London, Stevens & Sons 1876) 该书的第一个美国版本出现于1881年,与霍姆斯的名著《普通法》同时在美国亮相。See Frederick Pollock, *Principles of Contract at Law and in Equity* (Cincinnati, Robert Clarke & Co. 1881).
②　Ibid., p.3.
③　Ibid., p.5.

扬了。

　　幸运的是,波洛克出身名门,熟悉法、德、意、西班牙及波斯文献,在国内又是普通法方面的大师,是一个全才,在英国享有极其崇高的声望和权威。所以,其理论学说自然就很容易为人们所接受了。于是,在其允诺中心的合同学说提出13年后,也即其《合同法原理》第5版得以问世的1889年,波洛克已经非常确信其"允诺为合同中心"的观念已经为人们所熟知,甚至成为支配性合同理论和学说了。因此,他非常自豪地而自信地在其《合同法原理》第五版的开篇写下了这样的一段话:

> 合同可以被描述为国家想去建立一种保护机制的努力(endeavour),该机制意在保护均等心智(智力)的人在相互交易中发展出来的对诚实信用的期待。因此,我们所能给出的最流行的、也是最准确的合同描述,就是"合同是法律将予以强制执行的一个允诺或一组允诺"①。

　　总之,虽然美国的兰代尔也曾为古典合同法的形成做出过卓越的贡献,但案例教学法等法学研究和法学教育方法远没有波洛克创立的以允诺为中心的合同理论那样地具有冲击力和震撼力,下文就是关于允诺中心的合同理论曾经具有的价值和发挥的功能。

　　(2) 允诺中心的合同理论对既有私法概念的梳理。

　　允诺中心的合同理论型构起了整个古典合同法理论,这主要体现在其对既有私法概念的梳理和整合。当然,这种梳理和整合的重要工作也都已经体现在了允诺中心的合同概念和理论体现如何得以确立的过程中了。特别是在前古典时期,合同法与我们现代意义上的财产法、侵权法、准合同等法律纠缠在一起,没有一个明确的界限,相关的私法概念、私法理论与私法秩序显得凌乱不堪。波洛克创立的以允诺为中心的合同概念和理论的功劳就在于通过允诺对既有的私法概念和理论进行甄别与梳理,将不符合允诺特征的交易清除出合同法,使合同法与财产法、侵权法和准合同制度明确区分,建立一个纯度较高、结构严密、内在一致的合同理论与制度。在波洛克之后,著名法学家比尔(Beale)也通过其著名的《无偿承诺》(1891)②一文重新整理整个私法,明确区分了合同与侵权、寄托、准合同等多种制度,突出了独立的合同理论和制度体系的重要性。

---

① Frederick Pollock, *Principles of Contract at Law and in Equity*, Stevens & Sons, 1889, 5th ed., p.1.以后各版虽然历经多次修订,但开篇这段话却一直予以保留。
② Joseph H. Beale, Jr., Gratuitous Undertakings, 5 *Harv. L. Rev.* 222, 227 (1891).

(3) 允诺中心的合同理论的践成:对价革命。

古典合同理论在统一和整合合同法时除了以允诺(自由意思)作为中心概念和理论观念之外,还必须寻找一种可以寄托的核心原则或制度,在英美法中就是所谓的对价原则和理论。

一般说来,允诺中心的古典合同理论的建立是对价理论古典革命的前提[1],因为只有当允诺或合同的执行成为合同法所关心的首要问题的时候,关于允诺或合同执行的标准才能为人们所关注。当然,允诺的执行和实现的落实也主要通过对价原则和理论的改革进行的,改革对价的工程有两方面(two-pronged)独立的工作要做:第一,通过减少和隐没对价原则多种外部功能并代之以单纯的"允诺执行"功能来简化和统一对价理论;第二,使允诺执行的问题(或者简单说就是对价原则)成为合同法的全部内容围绕运转的中心(axis)。[2] 对价的上述工作和革命最终由英国和美国的法学理论家完成于19世纪最后1/3个世纪里,他们的这项工作的结果是使得对对价的要求成为普通法最为显著的特征,尤其是与欧洲大陆合同法相比较时更是如此。以下就是对价原则和理论两次革命的具体历程。

2. 对价一次革命:清除对价的非允诺因素

在以允诺为中心的古典合同法理论形成之前,虽然也存在着合同的概念、对价的概念,但是这些概念都没有形成一个体系化的理论和制度机制,并且更为严重的是,这些概念的原初内涵与古典革命之后我们对它们的理解大相径庭。在古典合同理论和对价理论的革命之后,合同被人们普遍视为是法律给予强制执行的一个允诺或一组允诺;对价则被视为决定允诺能否强制执行的一般性标准。但是,这些毕竟都是我们对这些概念的现代理解。古典合同法之前的"合同(contract)"概念虽然代表了个体当事人对于他们之间的法律债权债务关系的个体控制,从而与代表了对个人债之关系进行社会控制的"身份(status)"相区分,但是即便如此,我们也不能说当时的合同概念与当时的对价概念是一对相反的范畴。实际上,二者反而在很大程度上具有相似性和包容性,尽管这在梅因爵士以后的人们看来是十分荒唐的,但这的确又是事实。古典革命之前的合同概念之所以会与现代合同概念出现如此大的反差,而与身份概念如此接近和雷同,都是因为直到19世纪中期,合同仍然基本上被认为是一系列标准化关系(standardized relationships)的集合,而这

---

[1] 也有学者坚持认为:"对对价理论不断增加的关注(heightened attention)使得允诺成为合同理论的中心。"See Roy Kreitner, The Gift Beyond the Grave: Revisiting the Question of consideration, 101 Colum. L. Rev. 1876, p.1900 (2001).

[2] Ibid., p.1880.

些关系的内容则主要由习惯法甚至是法律建立的。① 因此,也可以说合同就是个人承担社会(法律)所强加的债务。可见,身份与合同的区分也是古典合同法革命的一种新的发展,此前的合同并不包含有代表个人意思的允诺或者私法自治的特殊意蕴。

就是在这种背景之下,对价的一次革命开始了,其努力要做的就是首先清除对价理论甚至合同理论中的非允诺因素或者法律强加义务的情形,从而与允诺中心的合同理论相吻合,因此也被称作一种"清除工程(cleanup project)"②。而与此同时,由于早期对价的功能都没有涉及代表当事人意思自治的允诺的问题,所以要落实这种古典合同法的理论和观念,就不得不从转变对价原则的功能来着手对价理论和整个合同理论的改进和变革。就是使对价从一种与允诺的执行和实现没有任何关系的原则转变成一种只与允诺相关的理论和原则(即成为单纯的决定允诺执行的最普遍标准),使对价理论与允诺为中心的古典自治性的合同理论相一致。

3. 对价二次革命:对价理论(允诺执行理论)的一般化

在将对价与允诺建立了一种一般性的意义联系(对价一次革命)之后,下一步的工作便是使对价成为那些允诺可以执行的一般性的答案和标准,这样就是对价理论的第二次古典革命。换句话说,对价二次革命的主要任务就是使对价成为决定允诺执行和决定合同法范围与领地的核心要素。当然,对价理论实现一般化(二次革命)的这一过程首先是围绕允诺执行问题建立了一个合同理论的框架和体系(framework),然后才将对价扩展适用于有关允诺的全部领域,不仅适用于合同关系的形成,也适用于合同关系的修改和解除③,从而使对价理论贯穿和统摄全部的合同理论。

就这样,古典理论家使对价成为所有合同问题的轴心。④ 对价成为合同法的核心问题在很大程度上体现在了古典理论家们对对价问题的关注程度的转换上。在古典合同法形成之前,对价就像要约和承诺一样只是合同法中一个很小的问题。例如,帕森斯(Parsons)在其合同法论集中只用了不到5%的篇幅论述对价与同意的关联,其中仅有45页涉及对价,10页涉及同意问

---

① See Roy Kreitner, The Gift Beyond the Grave: Revisiting the Question of consideration, 101 *Colum. L. Rev.* 1876, p.1884 (2001).
② Ibid., p.1885.
③ Ibid., p.1899.
④ Ibid., p.1896.

题。① 与其同时代的其他人的类似的合同论著中涉及对价的内容则更少,如安迪森(Addison)的论著的目录中甚至连对价的条目都没有,书中讨论对价的内容还不足帕森斯讨论的对价内容的一半。② 而与此形成鲜明对比的是,兰代尔在其案例书和摘要中都用了30%的篇幅来介绍和评述对价原则。③

当然,至于对价原则和理论的性质加以判断的基调是肯定性的还是否定性的(positive or negative),则是无关宏旨的。所谓肯定性是指对价原则的作用在于赋予特定的允诺以执行力,否定性是指法律对对价原则的要求就构成了对通常允诺执行的否定,即没有对价的允诺是不具执行力的。但二者似乎并不存在根本分析,只是观察的角度不同而已,是一个问题的不同方面,更不会影响对价原则是允诺执行的一般标准和合同理论的中心地位。

总之,在两次对价革命之后,对价原则就成为合同法的核心问题——决定哪些允诺可以执行——的一般标准,所以在今天要将对价原则与允诺执行问题明确区分开来已经不是一件易事。合同法的中心课题和使命就是允诺的执行和实现的问题,在对价原则和理论通过古典革命变成决定哪些允诺可以执行的最通常、最主要、最一般的标准之后,对价原则成为英美合同法中心之中心也就不足为奇了。

(三) 英国法的获益受损对价理论

对价理论的古典革命带来了系统化的对价理论和合同理论,人们也变得非常习惯于通过这种系统的对价理论模型来观察和讨论允诺执行等合同理论和制度问题。在摒弃了曼斯费尔德爵士在18世纪末提出的"抛弃对价要求"的建议后,英国便发展出了对对价内涵进行解释的获益受损理论模型。

1. 获益受损对价理论的内涵

给对价下定义不是我们认清对价真实理论内涵的最佳出路,容易落入形式主义和概念主义的窠臼,因此我们在应用和理解这些对价定义时应该慎之又慎,对定义不过分迷信,不致陷入形式主义的泥沼。若真能如此,那某些关于对价的定义对我们理解后来的对价经典理论还是会有所助益的。例如,1875年理财法院(Exchequer Chamber)做出了迄今为止仍然频受引用的关于

---

① Theophilus Parsons, *The Law of Contracts* (1st ed., Boston, Little, Brown & Co. 1853), pp. 353—408.
② See C. G. Addison, *A Treatise on the Law of Contracts and Rights and Liabilities ex Contract* (4th ed., London, V. & R. Stevens & G. S. Norton 1856), pp. 11—26.
③ Christopher Columbus Langdell, *Selection of Cases on the Law of Contracts*, with a Summary of the Topics Covered by the Cases (2d. ed., Boston, Little, Brown & Co. 1879), pp. 164—441, 1011—39.

对价的经典描述(定义):"所谓法律意义上的有价值的对价,包括一方所增加(accruing)的某种权利(right)、利益(interest)、获利(profit)或好处(benefit),或者是由他方引起使自己遭受或承担(given,suffered or undertaken)的某种容忍(forbearance)、损害(detriment)、损失(loss)或责任(responsibility)。"① 该定义在一定程度上体现了获益受损理论的主要精神实质,或者至少也为获益受损理论的生成提供了素材和营养。基于上述定义或描述再将权利、利益、获利和好处归结为利益(或获益),而将容忍、损害、损失和责任归结为损害(或受损),从而形成提纲挈领的"获益受损(benefit and detriment)"对价理论便是轻而易举之事了。

于是,英国著名合同法学家特莱特尔(Treitel)教授将传统的对价获益受损理论表述如下:传统对价理论主要关注对某种有价值之物的给予,或者是允诺人因允诺而得到了某种利益,或者是受诺人为取得允诺而蒙受了某种损害。通常而言,利益和损害也只是从不同视角加以观察的相同的东西。② 例如,在买卖合同中,买方给出了价款对他而言是一种损害,但同时又可被视为卖方所得到的利益。

当然,至于获益受损对价理论中的利益要素和损害要素是事实上的还是法律上的(factual or legal),历来争论不休。特莱特尔认为,传统的理论中的对价不能只是某种有价值的东西,还必须是有法律上价值的东西,或者说以法律的眼光来看是有价值的东西(something of value in the eye of the law)。在很多的案例中,法律的外行人认为有价值的东西并不能得到法院的认可,构成有效的对价。③ 但科宾则一直认为,对价必须是法律上的不利益(损害)的主张等于什么也没说。所谓对价必须是"法律上的不利益",无非是说这种不利益必须是法律承认的充分的不利益,这是以论题证明论题的典型例子。什么样的对价应使允诺具有约束力? 噢,它必须是法律上充分的对价。显然,说的一点没错;可是,很明显,它对于确定一个摆在我们面前的对价是否为充分对价,没有提供丝毫的帮助。④ 并且,传统的对价定义之所以缺乏精确性也恰恰是因为对"利益"和"损害"这两个关键概念至少是在两种意义

---

① Currie v. Misa(1875) LR 10 Ex 153.
② G. H. Treitel, *The Law of Contract*, Sweet & Maxwell, 1995, 9th ed., p.64.
③ Ibid.
④ 〔美〕A. L. 科宾:《科宾论合同》,王卫国等译,中国大百科全书出版社1997年版,第237页。当然,科宾在这里只提到了对价要素中的"不利益或损害",没有提及利益问题,之所以如此,阿蒂亚解释到:这是因为科宾在讨论对价问题时采取一种非常传统的看法(version),即只将损害看做是对价的关键要素。See P. S. Atiyah, *Consideration*:*A Restatement*, in *Essays on Contract*, Clarendon Press, 1986, p.198, note 1.

上加以使用的。① 即一种是法律意义上的利益或损害,另一种是事实意义上的利益或损害,这样,建构一种内在统一和一致的对价理论或原则就遇到了障碍,歧义的学术观点也分散了对价获益受损理论的凝聚力。与学界相同,英国的法院也对此也没有形成统一的认识,有时将对价的利益和损害要素界定为法律上的,有时则认为是事实上的。一般而言,早期的判决强调法律上的利益和损害,但最近的倾向似乎是法院更注重实际上的利益和损害,例如最近的一个权威案例就认为,事实上的利益和损害就是充分的。② 可以肯定的是,该案都将会对传统的对价的构成要素理论产生一定的冲击,影响未来的判决,并影响人们不去寻求一种相对一致和恒定的理论的走向。

2. 获益受损理论的构成之一:利益要素(benefit)
(1)"利益"之界定。

大多数能够执行的合同和允诺都是当事人为了换取某种在他看来对他有好处或有利益的东西而订立和作出的。而对允诺人的利益或好处足以构成一个良好对价的规则被伊丽莎白统治期间的很多案例所确认。③ 正如早期对价的权威定义所彰显的那样,一方所增加的某种权利、利益、获利或好处都可以最终归结为获益受损对价理论中的利益对价。

当然,一般而言,在获益受损的对价理论模型中,对一方的利益也通常是对另一方的损害,利益和损害通常是相互的,是一个问题的两个方面。但这并不意味着对价的构成总是要求利益和损害同时存在,二者在一定情形下是独立的、可以分开的。例如,特莱特尔的合同法经典教科书就认为对价构成中的利益或损害要素有一即可(either sufficient)。④ 即人们通常会认为,利益或是损害,只要二者中存在一个,即可认为存在对价,例如,受诺人为换取允诺而蒙受了损害,但允诺人并未取得利益,法律上也认为允诺人已经取得了对价。当然,在另外一些情形下,受诺人并未受到损害,但允诺人取得了利益,这也算是有对价,如事后对价的情形和不知道有报酬而提供信息的悬赏允诺等。

(2)"利益"之来源:相等补偿(quid pro quo)。

对价原则的实质渊源来自清偿债务之诉(debt)中的相等补偿原则(quid pro quo)。具体说来,构成对价原则的要素主要是获益(利益)和损害,而其

---

① G. H. Treitel, *The Law of Contract*, Sweet & Maxwell, 1995, 9th ed., p.65.
② Willians v Roffey Bros. & Nicholls (Contractors) Ltd. [1991] 1 Q.B.1.
③ Simpson, *The History of Common Law of Contract: The Rise of the Action of Assumpsit*, Clarendon Press, 1975, p.421.
④ G. H. Treitel, *The Law of Contract*, Sweet & Maxwell, 1995, 9th ed., pp.64—65.

中最为重要的允诺人的利益要素就是从清偿债务之诉中的"相等补偿"而来,并通过后来一般违诺赔偿之诉(general assumpsit)的扩张来建构对价原则的;而对价原则的受诺人的损害要素则是从特别违诺赔偿之诉(special assumpsit)的信赖中发展而来。①

对此,辛普森教授也认为,包含金钱支付和补偿的利益对价应该是与清偿债务之诉中的相等补偿原则相关联的。这是因为相等补偿原则以一种非常技术化的法律形式表达了这样一种观念和思想:双务协议的当事人一方在收到对方履行的有价值的东西之后,便不能逃避自己一方应当履行的义务;让其履行自己的义务是公正的,因为他收到了"相等补偿"这一回报物。而与此同时,违诺赔偿之诉中利益对允诺人来说是一个良好对价的规则也以技术化的法律形式表达了同样的观念,因此在这一层面上,新旧原则存在着联系,二者都反映了何为公正和正义的常识。② 至少从某种程度上说,利益对价是来自相等补偿原则的。

但是,反对观点则主张,利益是允诺人的良好对价这一规则的理论基础的一般化是通过将婚姻和金钱支付等报偿认可为对价实现的,而婚姻和金钱支付却从来没有被视为清偿债务之诉的"相等补偿"原则。③ 按照这一推论,则利益对价也不可能是起源于相等补偿原则的。但是,本书主张利益对价和一般对价原则的源泉是相等补偿原则,是在思想观念等精神实质意义上进行的,不是一种单纯的规则考证。

(3) 利益对价之演变:从具体种类到一般理论。

利益要素在成为对价获益受损理论的核心要素之前,也经历了一个由具体种类到一般理论的进化历程,是对价原则和理论进化之路的一个缩影。较早时期的金钱支付与报偿(payment or recompense)对价和婚姻对价等具体对价类别虽然都曾经迎合了特定历史阶段的社会对规则和秩序的需要,但毕竟存在无法克服的弊端,那就是这些种类的对价都是具体而散乱的,因此,随着人们经济生活的扩展和复杂化,对对价进行适当的理论总结不可避免,利益对价就是这种理论总结之路上的一项阶段性成果。

由金钱支付对价和婚姻对价等发展到利益对价一种重大的历史进步,这是因为利益对价更为一般化、更具一般性,通过将具体对价类别抽象并统一,有利于对价理论的认知和适用;利益对价也更为宽泛化,例如,利益对价使得

---

① E. Allan Farnsworth, *Contracts*, Aspen Law & Business, 1999, 3rd ed., p.19.
② A. W. B. Simpson, *The History of Common Law of Contract: The Rise of the Action of Assumpsit*, Clarendon Press, 1975, p.424.
③ Ibid., p.425.

对价原则也可以存在于所谓的特殊无偿合同中,如借贷(loan)、寄托和寄存(bailment,deposit)等,这是具体对价所无法涵盖的。于是,辛普森教授便认为,对允诺人的利益足以构成对于允诺的一个良好对价的原理要比单纯承认报酬和金钱支付的原理更为宽泛,尽管前一理论也包含后者。……这一点可以通过无偿借款合同得到较好的说明。在无偿借款合同中,借款人对该笔款项或金钱的接收对其的确是一项利益(benefit),并且它也同样构成了对于允诺还钱的对价,但是如果将该笔金钱的交付视为对还款允诺的金钱支付或报偿形态的对价,则是无比荒唐的。① 也就是说,我们可以将款项的交付和接收视为一种对借款人的好处或利益,但却不能将其视为对借款人作出还款允诺的报酬或金钱补偿,因为无偿借款合同中确实没有交易(bargain)存在。在这里,早期的金钱支付和报酬的对价种类的确已经不能满足执行该类合同的要求,而将对价视为一种利益的做法则获得了其正当性,实现了对价种类的一般性扩展。

3. 获益受损理论的构成之二:损害要素(detriment)

(1) 损害的理论内涵与特质。

获益受损理论中的损害要素可以包括当事人一方给予、遭受或承担的某种容忍、损害、损失或责任。根据我们现代对损害对价的理解,损害对价具体可以表现为应对方的要求进行某种行为(服务、劳作等)、放弃或容忍自己有权进行的行为(即不行为,如放弃吸烟、放弃对债务人的起诉等)或者是作出某种允诺。可见,这里的损害也是一个抽象的称谓,具有一般理论的特质。

从历史上来看,为允诺人进行的某种服务被视为良好对价的规则在16世纪70年代的案例中便得到了广泛而明确的认可,并且英国在早期案例中就发展出了"一个对价可以或者是对允诺人的一种利益或者是对受诺人的一种损害"的原理和思想,但是损害对价(detriment consideration)种类则是独立于获益—受损分析(benefit-detriment)思路之外在1586年的 *Manwood v. Burston* 中单独形成的。②

当然,对价原则的受诺人的损害要素则是从特别违诺赔偿之诉(special assumpsit)的信赖中发展而来。③ 但是违诺赔偿之诉毫无疑问是起源于发展

---

① A. W. B. Simpson, *The History of Common Law of Contract: The Rise of the Action of Assumpsit*, Clarendon Press, 1975, pp. 417, 422.

② Ibid., p. 427.

③ E. Allan Farnsworth, *Contracts*, Aspen Law & Business, 1999, 3rd ed., p. 19. 阿蒂亚甚至将获益受损对价理论中的损害视为"信赖损害(detrimental reliance)"甚至是"信赖(reliance)"。

出现代侵权法和合同法的侵害诉讼(action of trespass),因此,违诺赔偿之诉的运作机理与法律构成都明显地具有侵权法的风格,它要求只有同时具备被告作出的允诺、他构成违约的不履行行为和由此给原告造成的损害三项要件时,才能提起有效的违诺赔偿之诉。正是从原告造成的"损害"(或者是宽泛意义上的信赖损害)这一要素中,人们发现了对价的一个萌芽,并由此发展出后世的损害对价。可见,由于起源上的特殊性,损害对价在一定程度上保留和承继了侵权法的特性。如果说利益对价从产生之初就具有明显的合同交易性,损害对价则从起源上就具有很强的侵权法色彩,也正是损害对价的此种侵权法性质使得获益受损理论在后来受到了学者们的质疑和新的对价理论的挑战。

（2）损害要素是对价的本质与核心,利益因素并不必要。

传统的获益受损理论一直将其中的利益因素和损害因素视为一个问题的两个方面,是我们从不同角度观察同一个问题得出的结果,如受诺人向允诺人作出的履行行为对其本身来说是一种损害,但是对允诺人来说就是一种利益。并且利益要素和损害要素也是可分的,所以特莱特尔才会认为单独一个利益或者单独一个损害都可以构成充足良好的对价。① 在获益受损理论中,二者似乎也没有孰轻孰重之分。

但是,这种传统的观点已经受到挑战,并且绝大多数学者都认为"对价的本质并不在于允诺人或被告所获得的利益,而在于受诺人或原告所受到的损害"②。至于其缘由,法学家阿蒂亚(Atiyah)解释道:"由于损失要素是构成有效对价的充分条件,没有损失而只有受益因素是否能够充分地构成有效对价又是不确定的,英国学者便由此推出,损失是主要的因素。"③英美合同法的两位始祖兰代尔和波洛克也都曾指出,早在1459年就有一些案例表明,对允诺人的利益对于对价并不重要(immaterial),对价中损害更重要。④ 事实上,对受诺人的损害才是对价原则的本质(essence),对允诺人的利益只是一种偶然事件。这一思想也被圣日耳曼的《博士与学生》对话录所认可和承继。⑤

---

① G. H. Treitel, *The Law of Contract*, Sweet & Maxwell, 1995, 9th ed., p.65.
② Sir William Holdsworth, *A History of English Law* (Volume VIII), Methuen & Co. Ltd. and Sweet & Maxwell Ltd., 1937, p.11.
③ 〔英〕P. S. 阿蒂亚:《合同法导论》,赵旭东等译,法律出版社2002年版,第140页。
④ P. H. Winfield, *Pollock's Principle of Contract*, Stevens & Sons Limited, 1946, 12th ed. pp.130,135.
⑤ Sir William Holdsworth, *A History of English Law* (Volume VIII), Methuen & Co. Ltd. and Sweet & Maxwell Ltd., 1937, p.10.

辛普森教授则以具体的例证来说明获益受损对价理论中的损害因素要远重于获益因素的事实。例如史密斯应琼斯的要求去伦敦城一趟以为琼斯获得一项赦免,史密斯按要求进行了此种行为但并没有成功,因此琼斯便没有从其努力的行为中获得任何的利益,但史密斯的确受到了损害;或者琼斯要求史密斯履行一种能为第三人而非其本人带来利益的行为——如为一位穷人治病。这时史密斯的损害也是不能与琼斯的利益相对等的,因为琼斯根本没有任何利益可言。因此,要以利益对价的规则来对允诺人加以约束是不甚科学、不合逻辑的,但损害对价规则则完全可以覆盖并解决这种案例。相反,我们却很难找到只有利益对价而没有损害对价的案例,这就是为什么利益对价不如损害对价重要的原因了。①

总之,损害要素是对价获益受损理论中的独有原则和核心要素,利益要素对于对价的构成既不必要也不充分。就是说一个有效的对价并不一定有一方获益的因素存在;仅有利益因素也并不能构成充分的对价。尽管如此,我们也应当看到不管是在普通允诺(合同)的责任还是在返还法(law of restitution)的责任中,利益因素的重要性也在逐步地增加,这已经成为一种不可回转的趋势。②

4. 获益受损理论是一种强调交易实体内容的形式主义对价理论

对双方当事人损益因素等交易实体内容的关注是获益受损对价理论的核心,该理论不关心当事人的交易磋商过程和程序问题,更不考虑当事人作出允诺的主观意思倾向,而只关心当事人交易中的利益和损害结果,所以从某种程度上说,获益受损对价理论是一种静态的、僵化的高度形式主义的对价理论。说获益受损对价理论是一种形式主义(formalistic)理论进路,不仅因为它并不要求当事人交易内容的实质相等问题,即对价必须充分但无须相等的规则(consideration must be sufficient, but need not be adequate);也因为英美契约法缘起于早期普通法的诉讼形式,其法律制度具有很强的形式主义色彩;更是因为英国法是一个高度形式化的法律系统,其关于对价的法律一直被看做一种由技术化、形式化的严格规则构成的理论。英国获益受损对价理论的严格性、形式化与美国后来的对价交易理论形成鲜明的对照。尽管美国法的对价交易理论和原则同样是形式主义和客观主义合同法的反映,但美国在关于对价问题上的进路显然较英国灵活得多,法官开始努力寻求证成允

---

① A. W. B. Simpson, *The History of Common Law of Contract: The Rise of the Action of Assumpsit*, Clarendon Press, 1975, pp.427—428, p.427, note 5.
② P. S. Atiyah, *Promises, Morals and Law*, Clarendon Press, 1981, p.35.

诺生效的实质理由,而不再仅仅诉诸一套静态的、僵化的形式规则。① 这一点也和英国法的形式性与美国法的实质性的法律体系区分相吻合。

小结:利益与损害的相容与冲突

一般而言,获益受损对价理论中的利益和损害二要素是相容的、一致的,对一方的利益就是对他方的损害,并且法律在很多情况之下认为只要具有利益或损害一方即足以构成充足的对价,这都是认可二者相容关系的明证;但是,利益与损害在有些时候又是冲突的,特别是当学者和律师法官们认为损害是远重要于利益要素的东西、利益并不必要的时候,二者的冲突和不协调以及由此引发的整个传统的经典获益受损理论的信任危机就成为一个重大的问题。所以,我们在此应当努力去做的要么是通过理论改进或实践加工使得获益受损理论重新找到其平衡点,达到理论的圆融自恰;要么就是为这种传统的获益受损理论寻找一种全新的替代理论解释模式,美国在英国传统的获益受损理论之后发展出来的对价交易理论或许就是这种努力的一种成果。

(四) 美国的对价交易理论

尽管英国一直以来都将获益受损理论尊奉为对价的经典理论,但是普通法律师和学者们也从未否定过交换或交易概念(concept of exchange or bargain)在对价原则中所处的中心位置②,这就为日后美国对价交易理论(bargain theory)的诞生播下了思想的种子。为了解决传统获益受损理论在应对现实交换经济时的僵化和不足,协调实质损益理论与交易思想的关系,波洛克便发展出了一个非常成功的交易损害公式(bargained-for-detriment formula),将损害要素与交易连接在一起。他认为,说允诺人进入了一个交易也就意味着正是基于受诺人的法律地位的变化(遭受某种损害),他才继而作出该项允诺。③ 对波洛克交易损害公式的修正和改进的版本则被霍姆斯(Oliver Wendell Holmes)和威灵斯顿(Samuel Williston)所采纳④,并经由二者的阐述进入到了美国法学会的一次和二次合同法重述之中,即一次重述第75条和二次重述第71条,成就了美国的对价交易理论。对价交易理论认

---

① 〔英〕P. S. 阿蒂亚、R. S. 萨默斯:《英美法中的形式与实质——法律推理、法律理论和法律制度的比较研究》,金敏、陈林林、王笑红译,中国政法大学出版社2003年版,第73页。
② James Gordley, Enforcing Promises, 83 *Calif. L. Rev.* 547, March, 1995, p.560.
③ Ibid. , pp.560—561.
④ Oliver Wendell Holmes, *The Common Law*, edited by Mark DeWolfe Howe, Boston: Little, Brown, 1963, pp. 293—294; Samuel Williston, Consideration in Bilateral Contracts, 27 *Harv. L. Rev.* 503, 527—28 (1914).

为:对价的本质在于它是作为允诺的动机或诱因而提出和接受的;反言之,允诺之作出亦是对价之给付的诱因。整件事的根本就在于对价与允诺之间的互惠引诱关系。对价交易理论有效限制了合同当事人的责任范围,与资本主义商品经济的飞速发展极为适应,因此很快成为美国法中对价制度的新正统。①

当今英国权威合同法学者阿蒂亚是英美法改革派的旗手,他曾无数次言辞激烈地批评英国传统的对价理论,并与保守派的代表人物特莱特尔发生过关于对价理论的著名争论。② 虽然阿蒂亚并不公然主张美国的对价交易理论,但他似乎也并不完全排斥,至少不会像对待对价的获益受损理论那样。他曾经说道:

> 由于损失要素是构成有效对价的充分条件,没有损失而只有受益因素是否能够充分地构成有效对价是不确定的,英国学者推出,损失是主要的因素。但是,这可能混淆这样的事实:合同法是与交换有关的,因此与一类或另一类交易有关。事实上,正像我们在第1章中所提到的,合同的经济功能通常是根据交换而被认识到。法官和学者通常认为所有的合同都是交易。的确,古典合同法的一个结论是,从强调事实上的受益和损失转变到强调互相作出允诺在法律上具有约束力,而一般不再更进一步地探讨是否存在受益或损失。这个转变的结果是试图根据交易重新定义对价。……当然,这种方式是十分有效的。很多合同——几乎所有通常被认为是典型或范例合同的商事合同——都是交易。相互允诺是或将是彼此的对价。③

于是,只要是期望通过交易得到的,任何事情都可能成为充分的对价,如果不是所期望的,任何事情都不是有效的对价,这就是美国所谓的"对价交易理论"。尽管在英国其从来没有被法院明确采用,但也得到了一些人的支持。④

1. 对价交易理论的诞生:源自获益受损的理论困境

当然,对价理论的发展最主要的原因还在于既有理论模型在应对和解释

---

① 薛波:《元照英美法辞典》,法律出版社2003年版,第289页。
② 两人关于对价理论的主要争论集中呈现在二人的下列著述中:G. H. Treitel, *The Law of Contract*, Sweet & Maxwell, 1995, 9ᵗʰ ed.; P. S. Atiyah, Consideration: A Restatement, in *Essays on Contract*, Clarendon Press, 1986. 特莱特尔比较保守但并不落后,维护获益受损理论的传统权威,注重当事人间的对等互惠。而阿蒂亚则比较激进,主张对价只是允诺执行的一种理由(reason)而已。
③ 〔英〕P. S. 阿蒂亚:《合同法导论》,赵旭东等译,法律出版社2002年版,第140页。
④ 同上书,第131页。

现实法律和社会经济制度时遇到了困难,这也就是为什么获益受损的对价理论又被称作"传统"对价理论的缘故,确实存在法院并非依据"获益—受损"公式作出判决的诸多案例。具体说来,传统对价的获益受损理论存在如下诸多的不能克服的理论困境。

(1) 获益受损理论内涵的模糊与不确。

英国传统的对价获益受损理论的最大缺陷是其内涵模糊不明,主要表现在以下两个方面:

第一,对价获益受损理论存在人为而模糊的界定和推理方式,可操作性较差。获益受损理论的模糊和不确定直接源自利益和损害这两个关键概念在适用上的弊病。① 一般而言,利益和损害要素既可以在事实意义上加以使用,又可以在法律意义上加以使用,这种使用的双重性和不统一直接导致了对价理论内涵的模糊性和不确切性。与此同时,获益受损理论的推理方式也是人为和模糊的。② 在很多情况下,如果具体的案例事实难以契合传统的获益受损理论之时,为了达致法院眼中的法律正义,就不得不对对价获益受损理论进行人为的拟制和延伸(例如所谓的发明对价问题),其结果必然是较为统一的获益受损理论体系及其内涵的逐步瓦解,适法者将无所适从。

第二,获益受损理论中"利益因素—损害因素"的对立假设的解释力不足。对价的获益受损公式的一个基本理论预设是:一方的利益与另一方的损害是一个问题的两个方面,当事人双方的利益和损害是对立的,即不可能双方都从交易中获益或者都从交易中受损。但是现实中的很多案例之事实并不能与获益受损的理论预设相一致。例如,特莱特尔便说道,对价的传统的获益受损学说不能令人满意的原因之一是,当合同双方当事人都期待并且也实际上能够都从合同受益时,再说一方获益和另一方受损就是错误的。③ 在这方面的经典案例是 *Hamer v. Sidway* 一案:叔父为其侄儿之健康着想,故对

---

① G. H. Treitel, *The Law of Contract*, Sweet & Maxwell, 1995, 9th ed., p. 65. 对获益受损理论,辛普森教授也有过类似的担忧和批评,他认为这种对价理论是间接的(secondary)和模糊的。See A. W. B. Simpson, *The History of Common Law of Contract: The Rise of the Action of Assumpsit*, Clarendon Press, 1975, p. 326.

② 尽管对价获益受损理论存在上述模糊和不确定性,但是相较于波洛克的"购买允诺的价格"说和阿蒂亚的"允诺执行的理由"说,对价获益受损则具有相当强的确定性了。"购买允诺的价格"是模糊和难以操作的,"允诺执行理由"的观点更是如此,在阿蒂亚那里,该理由就是"个案公正(justice of the case)",而个案公正是每一个判决都努力寻求的目标并且何为公正本身就是有很大争论的,以"个案公正"来界定对价显然是一种幻想,它不能为一个统一法律原则的形成提供基础,却只能带来更大的模糊性和不确定性。See P. S. Atiyah, Consideration: A Restatement, in Essays on Contract, Clarendon Press, 1986, p. 182; G. H. Treitel, *The Law of Contract*, Sweet & Maxwell, 1995, 9th ed., p. 66.

③ G. H. Treitel, *The Law of Contract*, Sweet & Maxwell, 1995, 9th ed., p. 65.

其侄儿说:"如果你直到成年时都不抽烟、不喝酒、不打台球等,我就给你5000元。"结果其侄儿果然奉行至成年之日,而要求给付此5000元。[1] 本案中,不管是作为允诺人的叔父所获得的利益是模糊的,其侄儿遭受的损害也并不明晰,相反我们更容易看到叔父和侄儿同时从该合同中获益的情形:叔父获得心灵上的宽慰,侄儿身体健康并节省了金钱。可见,在这样的案例中,传统的获益受损理论的利益—损害公式的解释力便明显不足。当然,这一问题似乎在很大程度上又可以回归到对价是一种事实还是法律上的获益和损害的角度(高度技术意义)来加以考虑。但不管怎么说,如果不是在所谓的获益受损理论的语境之中(例如运用美国后来的对价交易理论),我们就根本不用考虑什么"事实还是法律"这一徒增纷扰和困惑的问题了。

(2)获益受损理论对交易实体内容的要求带来的困境。

首先,对损益要素的要求与以允诺中心的交换现实不符。

在以信用经济为基础的现代市场社会日渐发达的今天,相互允诺而非即时履行行为已经成为当事人进行合同交易的主要形态,所以现代英美合同法会将即时的物物交换(互易)和即时的钱物交换(barter and present sale)排除在合同的范围之外。因此,现代社会典型的合同交易大多数都是当事人间的允诺交换(exchange of promises),允诺就成为当事人相互之间的对价,允诺或合同便是可以执行的。例如甲以自己的信用向乙订购货物,甲乙双方都将从他们达成协议之刻起受到允诺或合同的约束。如果接下来他们任何一方拒绝履行自己一方的义务,另一方便可以提起诉讼。很明显,这里的决定允诺约束力的对价是另一方的允诺。但是,的确很难说只要有了当事人的允诺,当事人也就获得了利益或受到了损害,获益和受损大多数还是实际受到允诺的利益或实际受到允诺的损害以后的事。[2] 所以,传统的获益受损理论对损益要素的要求便在很大程度上隐没甚至背离了当今社会中的市场交换主要是允诺信用的交换的现实。下文即将阐述的美国的对价交易理论的优势就在于其更符合现代社会的以允诺为中心的对价的本质。

其次,讲究实质损害是侵权法的风格。

对价获益受损理论中的"损害(detriment)"一词,源自侵害之诉,具有侵权行为的特性(tortious character),所以在判断是否存在对价时就有必要来证明原告基于对被告承诺的信赖而遭受到了损害。这样,法院在此所关心的就是被告的不履约所导致的后果,而不是当事人达成协议和给予允诺以回报的

---

[1] Hamer v. Sidway, 124 N.Y. 538 (1891).
[2] Cheshire, *Fifoot & Furmston's Law of Contract*, Butterworths, 1996, p.76.

事实。尽管,随着违诺赔偿之诉等合同诉讼形式的进化,合同法的侵权色彩也在逐步淡化,但是重提"损害"因素并将其置于合同约束力制度的中心的确有进一步混淆侵权法和合同法、逆历史潮流而动之嫌疑。毕竟,合同法已经成长为一个关于交易或交换的成熟法律部门,有着不同于侵权法的法律理论、法律原则和法律制度。所以阿蒂亚才会认为,主张获益受损理论很可能混淆这样的事实:合同法是与交换有关的,因此与一类或另一类交易有关。①也就是说,对价获益受损理论会因为其侵权法色彩而在很大程度上偏离对价和合同之本旨,因为合同根本上是一种交易。

再次,对损益要素的要求会过分限制允诺的执行、阻碍交易。

获益受损理论要求当事人间存在损益的变动——获得利益或受到损害,没有这种损益的变动便构不成有效的对价,当事人的允诺或者合同便是不能执行的。但是,这种对损益加以要求的理论对交易当事人来说是过分严苛的,在很大程度上阻碍了交易的发展。例如,获益受损理论就很难解释胡椒子规则问题(即英美法中的一粒胡椒子可以构成一个良好的对价的规则),因为交付胡椒子的行为或允诺既不是一个受益也不是一个损害。② 并且,对价中的胡椒子规则也不是"法律上或事实上的利益和损害"这种高度技术化的理论模式所能解释的。因为即使是英美法中的无事实损害而有法律损害的情形,也主要是指在权利行使问题上的容忍和让步,如放弃吸烟的权利、放弃起诉的权利等,当事人有充分理由相信其有权利和利益,而这里的胡椒子规则所涉案例的事实是非常明显的,当事人没有权利和利益,没有实体损害可言。

相反,胡椒子规则反映的恰恰是当事人拥有充分的作出一个允诺的原因(阿蒂亚语),或者是当事人有过严肃认真的交易的证据,符合美国法的交易理论的本质。毫无疑问,胡椒子规则在很大程度上强化了对价理论的弹性和灵活性,使对价逐步逃离获益受损对价理论,更注重当事人的交易过程和意思表示。

2. 对价交易理论的构成

在 19 世纪的一段时间里,合同法中的"意思理论(will theory)"曾经非常流行。根据意思理论,既然允诺人曾经表达过受到允诺约束的意愿和意思,那么其允诺就是可以执行的。但是该理论最终还是让位于了以对价原则为

---

① 〔英〕P. S. 阿蒂亚:《合同法导论》,赵旭东等译,法律出版社 2002 年版,第 140 页。
② P. S. Atiyah, Consideration: A Restatement, in *Essays on Contract*, Clarendon Press, 1986, p. 193.

核心的客观合同理论。从违诺赔偿之诉中发展出来的传统对价理论要求受诺人必须为允诺人的允诺提供某种可资交换的东西：或者是对受诺人的某种损害，或者是对允诺人的某种利益，这便是英国的获益受损对价理论。到19世纪末，至少是在美国，"对价是受诺人的损害或是允诺人的利益"的传统要求便开始被"对价必须是经过交易(be bargained for)"的要求所取代。① 这种关于对价的新思想即对价交易理论是由霍姆斯首先提出来的。当然，对价交易理论对获益受损理论的替代也有一个渐进的过程：产生之初的交易理论也只是关于某种利益和损害的交易，但是在美国法学会的《第一次合同法重述》于1933年颁布时，其只以交易来界定对价，根本就没有提及利益和损害的字眼。②

(1) 对交换(exchange)和交易(bargain)的要求。

霍姆斯在其《普通法》第八讲"合同要素"中提出了著名的对价交易理论，让我们首先再来看一下他屡屡被援引的名段：

> 依据英国传统的获益受损理论，由受允诺人给予允诺人的任何好处(benefit)，或受允诺人遭受的任何损害(detriment)，都可以构成对价。还有人认为，每个对价都可以被简化为后一种形式，只不过要将"损害"这个词作广义的理解罢了。……但是，依据协议的主要条款来看，对价的本质在于它是作为允诺的动机(motive)或诱因(inducement)而提出和接受的；反之，作出和接受允诺也必须是之所以提出对价的约定动机或诱因。整件事的根本在于，对价和允诺之间是一种互惠的(reciprocal)、约定的(conventional)、互为彼此的诱因关系。③

美国的合同理论和制度受到了霍姆斯论说的深刻影响，尤其是作为合同法核心的对价原则和理论。体现美国合同法理论最高理论成就和最优理论成果的美国两次合同法重述都采纳了对价的交易理论，特别是《第二次合同法重述》更是十分明确地将对价界定为一种交易磋商的过程④：

第71条 交换的要求(requirement of exchange)；交换的种类

(1) 要构成对价，必须要以一个履行或回复允诺进行交易(磋商)。

---

① E. Allan Farnsworth, *Contracts*, Aspen Law & Business, 1999, 3rd ed., p.45.
② *Restatement of Contracts*, First, §75.
③ Oliver Wendell Holmes, *The Common Law*, edited by Mark DeWolfe Howe, Boston: Little, Brown, 1963, pp.289—290,293—294.
④ *Restatement of Contracts*, Second, §71. 美国《第二次合同法重述》第1—4章之基本条文部分已经由笔者译介于梁慧星：《民商法论丛》第31卷，法律出版社2004年版。

(2) 如果允诺人寻求将一个履行或回复允诺作为对其允诺的交换，且受诺人作出这个履行或回复允诺以换取允诺人的允诺，那么这个履行或回复允诺便是经过了交易磋商的过程。

(3) 履行可以包括：

(a) 行为而非允诺，或

(b) 容忍，或

(c) 法律关系的创设、变更或消灭。

(4) 履行或回复允诺可以对允诺人或其他人作出。履行或回复允诺可以由受诺人或其他人作出。

也就是说，交易理论模式下的对价可以是一种体现为行为、不行为或法律关系变动的履行，也可以是针对允诺人允诺的一个回复允诺，但是这里的履行和允诺必须是经过当事人的交易磋商的(bargained for)。那么何为交易呢？这里的交易并不要求像在跳蚤市场那样存在一个要约—反要约的讨价还价的过程①，重述第 71 条第(2)款对此也作了同样明确的规定：所谓受诺人的履行和允诺经过交易是指，允诺人寻求将一个履行或回复允诺作为对其允诺的交换，而受诺人作出了这个履行或回复允诺以换取允诺人的允诺，在实质上应当是一种主观意思交换。可见，构成对价的东西便是允诺人希望和寻求的、由受诺人作出的履行或允诺，符合这一条件便是符合了对价交易理论的构成。

就像法恩思沃斯所说，是否存在交易是一个事实问题(a question of fact)，交换和交易确实是构建交易理论的核心要素。一个允诺只有在既有交换又有交易时，才是可以强制执行的。但是，允诺能否得到执行的决定机理也因为交易与交换的不同而有所区别。赠与允诺等无偿允诺因为缺乏最基本的交换要素，所以是不可执行的；符合交换的要求但缺乏交易(bargain)的允诺也是不可执行的，其具体分为两大类：一类为允诺人并没有寻求并让受诺人做出某种行为(promisor did not seek to induce action)，尽管受诺人正在从事和已经从事过的行为可以被视为当事人交换的一部分，体现这种类别的案例为有关过去对价的情形，即对他人已经从事的某种行为做出回报的允诺。另一类则表现为：允诺人主观上寻求受诺人的行为但却没有明确地要求受诺人进行这种行为(action sought by promisor but not induced)。关于此类

---

① 〔美〕Claude D. Rohwer & Gordon D. Schaber, *Contracts*，法律出版社 1999 年(影印本)，第 81 页。

的典型例证为那些未被要求的、主动提供的行为(unsolicited action)的情形。① 例如,债务人(debtor)已经处于对债权人(creditor)所欠债务的迟延履行状态,这时该债务人的一个朋友向债权人作出了将代替债务人履行债务的无偿允诺。尽管债权人知道这一允诺是不可执行的,但他还是在一个月内没有起诉债务人,就是在这一月内,该债务人破产了。此时债权人能不能基于其不作为构成对价而强制执行债务人朋友的允诺呢?根据对价的交易理论是不能的。尽管债务人的朋友可能从债权人与其允诺进行交换的不作为中获得了利益,即有过允诺的交换,但是他在作出上述允诺时并没有所谓的"交易",因为他并没有要求债权人进行上述不作为。②

总之,对价交易理论要求要构成对价,必须要求一定的允诺或履行与允诺人的允诺进行所谓的议价交换(bargained-for-exchange),没有交换或只有交换都是不充分的。

(2) 静态的利益和损害并不必要。

最初的交易理论为了顾及其对英国传统获益受损对价理论的承继性,也仍然将当事人的交易解释为关于某种利益和损害的交易,但是《第一次合同法重述》彻底废弃了美国人对英国传统获益受损理论采取的优柔寡断的思想和态度,将利益和损害排除于对价交易理论之外。很明显,在霍姆斯的对价交易理论模型之下,获益就是获益,损害就是损害。无论受诺人可能遭受了多大的损害,他也不能因此而必然地提供一个对价。在许多案件中,受允诺人都可能遭受一个损害,但却不能将此损害作为对价。而且所谓损害也可能什么都不是,而只是允诺实现的一个条件,如某人向另一人允诺,如果后者摔断了腿,就给他 500 元。③ 霍姆斯说道,受害的受诺人不能获得任何救济的权利,甚至也不能唤起我们的同情心,无论他那招致损害的信任(对允诺人)是多么有理由,甚而至于在他受损的过程当中还给其他当事人带来了不少益处。缺少"对价",不幸的受诺人就没有任何权利或者法律上的请求权。法恩思沃斯说,对价交易理论与静态的利益和损害并不相关。④

---

① E. Allan Farnsworth, *Contracts*, Aspen Law & Business, 1999, 3rd ed., p.53.

② Patel v. American Bd. Of Psychiatry & Neurology, 975 F. 2d 1312 (7th Cir. 1992). Quoted from E. Allan Farnsworth, *Contracts*, Aspen Law & Business, 1999, 3rd ed., p.62, note 2. 当然,该案中依据对价交易理论不可执行的允诺并非永远不能执行,其实在对价交易理论导致现实之不公正时,美国法总能找到其他的纠正途径,这便是美国法实质性品格的重要体现。该案中的允诺完全可以通过作为对价原则之补充的允诺禁反言原则得到执行,所以波斯纳法官才认为:"非交易的损害不是与合同而是与禁反言相关。"

③ Byles, J., in Shadwell v. Shadwell, 30 L. J. C. P. 145, 149.

④ E. Allan Farnsworth, *Contracts*, Aspen Law & Business, 1999, 3rd ed., p.49.

阿蒂亚教授对于静态的利益和损害对于对价构成的必要性也提出了批评，认为作为对价获益受损理论核心要素的利益和损害都是不充分而且是不必要的。说其不充分是因为即使具有获益和损害要素的允诺也非常有可能因为该允诺违反公共政策而不能执行；说其不必要是因为，从历史上来看，尽管双方待履行合同只有在至少部分地被履行之后才有利益和损害的产生，但几个世纪以来法院却一直认为他们是可以强制执行的。对早已得到执行和现在得以执行的很多待履行合同来说，利益和损害要素的确不是必要的，其执行在很多情况下是因为获益受损因素之外的其他理由。①

受上述理论观念的影响，美国《第二次合同法重述》第 79 条便明确规定②：

第 79 条 对价的相当；义务的相互性

如果符合对价的要件，则对下列事项并无要求

（a）对允诺人是一项获利、便利或利益，或者对受诺人是一项损失、不利，或损害；或

（b）交换的价值相等；或

（c）"义务的相互性"。

该条规定将当事人的获益和受损与交换价值的相当性、义务的相互性一道排除在对价的构成之外（长期困扰英国法律人的"纠缠在事实还是法律利益或损害之中的对价内涵争论也就此作罢"），而只要求存在议价交换（bargained exchange）即可。或者如派克尔法官所言，对价并不意味着一个当事人从另一个当事人在当前放弃合法权利或在未来限制其合法行为的行动自由权中获利，而是意味着对前者的允诺的诱导。③

总之，获益受损理论的缺陷正是对价理论得以重生的起点，允诺执行一般化理论的合理性危机也同时为对价交易理论的蓬勃发展提供了难得的历史契机。

(3) 相对允诺是交易对价的典型形态。

英国传统的获益受损对价理论将对价分为利益和损害这两种模糊的种类，受到了批评，其最大的弱点就像笔者前面所说是背离了当今社会以当事人间的允诺交换为核心的信用交易这一主流模式。美国后来发展出来的对

---

① P. S. Atiyah, Consideration: A Restatement, in *Essays on Contract*, Clarendon Press, 1986, pp. 188—192.

② *Restatement of Contracts, Second*, §79.

③ Hamer v. Sidway, 124 N.Y. 538, 27 N.E. 256 (1891).

价交易理论虽然将对价分为允诺和履行两种,但这并不能掩盖允诺对价是对价之典型形态的事实,因为允诺对价不仅符合了社会信用交易扩张的需求,而且也巧妙地回避了履行对价在特定情形下的笨拙和僵化。

其实,从伊丽莎白一世时代起,一个允诺就可以构成另一个允诺的完好的对价,因为这些允诺都是应该被履行的。自此,现代合同法一直承认单纯允诺(mere promises)也可以构成良好的对价。① 当然,单纯的允诺在当时并不能成为主要的对价形态,从表面看是传统的对价获益受损理论的统治性地位使然,但在本质上主要还是因为受制于当时社会(允诺)信用交易的发展程度。

相对允诺成为对价的典型形态和中心元素的事实带来了现代合同法的一系列积极变化,尤其是在合同归类上的变化。对允诺对价典型形态的肯认首先是确立了待履行合同在合同法中的支配性地位,并逐步催生了现代合同的新观念:即合同不是一个关注过去交易的事物,也不是一个关心当下即时交易的东西,而是当事人进行将来商业交易、规划未来自治行为的方法。可见,允诺中心的对价和合同观念具有相当强的开放性和包容性,为当代合同法观念、理论和规则的进化留足了空间。除了对待履行合同的贡献之外,以允诺对价为中心的对价交易理论也促成了单诺合同与双诺合同(unilateral contract and bilateral contract)这一英美法世界中的"伟大的两分法"②。这种分类的重要依据为当事人进行承诺时是以允诺还是以行为进行,从更抽象的角度来讲就是根据受诺人提供对价的抽象种类是允诺(promise)对价还是行为(performance)对价。虽然存在一定程度的弊病,但单诺合同与双诺合同的划分的确是理解英美法的重要进路,而其中以允诺对价为基础而成立的双诺合同更是成为现实合同的一般模式,得到广泛的遵循。

3. 对价交易理论的性质与意义

(1) 交易理论是一种富有弹性的高度实质化的形式主义对价理论。

霍姆斯认为:"对价是一种限制合同责任范围的工具……合同的全部意义在于它的正式性和外在性。"除非合同的形式已经具备,否则既不存在合同,当然也不存在合同责任。③ 这便是霍姆斯倡导的客观合同理论的精髓。

---

① P.S. Atiyah, Contracts, Promises and Obligations, in *Essays on Contract*, Clarendon Press, 1986, p.29.
② 孙新强、孙凤举:《论英美法上的单诺合同和双诺合同——兼与杨桢教授商榷》,载《环球法律评论》2005年第5期。
③ [美]格兰特·吉尔莫:《契约的死亡》,曹士兵等译,载梁慧星:《为权利而斗争》,中国法制出版社2000年版,第68页。

当然，作为该理论核心的对价原则也不可能与合同的正式性和外在性相冲突，相反却与其一脉相承，因此在霍姆斯看来，对价的要求实际上"与盖印（seal）一样是一种形式"①。富勒承继了霍姆斯以来关于合同和对价的思想，同样将对价视作一种形式，并专门撰写了著名的《对价与形式》一文，就二者之关系进行深度阐释。② 因此对价原则不可避免地具有天然的外在性和形式性。

美国交易理论的兴起历程和具体构成也让我们看到了美国法官们的关注实现了一个从交换实体（substance of exchange）到交易过程（bargaining process）的转换。③ 例如，派特森便说过："对价的概念不仅包括允诺人进行交易的事物（允诺或履行），还包括对该事物进行交易的过程（process）……这样，对价就意味着一项交易或交换的发生。"④例如，交易理论中著名的"胡椒子规则"⑤就是这种注重交易过程而不关注交换实体的典型例证。"一粒胡椒子也可以构成一个有价值的对价"，只要该胡椒子经过当事人的交易磋商（即交付胡椒子是经过允诺人之要求的），即使其价值微薄也不妨碍其作为良好对价而存在。当然，由于基本上毫无价值的胡椒子、一粒米、一分钱等物的交付履行和交付允诺对于允诺人和受诺人来说都很难构成一定的利益和损害，其充其量只是一种象征而已，即表明了当事人作出的允诺或履行是经过双方交易交换的。

除上述胡椒子规则之外，对价交易理论的优势还特别体现在对价获益受损理论无法合理解释其他允诺执行的场合，如无偿借贷和结婚赠与等情形。虽然获益受损理论并不否定无偿借贷和结婚赠与允诺的可执行性，但是获益受损理论对此的解释力和说服力非常有限。法院为了寻求当事人获得的利益或受到的损害问题而绞尽脑汁，或者绕很多弯子，拟制所谓的利益和损害，而实质上很难说这些利益或损害就确实存在。例如，无偿借贷允诺中的受诺

---

① Oliver Wendell Holmes, *The Common Law*, edited by Mark DeWolfe Howe, Boston: Little, Brown, 1963, p. 273.
② Lon L. Fuller, Consideration and Form, 41 *Colum. L. Rev.* (1941).
③ E. Allan Farnsworth, *Contracts*, Aspen Law & Business, 1999, 3rd ed., p. 69.
④ Patterson, An Apology for Consideration, 58 *Colum. L. Rev.* 929, 932—933 (1958).
⑤ 当然，胡椒子规则或许也会受到很多人的攻击，认为其是一种非常形式化的制度和规则，徒增社会的交易成本。但实际上美国之所以长期采纳此种制度，在很大程度上是与其法律传统相关的。英美国家的合同法律是以极度的商业化和"商业情趣"为背景的，其社会行为的主流模式是有偿交易行为而非无偿的赠与行为，没有多少人会经常无缘无故地进行无偿赠与，商业交易才是社会行为的典型形态。所以，赠与等无偿行为是一种例外。而对例外的社会行为就不能适用于处于主流行为模式上的合同规则，对例外行为设定特别的规则要比对其设定一般性规则更为合适，这不仅不会增加交易成本，反而符合人们的思想观念和价值期望，有利于商业合同规则的实施和交易的顺畅进行。

人(即借款人)作出的将如期还款的允诺对其个人很难说是一种损害,但是为了达致正义之结局,法院就必须以拟制认可损害的存在,以通过获益受损理论执行该允诺。但是,如果依据对价交易理论加以解析,该案就没有这么复杂和困难了。对价交易理论只要求当事人间存在有充分的交易交换,即使这种交易是形式化的(即不要求损益的存在),允诺人的允诺仍是可以执行的。可见,对价交易理论解释要比获益受损理论更合理、更明确和直接,这或许就是交易理论的优势。

当然,霍姆斯所创造的对价理论和合同理论虽然迎合了当时美国社会限制资本家合同责任的时代需要,但对价交易理论却在很大程度上降低了对价的重要性,提升了允诺的重要性。因为对价只是一种形式,而允诺则是所有合同的共同要素(common element of all contract)。① 这也是不得不说的客观效果。

但不管怎么说,英国的获益受损理论注重当事人的交易内容(substance),而美国的交易理论因为采取的是相互允诺标准,所以注重的是过程(process)和意思②,两者在理论内涵和进路上的确存在明显的差别。相对于英国较为静态的、僵化的对交易中损益要素的严格形式主义要求而言,美国动态的强调过程和意思的对价交易理论具有高度的弹性和灵活性。③ 在探究合同交易有无对价的问题上,美国法院从来不会拘泥于或仅仅诉诸对价交易规则的逻辑机理,他们会更多地努力去寻求证成允诺生效的各种实质性理由,只要他们觉得使得该允诺或合同有效更符合公正原则。这些实质性理由和根据非常广泛和多元,可以是道德的、经济的、政治的、习俗的或者其他的社会因素。④

(2) 对价交易理论之意义。

美国的对价交易理论的诞生带来了合同法理论和制度的全方位变迁,具体结果则集中体现在以下几个方面⑤:

首先,由于对价交易理论强加了"交易"这一新的要素,于是便在此程度

---

① P. S. Atiyah, Contracts, Holmes and the Theory of Contract, in *Essays on Contract*, Clarendon Press, 1986, pp.67—68.

② P. S. Atiyah, The Binding Nature of Contractual Obligations, in Donald Harris and Denis Tallon (ed.), *Contract Law Today: Anglo-French Comparisons*, Clarendon Press, 1989, pp.22,71.

③ 特别应当注意的是:英国法和美国法在对价理论和原则上所存在的非常明显的差距也影响到了其他相关的问题,如合同相对性、允诺禁反言等原则、制度和理论便在英国和美国表现得十分地不同。

④ R. S. Summers, Two Types of Substantial Reasons, The Core of a Theory of Common-Law Justification, 63 *Cornell L. Rev.* 707 (1978).

⑤ E. Allan Farnsworth, *Contracts*, Aspen Law & Business, 1999, 3rd ed., p.46.

上使得先前可以强制执行的一些允诺变得不可执行了。对交易之要求对那些发生在市场上的交换几乎没有任何影响,因为交易是市场交换不可避免的因素。但是,那些发生在市场之外或市场边缘(periphery)的交换则通常都缺乏交易要素,对价交易理论对交易因素的要求势必会对它们产生较大的冲击。例如,家庭背景中的交换通常都不具有交易的内容,因此这样的允诺在对价交易理论的模式之下是不可执行的。考虑到19世纪的美国对市场有着特别的关注,对价交易理论所带来的上述结果也并不令人惊讶。

其次,由于对价交易理论排除了对利益和损害的任何要求,所以便在该要求的程度上使得先前不能强制执行的允诺得以执行。法官们的关注开始从交换的内容转向交换的过程,他们只关心当事人达成交换的过程而不关心交换中的损益问题。交易理论的此种发展非常好地符合了美国19世纪的流行倾向,即对自由企业制度(free enterprise)、尊严与创造力(dignity and creativity)等有着无限的尊崇和信任。亚当·斯密就曾经说道:"正是通过'交易(bargaining)'这一竞争性的过程,社会才能最有效地利用他所称的人的'自爱(self-love)'。"① 对价交易理论不仅迎合而且也促进了个人主义的经济潮流。当然,如果从不过问当事人的利益和损害,该理论(指对价交易理论)便很难成为抵御交换不公的工具,所以还必须发展出其他能够最大程度实现正义的弹性原则。这就是为什么《统一商法典》和《合同法重述》随处可见公平、合理、诚信等一般性原则和标准的重要原因。

可见,波洛克等人开创的对价交易损害公式(bargained-for-detriment formula)及其后来成熟起来的对价交易理论(bargain theory)并非简单地使一些无偿交换转化为可以执行的交易,它同时也使得一些不具备交易因素的商业交换(commercial transactions as non-bargains)变得不能执行(例如,未为对等支付的选择权合同和合同义务的修改)②,而后者才是对价交易理论的主要意义所在,因为以交易要素来限制合同责任的做法促进了早期美国经济和社会的飞速发展。

最后也是最为根本和重要的是,美国的对价交易理论开创了一个时代。它不仅转换了作为合同法的理论基础(theoretical underpinning)的对价原则的理论内涵,而且也较为清晰和明确地划定了实践中可以执行和不可执行允诺之间的界限。③ 不仅为人们预判自己行为的法律后果提供了明确的标准,

---

① E. Allan Farnsworth, *Contracts*, Aspen Law & Business, 1999, 3rd ed., p.46.
② James Gordley, Enforcing Promises, 83 *Calif. L. Rev.* 547, March, 1995, 560.
③ E. Allan Farnsworth, *Contracts*, Aspen Law & Business, 1999, 3rd ed., p.50.

而且为法官之裁判正当与否提供了评判的尺度。对价交易理论逐渐成为对价理论与合同理论的新正统,并进而型构了美国合同的相关理论和原则的特殊性,如与英国相比较为特殊的合同相对性原则和允诺禁发言原则等。正如著名的比较法学家道森(Dawson)所言,"交易对价(bargain consideration)已经是并且在很长时间内也将一直是我们的合同法的中心特征"①。

4. 英国对获益受损理论的坚守与美国对价交易理论对英国获益受损理论的"反哺"

尽管美国的对价交易理论是在英国传统的对价获益受损理论的基础和缺陷之上发展起来的一种新型理论,但在英国,传统的对价获益受损理论并没有被美国的对价交易理论所取代。对价获益受损理论仍然是英国主流的对价理论。究其原因,不是因为美国对价交易理论吸引力不够,而是因为这与英国法律传统的极端保守性是分不开的。在历史上,英国从来不会轻易接受外来的法律理论或制度。

在英国合同法领域,以著名法学家特莱特尔教授(Treitel)为首的合同学者们继续在法学学术和实践领域中捍卫着传统的对价原则和获益受损理论。特莱特尔教授关于传统对价获益受损理论的表述仍然被奉为有关对价原则的经典注释:"传统对价理论主要关注对某种有价值之物的给予,或者是允诺人因允诺而得到了某种利益,或者是受诺人为取得允诺而蒙受了某种损害。通常而言,利益和损害也只是从不同视角进行观察的相同的东西。"②在这样的表述中,我们看不到美国对价交易理论的任何影子。

但英国对美国发达法律理论是不可能一直视而不见的,毕竟对价交易理论较获益受损理论有着诸多的优势。所以,英国比较激进的法学家与坚守传统的法学家之间的冲突就成为一种必然。当今英国权威合同法学者阿蒂亚是英美法改革派的旗手,他曾无数次言辞激烈地批评英国传统的对价理论,并在美国法学家科宾著作的影响下与保守派的代表人物特莱特尔发生过关于对价理论的著名争论。③ 与特莱特尔不同的是,作为改革派领袖的阿蒂亚对于英国传统的获益受损理论似乎没有任何天然的好感,相反,他却主张"古典合同法的一个结论是,从强调事实上的受益和损失转变到强调互相作

---

① J. Dawson, Gifts and Promises, 1980, p. 3. Quoted from E. Allan Farnsworth, *Contracts*, Aspen Law & Business, 1999, 3rd ed., p. 101, note 56.

② G. H. Treitel, *The Law of Contract*, Sweet & Maxwell, 1995, 9th ed., p. 64.

③ 两人关于对价理论的主要争论集中呈现在二人的下列著述中:G. H. Treitel, *The Law of Contract*, Sweet & Maxwell, 1995, 9th ed.; P. S. Atiyah, Consideration: A Restatement, in *Essays on Contract*, Clarendon Press, 1986.

出允诺在法律上具有约束力,而一般不再更进一步地探讨是否存在受益或损失。这个转变的结果是试图根据交易重新定义对价"①。其关于对价的理论倾向更为美国化。笔者认为,身为英国牛津大学教授的阿蒂亚之所以具有此种强烈的反传统倾向,这或许是与阿蒂亚教授的个人经历和学术视野有关。阿蒂亚曾经在苏丹、澳大利亚和加拿大教过书,并且有过多次在哈佛大学交流研究的经历,所以学术视野也必定是相当开阔的,其学术也的确受到了霍姆斯、科宾、富勒等法学家的重大影响。

因此,阿蒂亚教授所持有下述主张也就不足为奇了:只要是期望通过交易得到的,任何事情都可能成为充分的对价,如果不是所期望的,任何事情都不是有效的对价,这与美国的"对价交易理论"是何等相似!尽管在英国其从来没有被法院明确采用美国的对价交易理论,但对价交易理论也得到了一些人的支持,或许在波洛克的对价定义中就是那个被称为"允诺的价格"的东西吧。②

可见,在法律实践中借鉴美国对价交易的合理成分,以更好地达致社会正义之效果,也是部分英国法官们客观践行着的行为。从这样的实用主义思维中,我们看不到英国对价理论与美国对价理论之间存在不可调和的冲突,看不到英国人将对价理论意识形态化的倾向,看到的只是美国对价交易理论对英国获益受损理论的"反哺"和英国人寻求社会正义的智慧。

小结

综上所述,对价原则的理论模型经过了一个从无到有、从英国获益受损理论到美国的对价交易理论的长期历史进化。英国传统的获益受损理论揭开了对价理论和合同理论系统化的序幕,统一了英国长期存在的散乱的对价规则和理论,并整合了整个英国合同法,为合同法的古典革命提供了发力的杠杆。获益受损对价理论的衰落源于其自身固有的模糊不清、不易操作、注重交易内容等诸多缺陷③,为美国对价交易理论的诞生提供了契机。

对价交易理论的诞生开创了美国对价理论和合同理论的新局面。科宾说过,交易理论提升了对价的清晰程度和简洁性④,使得对价原则更容易为

---

① 〔英〕P. S. 阿蒂亚:《合同法导论》,赵旭东等译,法律出版社 2002 年版,第 140 页。
② 同上书,第 131 页。
③ 不过应当注意的是,现代人们对获益受损对价理论的缺陷也开始有了新的认识。例如阿蒂亚就指出,具有家长主义色彩的英国对价原则确实与现代消费者保护等社会性立法的趋势有一致之处。参见〔英〕P. S. 阿蒂亚:《合同法导论》,赵旭东等译,法律出版社 2002 年版,第 155—156 页。
④ Daniel J. Klau, *What Price Certainty? Corbin, Williston and the Restatement of Contract*, Boston University Law Review, May 1990, 534.

法官和律师们所把握。但对价交易理论的贡献远不止如此。它迎合了美国自由商业经济发展的历史需要，并使得以交易为中心的合同理论迄今仍然保持旺盛的生命力。

当然，对价交易理论也不是完美无缺的。例如，比较强调信赖问题的阿蒂亚就批评过美国的对价交易理论，认为信赖这一重要的观念很难为交易理论所涵盖。所以，交易理论至少是不全面的，因此便引申出了作为对价原则之补充或替代的允诺禁反言原则，以使得一些没有经过交易但产生了合理信赖损害的允诺能够得到执行。

其实，发展出何种形态的对价理论并非英美法本质目的之所在。英美法的根本目的永远不会脱离对社会交易公正和正义价值的追求。正如美国加州大学伯克利分校和哥伦比亚大学的著名法学家埃森博格（Melvin Eisenberg）教授指出的，法院之所以认可对价交易理论就是为了达到这样的目的：细察交换之公正（to scrutinize the fairness of the transaction），即利用交易理论来达致正义之目的。[①] 可见，不管是英国的对价获益受损理论还是美国的对价交易理论，它们本身都不是法律制度的本质和目的，而只是人们努力寻求正义和公正价值的一种手段和方式[②]，它们并不具有终极性，对其超越和发展就成为一种必然。因此，英美法官在衡量当事人的允诺是否能够执行的时候，实质上在问的不是允诺是否有对价的问题，而是在问该项交换是否公正、是否符合法律正义之目的，对价原则只是达致社会公正之形式化标准而已。

三、对价原则的功能变迁

（一）对价原则功能论的缘起与发展

合同法作为统一的、有体系的部门法的出现有赖于哈佛大学首任院长兰代尔的努力。但兰代尔在整编和梳理美国合同法时，更加注重的是法律规则和制度的逻辑，因为这是发现甚至发明一个所谓的"合同法新大陆"所必需的工具。因此，特殊的时代背景和历史任务注定了兰代尔当时只注重逻辑不

[①] Melvin A. Eisenberg, The Principles of Consideration, 67 *Cornell L. Rev.* 640 (1982); Melvin A. Eisenberg, The Responsive Model of Contract Law, 36 *Stan. L. Rev.* 1107, 1112—17, 1116—1117 (1984).

[②] 因此，阿蒂亚和特莱特尔围绕对价理论内涵进行的看似不可调和的争论也只是表明二者在正义实现方式的认知上存在分歧，他们言辞的激烈性也只是体现了他们对法律正义的向往和追求的执著程度，认识到这一点对于理解英美合同法的发展方向和中国未来法律制度设计的走向意义重大。

关心法律规则和制度背后的东西。① 这就是关于合同原则和制度研究的传统背景。

对价原则是现代英美法的核心原则和理论,是英美法学者所应当关注的焦点和中心,研讨英美合同法似乎很难绕开对价原则这一重要命题。在对价原则的研究进路与方法上,由于对价原则从表面上来看是由诸多的具体规则所构成,具有相当浓厚的制度色彩,所以人们通常关注更多的是对价原则的具体制度性构成和操作性规则,而不是对价原则的理论内涵和功能目标等抽象价值,这似乎也符合英美法的拒绝形而上的实用主义传统。但是,人们的关注焦点在后来还是发生了质的转变,即由关注具体规则到关注规则背后的目标和正当性。

当然,这种转变与整个法学领域的进展是同步的,新出现的法学流派为对价原则的社会学视角的分析提供了可能。这些学派包括功能主义、社会学方法论、社会法理学和法律现实主义等,富勒是其中的杰出代表,是他最早通过对价的功能论(分为形式功能和实质功能)研讨了对价原则的内涵。② 富勒坚持认为,对价原则的功能和政策基础的发掘要比其概念能更好地反映出对价原则的真实内涵。他说,进行政策分析还有另一种的方法,即通过询问基本概念的政策基础来进行,这是威灵斯顿所从未用过的方法(尽管威灵斯顿也承认政策在法律中起到了很重要的作用)。"那些可以被称作是合同责任基础的概念,如对价、要约和承诺的必要性等,在他们所服务的社会利益的问题上,并没有在威灵斯顿的著作中受到批判性的检验。"③富勒的对价功能论为人们更为深刻地了解对价原则乃至整个合同法都提供了一种更为开阔的思路,也在一定程度上提出了合同研究和对价原则研究的新的范式。此后,对对价原则进行功能视角的研讨也成为学界的热点之一。

英美学界认为,从最为一般或总括的意义上来说,对价原则是一种确保交易公正的机制④,是通过决定哪些允诺是可以执行的、哪些允诺是不可执行的来实现当事人的利益平衡和公正。当然,对价原则的功能还主要体现在各种层次的具体功能方面,这便需要对对价原则的功能进行一定的划分或分类。

---

① Roy Kreitner, The Gift Beyond the Grave: Revisiting the Question of consideration, 101 *Colum. L. Rev.* 1876, 1934 (2001).

② Ibid.

③ Lon L. Fuller, Williston on Contracts: Revised Edition, 18 *N. C. L. Rev.* 1, 9 (1939).

④ Roy Kreitner, The Gift Beyond the Grave: Revisiting the Question of consideration, 101 *Colum. L. Rev.* 1876, 1938 (2001).

当然,英美法是一种实用主义的法律系统,其本身很少进行纯粹形面上的抽象分析,例如我们就很少看到英美法律著作中会涉及某个法律制度的性质分析、价值定位等这样的东西。并且,实用主义也否认启蒙主义的二元论,如主观和客观、心智和躯体、感觉和实在、形式和实质,这些两元论都被视为保守主义的社会、政治和法律秩序的支柱。① 因此,我们如果用大陆法的思维和研究方法来研讨对价原则似乎有些不合时宜。但对对价原则的功能的研讨在很大程度上包容了形上分析的可能,超脱于制度构成之外的功能分析也的确需要发挥研究者的主观抽象能力,这便为本书关于对价原则功能的展示提供了正当性。并且,更为关键的是,美国法学家富勒关于对价原则功能的著名文章(《对价与形式》②)打破了英美法研究传统上的禁忌,开辟了新的研究范式和进路。

通常,由于功能是一个中性词,无所谓积极或消极、有利或不利,所以法律的功能有所谓的正面功能(Function)、反面功能(Dysfunction)和非功能(Non-function)等三种类别,因此,在西方社会学和法学中,"功能即有助于一体系之顺应或适应,而为我们所观察到的后果。反功能即削弱一体系之顺应或适应,而为我们所观察到的后果。在经验上也可能有非功能之后果,即与我们所考察之体系无关的后果"③。但由于非功能并非一种社会常态,并且当非功能得以出现并维持之后,会逐渐地演变成为产生不良作用的反功能,所以本书便主要是针对对价原则的正面功能和负面功能进行的分析和研讨。

所谓法律的正面功能,又称作法律的积极功能,是指该法律能激发社会成员的积极性,法律的实现将有助于社会体系的良性运作,促进社会关系的协调、稳定,从而适应社会的需求,对社会的生存或个人的调节做出了贡献。④ 作为英美合同法核心原则和制度的对价原则所发挥的正面功能将是我们了解和把握对价原则及整个合同法的一把钥匙。从历史上来看,对价原则的(正面)功能经历了一个漫长而复杂的演化的过程,其历史演化是与对价理论的变革和进化紧密纠缠在一起的。本书主要以讨论对价原则的功能变迁和统一为主线,从功能论和目的论的视角来解析英美法对价原则的演变轨迹。

---

① 〔美〕理查德·A.波斯纳:《法理学问题》,苏力译,中国政法大学出版社2002年版,第577页。
② Lon L. Fuller, Consideration and Form, 41 *Colum. L. Rev.* 799 (1941).
③ 黄瑞琪编译:《现代社会学结构功能论选读》,台湾巨流出版公司1984年版,第67页。
④ 付子堂:《法律功能论》,中国政法大学出版社1999年版,第56页。

(二) 对价原则的早期功能:古典合同法革命之前

由于我们今天很难将对价原则与"哪些允诺应当强制执行"这一问题区分开来①,所以在谈及对价原则的功能时,我们通常都会想当然地把对价原则的现代功能视为唯一,认为对价原则的目的就在于区分有偿允诺与无偿允诺、可执行的允诺与不可执行的允诺,阻止人们作出无偿或无约束力和执行力的允诺。但是,在对价原则的漫长历史中,"区分允诺的执行"确实不是对价原则传统上的核心目的,更不是唯一目的。对价原则的功能一直以来都是随着合同法的发展而逐步变化的。② 由于在古典合同法之前,当时的英国法中并没有形成一个统一的对价原则和系统的对价理论,所以也就没有出现对于对价原则之功能的系统理论认知,规则和理论的散乱导致的直接结果就是对价原则的功能方面的宽泛和杂乱。正如辛普森教授所言,对价原则在其早期阶段,在合同法中扮演了多重功能的角色(multi-functional role)③;佛姆斯通等人也认为,英国的实用主义传统和著述的缺乏使得16、17世纪的英国没有一个统一的对价原则,而是存在很多的对价原则,他们虽然也决定允诺的执行,但在功能上类似于大陆法的原因那样非常地宽泛④,与现代对价原则的统一的功能有所不同。因此,我们不能以纯粹的现代眼光去审视有着丰富而漫长的发展史的对价原则的功能,不同历史时期的对价原则和对价理论所发挥的不同的功能和作用在一定程度上反映了对价本身的演变,有进一步深究的必要性。

也就是说,在古典合同法的理论革命之前,尽管对价原则在英美法中起到了多重的功能和作用,但这些功能和作用都与"允诺执行问题"没有直接关系。这些功能具体包括如下五个方面⑤:

第一,附加默示义务的功能(Implying an Obligation)。

古典理论革命之前的对价原则的所发挥的第一个功能就是决定能否默示在当事人间存在一个债务。一般说来,当原告向被告提供了某种服务、给付了某种有价值的东西,原告自然会期望能从被告那里收到某种东西作为回报,但是由于当事人之间并没有就交换与回报的问题进行交易磋商,所以

---

① 例如,富勒和埃森博格的经典合同法教科书第一部分的标题便是:"法律强制执行什么样的允诺?——对价原则",将对价原则与"允诺执行问题"完全等同。See Lon L. Fuller & Melvin Aron Eisenberg, *Basic Contract Law*, 6th ed. 1996, Part I.
② Mckendrick, p. 81.
③ Ibid.
④ Cheshire, *Fifoot & Furmston's Law of Contract*, Butterworths, 1996, p. 74.
⑤ See Roy Kreitner, The Gift Beyond the Grave: Revisiting the Question of Consideration, 101 Colum. L. Rev. 1876, 1885—1894(2001).

"当事人间能否产生一个默示的债务"的问题便出现了。根据对价原则的基本构成我们知道,对价一般是由受诺人的行为和(明示)允诺构成的。尽管通过默示允诺(implied promise)构建或支撑起来的对价表明这种默示是由法律所强加的义务、与被告的意志毫不相关,既不是受诺人(被告)的行为、也不是被告的主观允诺,但该对价有时却足以支持一个债务的存在。这种对价问题的最清楚、最重要的例证为保证(surety)。当保证人依据债权人的要求清偿了债务人的贷款之后,保证人便可以要求原债务人偿付这一笔费用,而不需要证明债务人曾经要求保证人支付贷款或债务人曾经作出将偿还保证人这笔费用的允诺,因为要求债务人偿付保证人费用的义务是有法律默示强加的。可见,这里的对价强加默示债务的功能与"允诺人的允诺执行问题"没有关系,相反,它却论证了法律强加给受诺人以默示义务的正当性与合法性基础。

第二,决定被要求的注意义务的程度的功能(Determining the Required Degree of Care)。

古典合同法之前的对价原则所发挥的与允诺执行无关的第二个功能是决定被要求的注意义务的程度问题,即有对价的合同与无对价的合同在当事人的注意义务方面是截然不同的。对价原则的此种功能起作用的最为重要的领域是寄托法(law of bailment)。从法律传统上来讲,寄托是那些无须对价却仍然有约束力的合同的一种,因此它便为那些主张"只有具有对价的允诺才是有约束力"的一般规则的古典理论家提供了难题。于是,古典理论家们便作出回应,将寄托从总体上加以排斥,质疑寄托的合同性质并将寄托的要素视为例外或视为制定法而非普通法中的问题。事实上,在寄托问题上,不管是罗马法还是后来的大陆法和英美普通法,它们都普遍承认一条规则:即无偿的受托人仅对其重大过失(gross negligence)负责,或者说只负有轻度注意义务,然而有偿的受托人则就其一般过失负责,或者说负有一般的注意义务。不管该规则最初的合理性基础是什么,该规则在英美法主要是靠"对价原则"和对价理论来进行解释和说明的。因此,从寄托这一领域所展现出来的对价原则的功能就不是一个关于允诺执行的问题,而是一个关于当事人的注意义务的水平和程度的问题。

第三,决定赔偿责任程度的功能(Determining the Extent of Liability)。

古典合同理论革命之前的对价原则所发挥的第三个与允诺执行无关的功能和作用是决定违反合同之债的可得赔偿的程度。帕森斯(Parsons)在1853年的著作中就下述问题写下了如下事实性的陈述:如果一个协议存在不合理或显失公平的情形,但却没有达到足以表明存在欺诈的情形,尽管法院不会直接将该合同宣布为无效,它们也会仅仅给予寻求违约赔偿的原告以合理的损害赔偿(reasonable damages),而不会是原告所期望的全部违约赔偿金。在整个 18 世纪和 19 世纪早期,对价的不相当(inadequacy of consideration)通常被认为是减少期待利益损害的良好理由。并且即使人们对对价原则这一功能的明确认知在 19 世纪逐渐衰退,但在美国最高法院 1889 年的一个案例中,对价原则决定赔偿责任范围的功能仍然被应用。古典合同理论家则主张说,对价是一种易变的两元物(binary):当具备对价时,会导致违约的期待损害;当对价付之阙如时,无论如何是不会存在损害的。但是合同理论的古典革命改变了这一切,古典理论家们以威灵斯顿为领袖,纷纷表示,损害赔偿的标准应以合同的性质为准,而不是以对价的是否相当等为标准。于是,在古典合同理论家的倡导之下,对价原则甚至整个英美合同法都开始具有强烈的形式主义色彩,对价原则早期所具有的"决定违约赔偿责任程度"的实质功能便成为纯粹的历史记忆。

第四,决定责任时点的功能(Timing of Liability)。

前古典时期的对价原则所发挥的第四项功能为决定合同责任开始的时间。如果某人基于对他人将以一定方式对其财物进行一定的行为的信任而将其金钱、货物或其他种类的财产托付给其他人,形成所谓的信托关系。那么,接受信托的受托人就应当从此时遵守其忠实地解除或执行信托的义务,因为信托本身就可以构成该允诺的充分对价。类似的债务和责任还经常出现在寄托和代理这些领域。一般说来,没有任何报酬(remuneration)的代理人不应负担雇佣或信托的义务,也不应承担不为该义务时的责任。但是一旦他开始从事代理的行为,他就应当对在完成其工作中的过失或疏忽(neglect or omission)的结果承担责任。因此,对价在一个协议执行之前就能建立一个债务和责任,可以起到决定责任时点的功能,而不是直接关于允诺的执行问题的。

第五,为合同相对性规则提供例外的功能(Supplying an Exception to the Rule on Privity of Contract)。

古典合同理论革命之前的对价原则所发挥的第五个功能是为合同相对性规则提供例外的功能。对价原则所发挥的与允诺执行这一直接的问题并不相关的另一个作用就是用来决定原告能否规避合同相对性原则过于严苛的效果。所谓合同相对性原则主要是指合同的第三方受益人并不能起诉要求强制执行合同。直到 19 世纪晚期,一定种类的对价才为原告提供了合同相对性原则的例外。其中主要的例外是当受诺人与第三人之间存在一个良好而有价值的对价(即有自然的爱和情感的因素)时,受诺人的权利便可以被延伸为第三人的权利,从而突破了传统的合同相对性原则。但是,十分明显的是,受诺人与第三人之间所谓的"对价"并非英美法中的正统对价,它其实是一种历史的错误,是对对价真正性质的误解和误用。正如兰代尔所说,"对价"的上述用法并非通常所言的严格的对价原则的一部分,因为真正的、严格的对价原则主要还是关心允诺能否执行的问题。而上述关于对价原则的用法非但没有为合同相对性原则提供正当性说明,反而被用来为合同相对性原则提供例外。不管造成对价原则此种功能的原因是因为早期对价自身内涵的歧义还是其他原因,对价原则这样的功能在历史上的确存在过,这一点不容置疑。

总之,正如对价原则自身内涵的丰富性和多样性一样,古典合同理论革命之前的对价原则也同样有着宽泛而多重的功能。丰富而多重的功能反映的是对价原则和整个合同理论的不统一,允诺和允诺的执行尚未成为合同的中心课题,因此当时的对价原则也就不会像后世成熟的对价原则一样,成为允诺或合同执行的核心标准,尚未统一的对价原则和理论所发挥的功能和作用是多样而凌乱的,并且基本上与允诺的执行问题无关。

(三) 对价原则的现代功能:古典合同法革命至今

当下,不论在法学学术界之内还是之外,人们都普遍认为,合同法是有关允诺执行的法律。这种思想是合同理论的古典革命的结果。当然,古典时期的学者正是通过允诺和对价等核心概念来重整整个合同法理论体系的。古典合同法确立"允诺的执行"为合同法的中心课题和使命,同时也将早期英国法中散乱而不统一的对价原则进行了改造和理顺,赋予对价原则以决定哪些允诺得以执行的功能,并借此统一了对价原则。因此,自古典革命之后,对价原则的主要功能总体来说就是关于允诺执行的问题,区分可执行的允诺与不可执行的允诺。[①] 对价原则便因此成为允诺能否执行的权威性标准。现代社会关于对价原则和理论的争论尽管较19世纪的争论更为规范(normative)[②],但却始终没有超出19世纪古典合同法革命的理论维度,一直以来都是围绕"允诺执行"这一中心问题展开的。例如,现代学者在探究对价原则时,也都纷纷主张:无论"对价"一语的用法怎样地变化并且在范围上或大或小,我们都应该循着区分能够强制执行的允诺和不能强制执行的允诺这一思

---

① Roy Kreitner, p.1878.
② Roy Kreitner, p.1877.

路去努力探索。①

但是,由于对价原则起源于特定的诉讼形式,是英美法形式主义传统的衍生物,同时,伴随着合同法从形式到实体的进化,对价原则也在后来成为实体合同法中具有实质性的核心要素和作用机制。对价原则同时具有"形式性"和"实质性"特征,对价原则中的形式性和实质性既相互纠缠,又界分有序。因此,作者对于对价原则具体功能的分析将主要围绕对价原则之"形式—实质"的二分模式(特性)来展开对对价原则的形式功能与实质功能的诠释。

当然,对价原则的形式功能和实质功能这一二分模式的分析进路并非由笔者首次提出,从源头上它也是始自美国学者朗·富勒教授。富勒在其名著《对价与形式》一文中首创了对价原则的形式——实质的二元分析进路,并将对价原则的功能也区分为形式功能和实质功能进行详述。② 富勒的研究方法和进路开创了对价原则功能研究的新天地,得到后世学者的赞许和遵循。其中,对富勒的学说和进路倡导最为有力并将其发扬光大者,为现任哈佛大学卡特法理学教授的邓肯·肯尼迪(Duncan Kennedy)。在富勒思想的影响之下,肯尼迪也开始了对私法进行形式—实质模式的思考和分析,肯尼迪的发表在法律评论上的第一篇学术论文《法律形式(Legal Formality)》就是在受到了富勒的《对价与形式》一文的直接影响下写就的。《私法裁判中的形式与实质》是肯尼迪的名篇之一,单从标题我们就不难看出,该文同样受到了富勒思想的强烈影响。当然,邓肯·肯尼迪最直接地再现和评论富勒关于对价原则的功能的文章则是其于2000年发表于《哥伦比亚法律评论》上的《从意思理论到私法自治:朗·富勒的〈对价与形式〉》一文。③ 该文是迄今为止对于富勒的《对价与形式》一文进行的最好的评论,从而也成为关于对价原则的功能甚至是合同理论的经典论文。

在富勒思想的感染之下,肯尼迪首先建立了一个关于法律的冲突考量模型(The Conflicting Considerations Model),主张对法律制度进行形式考量、实质考量和制度考量三种不同方式的考量和分析。具体到对价原则的功能方面,肯尼迪也在冲突考量模型的视角下,发展了富勒关于对价原则"形式功

---

① 〔美〕A.L.科宾:《科宾论合同》,王卫国等译,中国大百科全书出版社1997年版,第219页。
② Lon L. Fuller, Consideration and Form, 41 *Colum. L. Rev.* 799 (1941).
③ Duncan Kennedy, From the Will Theory to the Principle of Private Autonomy: Lon Fuller's "Consideration and Form", 100 *Colum. L. Rev.* 94 (2000).

能——实质功能"的二分模式,较有新意和说服力。① 总之,尽管富勒与肯尼迪等后世学者对对价原则切入分析的路数不尽相同,但他们在对价原则具体功能的分类和意旨上却高度一致。他们都认为对价原则的内部是不统一的,对价原则的形式功能主要包括证据、谨慎、引导功能,而其实质功能则主要包括确保私法自治、保护信赖、防止不当得利等功能。②

1. 对价原则的形式功能

对价原则的功能与对价的特性是密不可分的,其所发挥的制度功能可以最大化地展示对价原则的独特性征。由于自霍姆斯以来的学者基本都认可对价原则的形式性,并在相当程度上把对价原则比作是一种类似于"盖印"的"形式",所以在分析对价原则的功能时,我们便可从"形式"入手来分析对价原则的功能。对价原则的此种功能被称作对价原则的形式功能,具体是指作为特定形式性要求的对价原则在合同中所扮演的角色和所起到的作用。其实,通常情形下要求对价原则的目的,就是企图通过对价原则这一特定形式对可强制执行的协议在范围上加以限制,同样意旨的法律限制在大陆法国家法律中就采取其他更为直接的方式,例如采取公证等特殊书面形式等。因此,对价原则的形式功能基本上就可以比照通常的合同形式所发挥的功能来进行系统的总结和观察。

一般说来,各国法律之所以要对当事人间的允诺或合同强加"形式"的要求,就是因为合同(法定)形式能发挥证据、谨慎警示和引导等三种功能,具体内涵如下:(1) 为当事人的协议提供良好的证据。用奥斯丁(Austin)的话来说,合同形式所发挥的最为明显的功能就是"当出现争议时,为当事人之间的合同的存在与合同的意旨(existence and purport)提供证据"。(2) 确保当事人在作出一种有问题的允诺之前是经过深思熟虑的。不管是早期的蜡封盖印还是后世的书面证明或公证文书,都代表了一种法律的庄严和庄重,表明当事人的意思表示是经过慎重思考的。(3) 确保当事人能够有效地理解那些具有强制执行力和不具有强制执行力允诺之间的明确区分,并进而进行合乎理性的行为。盖印等合同形式能够用来区分能执行与不可执行的允诺,从而为合同的执行性提供了一种简便的外部原则。③

---

① Duncan Kennedy, From Will Theory to the Principle of Private Autonomy: Lon Fuller's "Consideration and Form", 100 *Colum. L. Rev.* 109 (2000).

② Lon L. Fuller, Consideration and Form, 41 Colum. L. Rev. 799 (1941); Duncan Kennedy, From Will Theory to the Principle of Private Autonomy: Lon Fuller's "Consideration and Form", 100 *Colum. L. Rev.* 126 (2000).

③ Lon L. Fuller, Consideration and Form, 41 *Colum. L. Rev.* 800—803 (1941).

与合同(法律)形式所发挥的上述功能相对应,对价原则的形式功能也主要有以下三点:(1)证据功能,即对价之存在是双方当事人有意缔结一具有约束力的契约之客观证明,它能于法院在决定哪些约定是当事人所意欲成就者,或哪些约定只是出于赠与(gift)、恩惠(gratuity),而无强制执行之意思时,提供一可资判断之依据。(2)警示功能,即对价具备后,使契约得出强制执行之效果,能促使当事人事前谨慎为之,减少交易行为之瑕疵。(3)引导功能,即对价之存在是区分可得强制执行的允诺与不可强制执行的允诺的外部标准,进而引导当事人的进一步行为。[1] 对价原则的上述三种形式功能最终为美国合同法重述这一经典法律文本所肯认,在《第二次合同法重述》第72条的评论中,对价原则的证据功能、谨慎警示功能和引导区分功能都获得了自己应该获得的名分。[2]

(1)对价原则的形式功能之一:(意思或意图的)证据功能(evidential function)。

所谓对价原则的证据功能是指对价的存在是当事人之间存在的合同及其具体内容的一种客观证明,更深入地说,对价是用来证明当事人之间存在一种试图建立有约束力的法律关系意图的证据,是主观意思的客观证明。它能为法院决定哪些允诺或协议是当事人所意欲成就并生效者,或哪些允诺或协议只是当事人出于赠与(gift)、恩惠(gratuity)而无强制执行之意思,提供一种可资判断的标准和依据。[3] 正如科宾所说,对价的存在可以证明当事人间存在一种在法律上有约束力的意思,或者证实当事人信守诺言的真实意愿。[4]

但是,如果允诺人或立约人显然无真实意思并且无受约束的意愿,也许法院确实应该要求特别的和有说服力的证据来证明受约人对于履行的期待以及对该允诺的信赖是合理的。而一旦受约人出具了这种有说服力的证据,该允诺就应当对这种无真实意思和不情愿的立约人具备强制力。我们称作对价的事物的存在是证明对履行的期待为合理以及拒绝给予强制执行将为社会共同体所不容忍的十分常见的证据。[5]

当然,尽管现代的对价原则反映的是当事人之间存在一种创立法律关系

---

[1] See Arthur T. von Mehren, Civil-Law Analogues to Consideration: An Exercise in Comparative Analysis, 1009 *Harvard Law Review April* 1959, 1017.
[2] See *Restatement of Contracts*, *Second*, §72, Comment c. Formality.
[3] 杨桢:《英美契约法论》,北京大学出版社2003年版,第65页。
[4] 〔美〕A. L.科宾:《科宾论合同》,王卫国等译,中国大百科全书出版社1997年版,第219页。
[5] 同上书,第220页。

的意图,是当事人的主观意图(意思)的客观证明,但二者在历史上的传统关系并不是这样的。这是因为早期英国法中的允诺或合同约束力的有无通常并不是依靠对当事人的主观意思的判断,当时的英国合同法中并没有现代意义上的"意思理论"这样的东西。早期英国法中的允诺或合同的可否执行主要还是看当事人间的允诺或合同纠纷是否符合既有的诉讼形式,而不管当事人之间是否存在真实的合同意思表示(它对于允诺或合同效力没有直接的影响,没有成为合同的要素),但后来在违诺赔偿的诉讼形式中发展出来的对价原则却起到了决定允诺或合同效力或执行力的作用。但不管怎么说,当时的对价原则与当事人的主观意思或意图几乎是没有任何关系,对价原则主要还是一种与当事人主观意思无涉的客观事物。而将现代的对价原则与当事人的主观意图联结起来、以对价原则为当事人具有主观合同意图的证据的解释在以前是较为少见的,二者的此种联姻关系由英国的拉塞尔(Russell)法官通过新近的判例进行了全新的阐发和确立。①

(2) 对价原则的形式功能之二:警示或谨慎功能(cautionary function)。

所谓对价原则的警示功能是指只要允诺或合同具备充分的对价,那么该允诺或合同就是可以强制执行的,对价原则的这一法律结果使得当事人在作出允诺、订立合同的时候必须谨慎为之,对当事人起到了警示的作用。因此,在这种情境下,对价一般是用来表明双方当事人已有考虑诚意的外在信号。普通法院通常并不关注当事人是否巧妙地还是愚蠢地作出该种考虑(当然,除非存在着欺骗或强制)。②

对价原则之所以能起到这种作用和功能是由于它迎合了人们的交易行为的需要。市场经济社会并不完全排斥和杜绝无偿赠与行为,但是由于这种行为不是市场社会的典型行为,所以法律通常对其有不同的处理态度。一般说来,非正式的无偿允诺(如赠与)在很多情形下可能是允诺人粗心大意或轻率地(rashly)作出的,允诺人或者基于某种特殊的情绪、或者是出于感激的心情、或者是基于表现的冲动而作出了此种无偿的赠与允诺。允诺人在作出无偿赠与时的心理状态是关心受诺人利益的程度远大于关心自己的利益。③很明显,这样的无偿赠与允诺无疑会在很大程度上损害允诺人的利益。在这种情况下,人们就需要法律来实现对允诺人的保护,因为每个人都有可能处

---

① Williams v. Roffey Bros & Nicholls (Contractors) Ltd [1991] 1 QB 1, 18. See Mckendrick, Palgrave Publishers, 2000, p.82.
② 〔美〕罗伯特·考特、托马斯·尤伦:《法和经济学》,张军等译,上海三联书店、上海人民出版社1994年版,第829页。
③ Melvin Eisenberg, Donative Promises, 47 *U. Chi. L. Rev.* 5 (1979).

于此种允诺人的地位。

当然,法律中能对上述无偿赠与允诺人进行有效保护的制度主要有两种,一种是纯粹的合同形式,另一种则是对价原则。不管是早期的蜡封盖印还是后世的书面证明或公证文书,都代表了一种法律的庄严和庄重,表明当事人的意思表示是经过慎重思考的。如果无偿赠与允诺不具备法定的形式要件,该允诺便是不可强制执行的,这赋予了允诺人在冲动和轻率作出允诺后享有反悔的权利。因此,蜡封盖印等所要求允诺人作出的为盖印行为或其他书面的小小努力,可以成为防止轻率的允诺的有效保护伞(safeguard)。[1] 与此相类似,既然我们认为对价就像盖印一样是一种形式,那么对对价的要求也就可能像对盖印的要求一样,会在允诺的作出之时起到警醒当事人的作用,从而防止交易中的轻率和粗心大意,起到警示或谨慎保护的功能。[2] 因此,对价原则也在相当程度上发挥着警示当事人作出谨慎的允诺、保护允诺人利益、防止轻率和冲动的危险的作用便是不争之事实。正如特莱特尔所说:"对蜡封盖印和给予某种价值的要求(即要求对价——引者注)至少在防止这种危险的时候提供了某些保护。"[3]

(3) 对价原则的形式功能之三:引导功能(channeling function)。[4]

对价的引导功能主要在于,根据对价的有无来判断哪些允诺是可以执行的、哪些允诺是不可执行的,当事人也就知道其是否应当承担责任,在何种情况下(有无对价的情况下)承担责任,从而进一步指导当事人的行为。[5]

简单说来,对价原则的引导功能是直接关于可否执行的允诺的划分的,法院通常通过考察一个允诺是否有充分的对价来判断该允诺是否可以强制执行,人们也通常通过检视一个允诺是否有充分的对价来预测允诺或合同将来的执行性和实现度,进而指导自己进一步的行为。如果一个允诺具有充分的对价支持,则该允诺将是可以强制执行的,是一个真正的允诺;但是如果一个允诺没有充分的对价支持,则该允诺便是不可强制执行的,不是一个真正的允诺,而只是一种单纯试探性的意思或意图表示(merely tentative or exploratory expressions of intent)。由于对价原则引导功能的发挥主要是通过检视有无对价这一标记进行的,所以对价原则的引导和区分功能有时也被称为对

---

[1] Treitel, The Law of Contraet; 9th ed., London: Sweet & Maxwell, 1995, p.148.
[2] Melvin Eisenberg, Donative Promises, 47 *U. Chi. L. Rev.* 5 (1979). See also Lon Fuller, Consideration and Form, 41 *Colum. L. Rev.* 800 (1941).
[3] Treitel, The Law of Contraet; 9th ed., London: Sweet & Maxwell, 1995, p.64.
[4] Lon Fuller, Consideration and Form, 41 *Colum. L. Rev.* 799, 800 (1941).
[5] Wessman, Retraining The Gatekeeper: Further Reflection On the Doctrine of Consideration, 29 *Loy. L. A. L. Rev*, 834.

价的标记功能(earmarking function)①或信号功能(signalizing function)。② 但不管其名称有多少种,对价原则的引导功能的实质都是通过"区分真正允诺和纯粹的意思表示"③来划分可得执行的允诺与不可执行的允诺,并进而起到引导人们社会行为的功能和作用。

当然,反对对价原则的引导功能的论者则认为,对价原则是区分真正允诺和单纯的意思表示的一个笨拙的工具。④ 其远不如各种书面形式起到的引导和区分功能更为简便和直接。

(4) 对价功能的形式分析进路之弊端。

对价原则的形式功能虽然在很大程度上契合了对价原则的形式特性,并比较形象地展示了对价原则的宗旨,例如以富勒为代表的法学家和法官们认为,通过类推盖印和其他法律形式,能够很好地理解对价的功能。但对价原则功能的形式分析却也有着无法克服的弊端。对价原则的形式内涵被决定性地、毫不含糊地否定掉,而没有成为古典对价原则的构成部分的事实则说明将对价类推于形式没有抓住对价的基本功能。⑤ 为什么会出现形式路径解读对价功能的困难,其具体的弊端具体体现在何处呢?

首先,对对价形式功能的关注遮蔽了对价的实体性、对价的实质功能与价值。对价在上述诸种情况下发挥法律形式的功能,如证据功能、警示谨慎功能和引导功能等,但这并不是它的定义、解释和适用中的基本功能。就对价要件的定义、解释和适用而言,对价发挥了法律形式的功能只是偶然的。⑥ 对价的形式功能虽然早已为人们所认可,但随着对价原则及其整个合同法从形式主义到实体(实质)主义的演化,超越形式主义的对价原则便开始展现其对于合同法的实体内容的贡献,对价原则的实质功能便开始走上历史的舞台。即使在"一粒胡椒子或一分钱也可以构成一个良好的对价"等对价纯粹是象征意义的情况,即当事人要求或给出对价是为了使允诺获得强制执行力这样显著的情况下,也是如此。尽管纯粹象征意义的对价具有极端的形式性,但形式性和形式功能很难掩盖对价原则的深层目的和功能:允诺的执行

---

① James Gordon III, A Dialogue about the Doctrine of Consideration, 75 *Cornell L. Rev* (1990), p.991.

② *Restatement of Contracts*, *Second*, §72, Comment c. Formality.

③ Melvin Eisenberg, Donative Promises, 47 *U. Chi. L. Rev.* 1, 4—5 (1979).

④ James Gordon III, A Dialogue about the Doctrine of Consideration, 75 *Cornell L. Rev* (1990), p.992.

⑤ 〔加〕Peter Benson:《合同法的统一》,载 Benson:《合同法理论》,易继明译,北京大学出版社 2004年版,第186页。

⑥ See A. Kull, Reconsidering Gratuitous Promises, 21 *J. of Leg. Studies* 39, 52—55 (1992).

力、合同的约束力。

其次,对价被视为形式的观念打碎了英美法中的无偿允诺与对价允诺、赠与允诺与交易允诺的传统本质划分,不甚合理。无偿允诺与有对价的允诺、赠与行为与交易行为是英美合同法的基本二分概念。当然,这些不同的允诺和行为主要区别在于它们在法律上有着不同的效果,而人们对这些行为和允诺效果的理解和认知也必须借助特定的理论资源。无偿允诺或赠与行为的不可执行与有对价允诺或交易行为的可得执行在英美法看来都是相对"天然"和"绝对"的,二者的区分并非只是具备还是缺乏一种形式这么简单,其区别是本质性的,每一个都具有本类别特定的形式和结构。但是,将对价原则视为是一种纯粹形式化的事物,认为其功能也仅是形式化的功能的观点恰恰混淆和抹杀了无偿允诺与交易允诺的上述本质不同。这是因为,将对价视为一种单纯的法律形式也就意味着对价与盖印没有什么区别,它们都是附属于无偿允诺之上并使得该无偿允诺得以执行的纯粹形式化的东西。这样,即使是因为具有对价而可得执行的允诺实质上也变成了只是附加对价这种形式要素的无偿允诺,所谓的与无偿允诺相对称的交易允诺或对价允诺(consideration promise)就是一种幻想,现实中所有的允诺也都是无偿允诺了。正如本森教授所观察的那样:

> 富勒对对价的论证省略了无偿允诺与对价允诺之间质的区别,这意味着它不能够解释这个原则的最核心和最具有突出特色的东西。……对价不是仅仅附加在无偿允诺之上的一个外在特征,从而保证具有道德约束力却没有法律约束力的允诺同时满足形式要求。相反,它确定了当事人行为的主要构成方面,并确定一种当事人之间的行为关系,该关系允许把他们之间的相互作用合理地解释为在合同缔结时产生权利转移。①

因此从根本上说,我们必须解释合同法中的允诺和对价是如何能发挥产生合同权利和义务的行为内容的功能(也即决定合同或允诺执行的功能),但是把对价视为法律形式的分析做不到这一点。② 既然对价原则之功能的形式化的解读并没有抓住对价的本质功能,那什么又是对价原则的本质功能呢?下文便是对于对价原则实质功能的研讨。

---

① 〔加〕Peter Benson:《合同法的统一》,载 Benson:《合同法理论》,易继明译,北京大学出版社 2004 年版,第188—190 页。
② 同上书,第189 页。

2. 对价的实质(价值)功能

对价原则兼具有形式和实质的面相,并不能被完全简化为一种单纯的形式①,它还有着实质性的价值蕴含和目标取向。所以,当我们在考察对价原则的功能时,在对价原则的形式功能之外,我们也不应当忘却作为合同法实体性内容的对价原则所发挥的实质性(实体性)功能。对价原则的形式功能直接源自对价原则的形式性,而对价原则的实质功能则直接源自对价原则的实质性或实体性。作为合同法实体内容一部分的对价原则在现实中也不只是发挥着纯粹形式化的功能,在决定当事人的允诺是否可以强制执行时,各种权威都不单是依赖允诺或合同形式的不足,他们往往要引入对价原则背后的实质目标(substantive objective)和充足的实质理由来作出关于允诺能否执行的判断及正当性说明。② 例如富勒也曾经认为,当我们对允诺的违反进行救济时,我们不应以法律形式的功能而应以我们所追求的实质目标作为这些实质结果的评判标准。这些实质目标包括:(1) 确保私法自治;(2) 保护信赖;(3) 防止不当得利。③ 对价原则的实质功能在一定程度上就表现为对上述实质目标的追求和实现,其揭示和发现也被认为是富勒关于对价原则的真正贡献。④

(1) 促进私法自治。

在合同法的基本概念中,私法自治原则(principle of private autonomy)是最普遍、最不可或缺的概念原则。⑤ 私法自治集中体现了合同法这一法律部门注重当事人自由的"私"的品格。更为重要的是,私法自治可以成为合同责任的基础,是所有允诺得以执行的理由和根据之一⑥,是我们应当大力倡导和热情维护的私法基本原则。从表面上来看,英美法中的对价原则是当事人主观意思的对立物,对价的要求本身是对个人债务行为和合同自由的限制⑦,与意思理论和私法自治原则似乎难以调和(此表现为下文的"对价原则的负面功能"),但实质上,不仅私法自治原则可以为对价原则提供实质正当

---

① Lon Fuller, Consideration and Form, 41 *Colum. L. Rev.* 799 (1941).
② Duncan Kennedy p. 102.
③ Lon Fuller, Consideration and Form, 41 *Colum. L. Rev.* 806—814 (1941).
④ Roy Kreitner, The Gift Beyond the Grave: Revisiting the Question of Consideration, 101 *Colum. L. Rev.* 1935(2001).
⑤ Lon Fuller, Consideration and Form, 41 *Colum. L. Rev.* 799 (1941).
⑥ Wessman, Retraining The Gatekeeper: Further Reflection On the Doctrine of Consideration, 29 *Loy. L. A. L. Rev*, 824,825.
⑦ Roy Kreitner, The Gift Beyond the Grave: Revisiting the Question of Consideration, 101 *Colum. L. Rev.* 1884(2001).

性的基础,对价原则也同样有着促进当事人私法自治的实质功能。

其一,对价原则通过排除国家干预行为来促进私法自治。

对价原则与私法自治(合同自由)并非天然的对立物。其实,英美法早期的合同或允诺的执行标准的确立就是为了促进和保护当事人的自由意思的实现,扩大允诺的可执行度。因为受严格的诉讼形式等的限制,当事人获得国家救济的程度太为狭窄,急切需要通过确定某种固定的标准来排除国家的高度控制的干预行为,扩大私法领域中的当事人自治。对价原则于是应然而生。这一关于允诺的较为固定和明确的执行标准的确立使得当事人权利获得较好的保护和救济,当事人的意思得到较为彻底的承认,意思自治逐步形成。因此,早期的对价原则在促进合同自由的形成方面,做出了重要贡献。正如法恩思沃斯所言,对价原则的正式而确定的标准是在人们保护合同自由的强烈要求之下逐步发展出来的。[1]

在古典合同理论革命之后,对价原则排除国家权力干预、促进私法自治的功能就更为明显了。由于古典革命之后的对价原则经过了以"允诺"为中心概念的新型理念的洗礼,而允诺本身就是意味着对当事人个人意思的尊重,所以以允诺为中心的对价原则和对价理论突出了(计算的)个人(calculating individual)的意思和意志在合同之债中的重要地位,也起到了淹没和排斥国家和法院在决定当事人债务内容方面的作用,并进而导致国家权力在决定债务方面的合法性的丧失。[2] 总之,英美合同法的古典革命是通过允诺这一中心概念以及在此基础之上的系统对价原则完成的,"允诺理论""对价原则"在型构个人主义的古典合同法之时,也在排斥着国家权力对私域的介入与干预,发展出了健全的合同自由与私法自治的理论原则。

此外,英美法中的"客观主义和对价原则为个人意思提供表征的形式"[3]这一点也在相当程度上说明,对价原则与私法自治原则本质上是一致的。

其二,对价原则通过起到合同效力制度的作用来促进私法自治。

如果当事人在签订合同的过程中存在欺诈、胁迫、乘人之危、错误等不法情形,则必定会损害到允诺人的合法利益,从而妨害合同自由与私法自治原则。于是,英美法中就发展出了防止不法情形、保护合同当事人利益的合同效力制度:欺诈制度、错误制度、虚假陈述制度、胁迫制度、不当影响制度等,

---

[1] Randy Barnett, Contract Scholarship and The Reemergence of Legal Philosophy, 97 *Harv. L. Rev.* 1239(1984).

[2] Roy Kreitner, The Gift Beyond the Grave: Revisiting the Question of Consideration, 101 *Colum. L. Rev.* 1878(2001).

[3] Duncan Kennedy p.139.

以通过该制度来纠正妨害当事人意思自治的行为和事实。当然,从功能上来考察,对价原则也完全可以起到与上述合同效力制度有些类似的作用。因此,对价原则与英美法中的欺诈、错误、虚假陈述、胁迫等合同效力制度在功能上是重合或重叠的,对价原则也可以通过起到合同效力制度的作用来发挥其促进私法自治的功能。二者的重合尽管存在保护当事人合法利益、促进当事人私法自治之合力,但它们究属不同的制度范畴,所以二者的区分还是明显的。具体说来,如果明知当事人的允诺为交易允诺,即明知该允诺具有对价,则该交易允诺一般说来应当是可以强制执行的。但如果该交易允诺的作成中存在"错误的原因"(wrong reason)等效力瑕疵问题,那么,该交易允诺仍然是不可强制执行的。但这种不可强制执行不是以对价加以确认,而是以传统的胁迫、欺诈和不当影响等合同效力制度进行的。[①] 当然,交易中是否存在错误、欺诈、胁迫等效力瑕疵也经常可以通过有无对价以及对价是否充分来加以证明或确认。可见,对价原则与效力制度也紧密地纠缠在一起,共同起到了促进当事人的自由意志的表达和交流、保证私法自治的功效。

(2) 实现社会公正(正义)的功能:保护无偿允诺人的利益、防止不当得利与保护第三人利益。

公正或正义是自由(自治)之外的另一重要社会价值目标,并且"法律不仅仅是一个道德完备(或不完备)的社会中偶尔起到作用的技术附加物,它与从信念象征到生产方式等一系列其他文化现象一起,是社会的一个能动部分"[②]。"法是善良与公正的艺术"(乌尔比安语),所以几乎所有的法律制度都是以达致社会公正为直接的追求目的。对价原则是关于交易对等性的要求,不管是从形式上还是从实质上来看,对价原则都与法律正义和公正有着较为天然和直观的联系,而不管这种联系是否被不同历史阶段的人所明确认知。所以,对价原则的第二个实质功能便是关于社会公正价值的实现问题。

首先,对价原则实现社会正义的实质功能主要是通过否定无偿允诺的强制执行、保护无偿允诺人的利益得以实现的。古典合同法之后的对价原则直接决定当事人的允诺执行问题,通过区分由对价的允诺和无对价的允诺来建构允诺或合同执行的秩序,保护当事人的利益期待和正义观念。对价原则通过否定没有对价的允诺的强制执行问题来保护无偿允诺的允诺人的合法利益,在其可能是因为自己的错误或受到欺诈、胁迫等情形下作出冲动、轻率允

[①] Mark. B Wessman, Retraining The Gatekeeper: Further Reflection On the Doctrine of Consideration, 29 *Loy. L. A. L. Rev*, p.829.

[②] 〔美〕克利福德·吉尔兹:《地方性知识:事实与法律的比较透视》,邓正来译,载梁治平:《法律的文化解释》(第2版),生活·读书·新知三联书店1998年版,第129页。

诺时,有充分的可以反悔的权利。这是英美法对价原则的核心价值功能之所在。

其次,对价原则实现社会正义的功能表现为防止不当得利方面。所谓不当得利是指一方没有法定或约定的根据而从他方处获益,而致他方受到损害的情形。例如,A 在 B 答应将给自己一辆自行车的情况下,便向 B 支付了 5 美元,后来,B 违反自己的允诺,没有向 A 交付自行车。很明显,在这一案例中,B 违反自己允诺的行为直接导致了对信赖其允诺的 A 的损害或不公正(injustice)。这种不公正不仅是因为 A 失去了 5 美元,还在于 B 不公正地获得了 5 美元的不正当利益。因此,为了达致当事人间的利益平衡与社会的公正,就应当依据对价原则的精神内涵来纠正或防止现实中的不当得利行为。当然,由于对价原则所起的防止胁迫和不当得利等的功能的最终目的还在于实现法律制度的正义价值,所以对价原则第二个实质功能就是确保社会中的交换公正,它是实现交换公正的重要工具和机制。①

也就是在此意义上,学者才认为,对价原则也足以统摄不当得利等全部债法制度。正如阿蒂亚所言,对价原则确实从正面贯穿和统一了整个义务法或债法。因为不当得利和无因管理(英美为返还法)就是要求在交易中出现对价的缺失之时,对当事人进行补救,以符合对价原则的本质。②

再次,对价原则可以通过保护债权人等第三人的利益来达致社会公正。对价主要是合同当事人间的东西,但这并不是说,对价原则永远与第三人的利益无关。在否定无偿允诺的执行这一问题上,对价原则起到了保护合同第三人利益的作用。因为,之所以使赠与等无偿允诺无效,就是因为如果对无偿允诺强制执行的话,会损害(prejudice)允诺人的债权人等第三人的利益。③ 由此可见,保持对价以使得无偿允诺不具有强制执行力的一个重要原因就是,防止允诺人逃避其债权人的债务,防止第三人的不当得利出现,防止允诺人对社会合同秩序的破坏,这些都应当算作对价的实质功能。而且,对价原则之设,也确实能起到此种保护第三人债权的作用,但我们应当清楚的是,这也只是实现此功能的多种制度设计之一。保护允诺人的债权人等第三人的功能,在大陆法系是由合同法的债权保全和破产撤销权问题解决并实现的。

---

① K. N. Llewellyn, Common-Law Reform of Consideration: Are There Measures? 41 *Colum. L. Rev.* 871—75 (1941); Roy Kreitner, The Gift Beyond the Grave: Revisiting the Question of Consideration, 101 *Colum. L. Rev.* 1938(2001).
② 〔英〕P. S. 阿蒂亚:《合同法导论》,赵旭东等译,法律出版社 2002 年版,第 122 页。
③ Eastwood v. Kenyon (1840) 11 A. & E. 438, 451. Treitel, p. 64.

（3）型构整个合同法制度和理论体系的功能。

如果说促进私法自治和实现社会公正是对价原则的具有强烈价值色彩的实质功能,那么型构整个合同法体系则是对价原则制度性的实质功能。对价原则贯穿合同法的全部重要内容,从合同的成立、合同的生效、合同的履行、合同的修改、合同的责任或约束力的范围到违约责任都是以对价原则（允诺执行的问题）为其轴心。它决定了英美合同法的其他一切原则、制度和理论的基调。没有对价原则,整个英美合同法理论大厦就会趋于倾覆。具体表现在对如下制度的影响上：

其一,决定了英美法中的要约承诺制度、违约责任制度的特殊性。

英美法要约承诺制度的特殊性源自对价原则。多数国家的法律规定,要约必须向特定人发出,商业性广告不属于要约;要约原则上对于要约人有拘束力,即在受要约人可望答复之前,不得撤销或变更;要约与承诺均在送达时生效。而根据对价原则,要约在受约人承诺之前是没有对价的单方允诺,不具有法律的拘束力,因此,要约可以向不特定的任何人发出,商业性广告也属于要约。在承诺人承诺之前,要约人可以随时撤回或撤销其要约,即使明确规定了承诺期,即使规定了该要约是不能撤销的,因为对价的缺乏会使得要约对于要约人没有任何的约束力。① 但是,在大陆法系的国家,如果要约人规定了要约的承诺期或者明确规定该要约是不可撤销的,则要约人就受到该要约的严格限制。例如,紧密追随《联合国国际货物销售合同公约》（1980）规定的《中华人民共和国合同法》第19条就明确规定：

有下列情形之一的,要约不得撤销：

（一）要约人确定了承诺期限或者以其他形式明示要约不可撤销；

（二）受要约人有理由认为要约是不可撤销的,并已经为履行合同作了准备工作。

由于考虑到该项规则在事实上可能会使受要约人利益受到损害,于是对要约、承诺的生效问题采取不同的规则,要约与撤回要约采取到达生效原则,承诺则采取发送生效原则即投邮生效原则,即承诺一经投邮,立即生效,合同即告成立,以此调和要约人与受要约人之间的利益冲突以达公正性。② 可见,是对价原则这一核心原则和理论造就了英美合同法中的要约（撤销）制度的特殊性。

---

① 当然,《美国统一商法典》（UCC）第2-205条已经在相当程度上改变了这一规则,值得关注与反思。

② 张纯：《论对价制度》,载《财经理论与实践》1997年第4期。

此外,对价原则还决定了英美合同法具有一个特殊的违约责任制度,这一点尤其体现在其特殊的归责原则受到了对价原则的强烈影响。对价原则的存在决定了英美合同法在违约归责原则方面采取严格责任原则的天然正当性。这是因为在英美法中,对价原则是决定一个允诺能够执行或对允诺人有约束力的核心要素和根据,只要受诺人对允诺人的允诺提供了良好的对价,那么该允诺就是可以强制执行的,他们之间的合同对当事人就是有约束力的。如果允诺人此时违反自己的允诺,不履行他们之间的合同,那么就必须依照法律承担相应的违约责任。由此我们可以看出对价原则对于违约责任承担的根本性。同时由于对价原则的内涵是讲究当事人间的利益对等或交易交换的问题,从本质上来看是一种典型的客观理论,所以它从来就不关心行为人的主观意思状态的界定①,当事人的主观状态对于其违约责任的承担没有根本的影响。也就是说,只要受诺人为允诺人的允诺提供了相应的对价,不管允诺人违反允诺时是因为故意、过失还是毫无过错,都要承担相应的违约责任。这便是对价原则基础上的严格责任的归责原则。当然,大陆法没有所谓的对价原则的制度设置,合同对于当事人的约束力主要源自当事人的主观意思的合意。既然合同的成立和履行都是根据当事人的主观意思进行的,那么决定是否由当事人承担违约责任也同样离不开对当事人的主观心理状态的考察,所以大陆法国家的合同法普遍采取"过错责任原则"的违约责任归责原则,从而与英美法的严格责任原则相区别。

其二,对价原则塑造了另一个贯穿英美合同法的重要原则——合同相对性原则和理论。

在英美合同法中,有两个原则是支柱性的:对价原则和合同的相对性原则。尽管合同相对性原则在英美合同法领域中历来争议颇多,但"长期以来一直都是英国合同法的核心部分"②。一直以来,对于英美合同相对性原则确立的原因是有争论的。主要存在内因说、外因说和混合说三种不同的观点:内因说认为英美合同相对性原则主要是英美法内部作用的结果;外因说认为英美合同相对性原则确立的主要原因在于大陆法意思理论的外部影响;混合说则认为英美法内部作用和大陆法的外部影响是英美合同相对性原则确立的共同原因,无所谓主次。笔者认为,英美合同相对性原则是普通法对价原则内部演变的结果,原因如下:

在 1861 年 Tweddle 案之前,英国并无所谓"合同相对性原则或规则"的

---

① 张纯:《论对价制度》,载《财经理论与实践》1997 年第 4 期。
② Ewan Mckendrick, *Contract Law*, 4th edition, 2000, Palgrave Publishers, p.133.

问题,在大量的有关受益第三人的诉讼案件中,法院都判决第三人可直接要求合同当事人履行其允诺。但随着对价原则的完善,人们发现在涉他案件中判决第三人胜诉与对价原则中的"对价必须由受诺人发出"(允诺或合同才会有执行力)的规则相矛盾,而矛盾的结果是必须要一方战胜另一方。由于对价理论和原则是英美合同法多年来一直坚持的根本原则,因此,便只能在有关第三人的案件中作出符合对价原则的判决,Tweddle 案就是依对价原则对此问题做出的了结。其后,合同的受益第三人都不再享有强制执行合同当事人允诺的权利,这种权利成为当事人的专利,这样合同相对性原则便在英国得到确立。

但尽管 Tweddle 案在历史上被视为现代意义上英美合同相对性原则得以确立的标志和开端,该案却是依据对价原则而非其他原则作出判决的,我们可从该案有关的评论和推理中得出此点结论。法院之所以判决原告败诉,是因为原告是"该合同对价的局外人"(a stranger to the consideration)①,也就是说,原告并没有向合同当事人提供对价。如果承认原告(第三人)的诉权,便不符合"对价(义务)的相互性"原则(Mutuality of Consideration),从而导致"不公平"(英美法比较注重公平问题)的出现。此处,所谓对价的相互性,是指双方契约中,要求双方当事人必须同受约束,不然均不受约束(both parties must be bound or neither is bound)。② 正因为在 Tweddle 案中,法官用以判定原告是否享有合同诉权的标准仍然沿用了 18 世纪的对价原则,因此便一直存在一种观点:将现代合同相对性原则在普通法上的确立归功于 Tweddle 案,不过是后世法学家不合史实的附会之说。③ 但尽管如此,传统观点仍然一致认为 Tweddle 案是英美现代合同相对性原则的开端和标志。

因此,从确立合同相对性原则的 Tweddle 案的判决推理过程可以看出,英美法之所以确立合同相对性原则,是为了使关于受益第三人的合同纠纷能在符合对价原则的基础上得到完满的解决,以达致社会公平。作为一个崭新的规则,其确立和得到普遍的公认就需要某种理论基础的支持和解释,对价原则及其具体规则恰好起到了这种作用,从而实现了英美法在涉他合同纠纷等问题上对公平价值的诉求,完成了英美普通法正常的内部演化。在合同相对性原则确立的整个过程中,我们根本看不到大陆法意思理论的踪影,普通

---

① See Robert Upex, *Davies On Contract*, 7th ed. London: Sweet & Maxwell, 1995, p.30.
② Sala & Ruthe, Inc. v. Campbell, 89 Nev. 483, 515 P. 2d 394(1973); 1 Williston §105 A. 参见杨桢:《英美契约法论》,北京大学出版社 2003 年版,第 79 页。
③ See Vernon v. Palmer, *The Paths to Privity of Contract*, Austin & Winfield Publishers, 1992, pp.163—174.

法的自身演化才是现代英美合同相对性原则得以确立的根本原因之所在。合同相对性原则虽在大陆法意思理论波及英美的大背景中形成,并且使得合同相对性形成固定的理论和原则的动力也都来自大陆法抽象思维和体系化逻辑的启发,但意思理论对其形成并非关键,它对合同相对性原则的促成作用是间接的。与对价原则一样,合同相对性原则也主要是英美法内部演化的产物。在现代的英美法中,对价原则和相对性原则的关系已成为人们十分感兴趣的一个话题,人们普遍认为:"对价原则中的'对价必须由受诺人提供'规则与合同相对性原则密不可分,它们被视为看待同一问题的不同方法";或者说,"对价原则与合同相对性原则是一个原理的两个方面"。① 恐怕,这不是没有历史渊源的。

其三,决定了允诺禁反言原则。

英美法中的允诺禁反言原则(doctrine of promissory estoppel)是指,在适当个案的情形下,使得赠与允诺或其他无偿允诺产生法律约束力,而得以强制执行的原则。最早确立"允诺禁反言"原则的典型判例是英国的丹宁法官(Lord Denning)所作的高树案(High Tree)判决。② 随后,允诺禁反言原则便成为英美法尤其是美国合同法中的重要原则,为两次美国合同法重述所确认并在现实中得到广泛应用。

当然,允诺禁反言原则的诞生是源于对价原则应对社会生活之不足,为了迎合典型事件之外的无偿赠与允诺在新形势下要求可以执行的社会背景,以达致社会公正,于是便出现应对这种非典型事件的允诺禁反言原则。但是,这一原则从本质上来看仍然是对价原则的一种例外和补充,其范围也基本上是由对价原则的不同理论内涵所决定的。例如,英国合同法的对价原则采取内涵较为宽泛的获益受损理论,所以作为其例外和补充的允诺禁反言原则就相对较为狭窄,适用情形也较少,到现在基本上还局限于"是盾而不是矛,不可作为独立的诉因"的阶段。并且有学者甚至认为,允诺禁反言是美国法的一个独有概念,英国只有一个案例认可过这一概念。③ 与此不相同的是,美国合同法的对价交易理论在限制当事人责任方面内涵较为狭窄(迎合了资本主义发展初期对资本家责任限制的需要),于是作为其例外和补充的允诺禁反言原则便有了广阔的发展空间,在现实中得到广泛应用,体现了美国法的开放性。总之,英美法的允诺禁反言原则还是由更为根本的对价原则

---

① Robert Upex, *Davies On Contract*, 7th ed. London: Sweet & Maxwell, 1995, pp.30,172.
② Central London Property Trust Ltd. V. High Trees House Ltd., (1947) K.B. 130.
③ Gordon D. Schaber, Claude D. Rohwer, *Contracts*, West Publishing Company, 1997, p.120.

所决定的。

总之,对价原则在整个英美合同法中居于非常核心的地位,决定了英美合同法中允诺执行这一关键问题,起到了促进私法自治、实现社会正义和整合与型塑英美合同法制度与理论体系的功能。尽管对价原则的要件是极为抽象和概念化的,但也正是因为这种抽象,这个原则能够以自然合理和在更为一般的意义上完成它的使命。①

(四) 对价原则的消极功能:弊端

所谓法律的负面功能,也称消极功能,是指法律的实现将引发社会内部的关系紧张,分割社会体系内部的协调、稳定局面,降低社会系统的活力。② 任何法律制度都不可能是十全十美、没有瑕疵的,对价原则同样也不例外。对价原则的负面功能主要源自其违背当事人自治的"公法"性,因为合同法从总体上来看是一个极度尊重个人意思的私法部门,对价原则使得个人意志屈从于"君主意志(will of sovereign)"的事实显得非常刺眼。它否定当事人使自己作出的允诺具有法律上的约束力的意图,而不管他们获得允诺执行这一结果的意图是多么明显和清楚。③

1. 侵害私法自治

一般说来,只要自己喜欢,人们就可以做出任何种类的私法协议,但遗憾的是,公共权威并不会确认或执行全部这些协议,而对价原则就是国家等公共权威行使这种选择权的一种主要方法,帮助国家作出允诺能否强制执行的决断。因此可以说,对价不仅是一种形式,也是通过对特定的允诺不予执行来对合同自由所进行的一种实质限制。④ 阿蒂亚教授在其《合同法导论》"对价原则"一章的开篇便说道,对价原则通常被律师认为是限制个人自由作出法律上有约束力允诺的一系列规则。⑤ 从而将对价原则明确界定为与合同自由相悖的事物,此点也成为反对者对对价原则的主要攻击点。因为,在自由理论家看来,对价原则与私法自治的确并不一致,对价原则在承认允诺可执行性的同时,也在否定当事人执行单方允诺的自由,这就是一个明显的悖

---

① 〔加〕Peter Benson:《合同法的统一》,载 Benson:《合同法理论》,易继明译,北京大学出版社 2004 年版,第 202 页。
② 付子堂:《法律功能论》,中国政法大学出版社 1999 年版,第 56 页。
③ Duncan Kennedy, From Will Theory to the Principle of Private Autonorny: Lon Fuller's "Consideration and From", *Columbia Law Review*, January 2000, p.108.
④ Lon Fuller, Consideration and Form, 41 *Colum. L. Rev.* 800 (1941).
⑤ 〔英〕P. S. 阿蒂亚:《合同法导论》,赵旭东等译,法律出版社 2002 年版,第 121 页。

论。对价原则"是作为家长主义的方案设计实施的,其限制了私人关系中当事人的自由"①,具有侵害当事人私法自治等诸多弊端。

对价原则限制个人自由和私法自治的功能的确体现了合同法家长主义的制度设计。② 但从合同法的历史来看,尽管合同法一向以"私法"和合同自由自居,但其迄今为止的有关发展历程都与家长主义的观念和制度机密相连。③ 家长主义的制度并非与合同法理念完全不相容,相反,即使是像对价原则这样极端家长主义的东西也有其相当的合理性与正当性(上文正面功能的论述即是其明证)。例如,赠与等无偿允诺因为缺乏对价而不能强制执行的合理性就在于:赠与等无偿允诺是利他主义的(altruism),而"利他主义者不能很好地进行自我保护,所以法律将保护他们并使其免于自己允诺的束缚"。④ 这在一定程度上解释了英美法家长主义制度和理念的合理性。

但不管怎么说,家长主义的对价原则客观上会起到侵害当事人私法自治和合同自由的功能则是不争之事实,所争论的只是社会能在多大程度上容忍对价原则的此种负面功能。由于合同法和对价原则都是一种完全世俗化的法律制度,所以能了解一个完全世俗化的常人是如何看待对价原则的,将会大大有助于我们把握对价原则真正的现实处境。James Gordon III 先生在其《关于对价的对话》的著名文章中指出:在常人看来,如果用自由市场的观念来分析对价原则或制度,必将是徒劳的,注定是要失败的。这是因为,对价原则从不确认私法当事人所确认的各种形式的价值,反而却限制自由市场及其价值观念。由此,对价原则便成为侵害当事人的私法自治的产物,是当事人自由意思的对立物。用高登先生的话说就是:"对价原则是被设计来对抗当事人自身的、极富家长主义(paternalistic)色彩的一个原则,而不是能提高自由市场的一个原则。"⑤高登先生关于"对价是对抗当事人自身、限制市场自由的原则"的举例为即使合同双方当事人在签订原合同及修改合同时,也都仍然愿意以"不受限制终止合同条款"(unrestricted termination clauses)赋予一方当事人以无限终止权,但此种商业合同及修改合同还是不可强制执行的,而不管当事人的意思如何,其原因就在于该修改合同缺乏对价的支持。

---

① 〔英〕P. S. 阿蒂亚:《合同法导论》,赵旭东等译,法律出版社 2002 年版,第 155 页。
② 同上书,第 123 页。关于对价原则的家长主义与合同自由、私法自治理念的悖论的具体内容,可参见 P. S. Atiyah, *Essays on Contract*, Clarendon Press, 1986, p. 127. James Gordon III, A Dialogue about the Doctrine of Consideration, 75 *Cornell L. Rev* (1990), 990.
③ E. Allan Farnsworth, Promises and Paternalism, *William and Mary Law Review*, February, 2000, 385.
④ James Gordon III, A Dialogue about the Doctrine of Consideration, 75 *Cornell L. Rev* (1990), 993.
⑤ Ibid., p. 995.

这在商人们看来是对他们商业行为和自由意思的否定,是对市场自由价值的冲击和否定,甚至是荒唐的。因为这种商业合同及其修改协议花费了Marchant先生及其公司大量的事件和金钱,他们不可能是为了好玩,而是对他们有着相当大的商业价值的。① 如果法律将这种商业合同及其修改协议定性为不可强制执行的,不仅会侵害当事人的自主观意思,更重要的或许是,签订商业合同和修改合同的另一方当事人的期待和信赖受到了极大的损害,如果他们慢慢了解这种家长主义但不合商业惯例做法的制度的话,他们或许就会根本不会签订此项修改合同。那么如此一来,Marchant先生及其公司的商业存续利益和预期利益都将化为泡影,对社会则贻害无穷。于是,对价原则侵害当事人私法自治功能的直接和间接的不良效果便表露无遗。

2. 技术偏离价值的弊端,背离法律制度之本旨

首先,对价原则仍然受到早期程序法历史的制约和羁绊。对价原则起源于早期英国法的诉讼形式,尽管现代的对价原则和合同法早已成为一种实体性的法律制度,但对价原则仍然带有早期诉讼形式的色彩则是不争之事实。当然,些许的形式色彩应当不会影响对价原则足以承载实质社会价值的成色,但可悲的是,至今仍然有学者尖锐地指出,实体法早已脱离了诉讼形式的摆布,而诉讼法早已成为单纯的程序法。可是,我们的对价学说仍然是被在历史上基于那些简单合同所由强制执行的诉讼形式的程序要件以很强的逻辑精确性发展起来的学说支配着。……可以提出这样一个问题,即以其现有形态,它的缺点是否并未超过它的优点。……事实上,就其现有形态来看,对价学说是一种过时的事物。② 它并不适合于美国法院所适用的法律。正如霍兹沃思所说,除了执行它的法官们由于其历史知识的贫乏而对演进过程视而不见,"实体法"已经不再是一个束着"引带(leading string)"学步的幼童;而"对价学说"本身属于实体法。这一论述极其适合于《合同法重述》,如果该《重述》本身并未使法官们脱离它设下的定义(第75条)的"引带"的话;这一定义特别指出,许多非正式允诺在欠缺如此界定的对价的情况下亦能够强制执行(见第85—92条)。霍兹沃思自己以及后来的马克拜(Markby),也承认该学说就其采用的狭义的和"逻辑上精确的"形态而论,不应成为"检验简单合同之有效性的唯一标准"。早期程序法的历史制约逐渐凸显了对价原

---

① James Gordon III, A Dialogue about the Doctrine of Consideration, 75 *Cornell L. Rev* (1990), p.989.

② 〔英〕霍兹沃思(Holdsworth),《对价学说的现代历史》,再印于《合同法文选》第61页。转引自〔美〕A. L. 科宾:《科宾论合同》,王卫国等译,中国大百科全书出版社1997年版,第218—219页,引注7。

则的弊端和弱点。

其次,对价原则的纯粹技术化消解和抛弃了其所承载的实质价值。在历史过程中,对价原则从一种允诺执行的原因逐步变成了(被看成了)纯粹的技术原则,虽然这方便了人们的认知和法律的运作,在一定程度上统一了允诺执行的理论标准和操作实践,带来了法律的确定性,但技术化的背后就是英美法所一直排斥的形式主义和逻辑僵化的弊端。纯粹的形式主义规则如胡椒子规则、名义对价规则等充斥于对价原则之中,忽视对价原则的实质价值。高度技术化的对价原则则导致了允诺执行标准的僵化,牺牲了英美法的固有的灵活性,在技术化的对价原则的统治之下,英国法律、法官的灵活性和创造力备受压抑,法律和法官对社会正义价值的终极追求也因为对价原则的僵化性而难以为继。这样,对价原则便与正义和允诺执行的愿望等实质价值断绝了关系。于是,一个有着实质对价的允诺可能是不可执行的;而一个没有实质对价的允诺又可能是可以执行的。[1] 因为,对价原则在某种程度上已经异化为一种没有价值依托的纯粹的技术性教条,背离了对价原则产生之初人们对其承载实质"正义性"价值的良好愿望。

3. 对价交易原则的非全面性:对价原则例外的涌现

对价交易原则昭示的是商业社会的一种一般原则,即等价交易而非无偿捐助是社会交易的一般形态。罗伯特·考特和托马斯·尤伦在他们的《法和经济学》一书中曾经指出:交易理论是以一种法学理论中常用的方法为基础的,即识别并提取受该法约束的典型事件中的基本要素,然后将这些要素提高到法律原则的水平。在合同法里,典型事件是交易,而其基本要素则是要约、承诺和对价。将这些要素提高到法律原则的水平上,于是对价交易原则便断言这些要素是议和允诺可得强制执行的充分条件。……对价交易理论的方法和进路的优点在于它对典型事件解释得非常好,这就是把交易理论作为合同理论的良好入门的原因所在。这一方法的缺点在于它没有解释非典型事件。更糟的是,它导致了对非典型事件一概不予考虑的教条。[2]

于是,对对价的交易理论便有了两种迥然不同的批评:第一,有许多没有对价支持的允诺,强制执行这些允诺有助于人们协调他们对私人目标的追逐行为,但在交易理论中却是不可强制执行的。第二,对许多有对价支持的允

---

[1] P.S. Atiyah, Consideration: A Restatement, in *Essays on Contract*, Clarendon Press, 1986, p.186.

[2] 〔美〕罗伯特·考特、托马斯·尤伦:《法和经济学》,张军等译,上海三联书店、上海人民出版社1994年版,第313页。

诺来说,强制执行这些允诺会违背为人们所广泛接受的公平标准。这两种批评有一大串例外,这么多的例外使交易理论丧失了它的大部分魅力。①

  对于赠与等无偿允诺这些现代商业社会所谓的非典型事件,支持其强制执行的声音日渐成势,不只因为人们的正义观念和主流行为模式在发生变化,而且也同样是为了保护作为商业社会基本价值的信用维持和信赖保护。

---

① 〔美〕罗伯特·考特、托马斯·尤伦:《法和经济学》,张军等译,上海三联书店、上海人民出版社 1994 年版,第 313 页。

第四章 古典契约法核心原则的形成与流变:合同相对性原则

一、所谓合同相对性

合同制度是展现整个市场经济特征的制度,体现了市场的交易规则,因此在市场经济一统世界的情势之下,合同制度成为各国具有最小差异的法律制度也属必然①,因为统一之市场需要统一的交易规则。当然,两大法系在合同法律制度上的趋同主要还在于对合同本质的相同认识:合同是调整特定当事人之间相对关系的协议。这一点我们可以从两大法系对合同的权威定义中得到确证。在大陆法系,合同是一种协议,依此协议,一人或数人对另一人或另数人负担给付、作为或不作为之债务。也就是说,"合同在所有参加的权利主体之间的关系方面是一种发生法律约束力的双方行为。他们在合同中所确立的规则原则上只适用于他们自己"②。"合同当事人原则上不可能干涉第三人的法律地位"③。当然,更为经典的表述出现在1804年《法国民法典》的规定中。该法典第1134条规定:"依法成立的合同,对于缔约当事人双方具有相当于法律的效力";第1165条规定:"合同仅于缔约当事人间发生效力;双方的合同不得使第三人遭受损害。"(本条在法国被称为"合同相对效力规则")。也就是说只有合同当事人才享有合同的权利,承担合同的义务,合同是一种相对关系。而在英美法系中,合同通常被解释为协议或允诺,合同的一般概念为:两个以上当事人间具有法律约束力之协议(binding agreement),或由一个以上当事人所为一组具有法律约束力之允诺。因此,

---

① 虽然英美合同法中也存在"对价"这一比较特殊的原则和制度,但这与英美的财产法(尤其是地产法或不动产法)的特殊性相比,根本算不了什么。因此,相对来说,两大法系在合同法领域总体差别不大,且统一也较容易。类似观点可参见刘得宽:《大陆法与英美法——现行民法系属于大陆法系》一文,载刘得宽著:《民法诸问题与新展望》,中国政法大学出版社2002年版,第588—590页。

② 〔德〕卡尔·拉伦茨:《德国民法通论(下)》,王晓晔、邵建东、程建英、谢怀拭译,法律出版社2003年版,第718页。

③ 〔德〕马滕斯(Martens):《法律行为与第三人的利益》,载《民事实务档案》第177卷,第113页。转引自〔德〕卡尔·拉伦茨:《德国民法通论》,王晓晔、邵建东、程建英、谢怀拭译,法律出版社2003年版,第718页,引注2。

从根本上来说,两大法系的合同法律制度都是以"合同的相对性"这一本质特征作为其前提的,合同相对性是两大法系所共同承认的理论和关心的问题[1],大陆法与英美法皆具有相对性理论的思想根基与制度表述,因为这是由合同自身的性质决定的。只是由于两大法系具有殊异的法律传统,合同的相对性特征在制度表述上必然有其差别。具体表现在:在大陆法国家,由于合同属于债的发生原因之一,合同制度被涵容于整个债法的体系中,因此,通常在解释合同当事人的相对性的问题时,我们首先要援引债的相对权性质及其理论,独立的合同相对性理论的空间便受到一定程度的挤压;但在英美合同法中,如前文所述,有两个原则是支柱性的:对价原则(doctrine of consideration)和合同的相对性原则(doctrine of privity of contract)。由于英美没有所谓的债法理论和体系的问题,合同相对性原则便有着明显突出的地位和作用。可见,两大法系对合同相对性问题的共同关注和不同的制度设置,为合同相对性的比较法研究提供了很好的基础和素材。[2] 但从历史来看,两大法系在合同相对性的问题上又是存在明显差别的,这种差别主要体现为大陆法和英美法在现代意义上合同相对性的确立过程的不同:在大陆法中,现代意义上合同相对性是通过新出现的意思理论对合同相对性作出全新的解释而得以确立的;但在英美法中,现代合同相对性原则的确立是普通法内部演化的必然结果,是普通法为了实现公平的价值诉求而通过对价理论和原则进行推演、加以固定得出的理论规则。正是由于合同相对性原则只有在两大法系对比的基础上才能看出其特殊性和重要性,因此本书尽管是关于英美契约法的著作,但作者还是决定将英美合同相对性原则的形成和流变的解读放置在大陆法和英美法加以比较的角度进行,特此说明。

---

[1] 例如,著名的比较法学家勒内·达维就认为,在合同相对性(privity of contract)方面,最初法国法和英国法规定了同样的原则。参见〔法〕勒内·达维:《英国法与法国法:一种实质的比较》,潘华仿、高鸿钧、贺卫方译,清华大学出版社2002年版,第139页。李永军先生甚至认为,契约的相对性原则是古典契约法体系构建的第一块基石(cornerstone),没有契约相对性理论,就不会有意思自治或契约自由,也就不会有真正意义上的私法体系。参见李永军:《合同法》,法律出版社2004年版,第444页。

[2] 这是因为,比较研究成立的一个基本前提就是被比较的制度存在"同"与"不同"的双重情形。所谓"同",就是指各比较项之间有比较可能性(可比性);所谓"不同"就是指能在被比较的制度中"寻找距离""辨析差异"。参见〔日〕大木雅夫:《比较法》,范愉译,法律出版社1999年版,第86页。〔美〕根特·弗兰肯伯格:《批判性比较:重新思考比较法》,贺卫方、王文娟译,载梁治平:《法律的文化解释》,生活·读书·新知三联书店1998年版。

二、大陆法系合同相对性的缘起与解释论的演变

合同的相对性是合同的根本性质与基本特征,从合同在历史中诞生之日起,他就具备了相对性的特征。因此,要考察合同相对性的历史起源就不得不回顾合同本身的历史。

(一) 一般到个殊:从债的相对性到具体合同相对性的传递

与英美法系相比,大陆法的一个显著特征就在于"体系性思维(Sytemdenken)"[①]与体系化贯穿其中。就合同来说,它只是债的多种发生原因之一,我们不能脱离整个债法体系来谈论合同或合同法。

在罗马法上最早出现的是"债"的概念。因此,我们首先来看一下什么是"债",债为什么具有相对性? 罗马法中的"债"(obligatio)一语,"乃指'nexum'或'teneri',即'Juris Vinculum'之意,为法之锁,用以表示债权或债务,或债之关系,而拘束(Gebundenhheit)当事人之状态也"[②]。从词源学上讲,债这一概念的意思表示彼此间的约束,也就是把债权人和债务人联系在一起的纽带。正是因为该纽带的存在,一方当事人才有义务履行某些行为或表示某种容忍,而另一方当事人才有权接受这些行为或容忍,第三人至少在原则上是不受影响的。[③] 也就是说,债只能拘束当事人而不约束当事人之外的其他人,"是一种人权(jus ad rem)或对人权(right in personam),而与对全世界有效的权利或财产所有权的物权(jus in re)或对世权(right in rem)相区别"[④]。因此,从以上对债的概念的界定和分析中,我们可以看出,罗马法中的债天然地具有相对性,债这一"法锁"是约束特定当事人(指债权人和债务人)而非特定当事人之外的人的锁链,债具有"对人权"的性质界定也将债的效力范围限定在了特定人之间。在这里,债的相对性的性质是对债这一客观现象和债权债务当事人之间的客观关系的一种自然而直观的描述和解释。当然,早期社会中债的这种相对性还因为债之关系的严格人身性而得到强化。债务人以其人身作为对债务的担保,于是"债务人的人身成了抵押物,假如债没有偿还,债权人就可以没收此'物'",甚至"在没有偿还的情况下,

---

① 英美则更注重的是问题性思维(problemdenken)。参见〔日〕大木雅夫:《比较法》,范愉译,法律出版社1999年版,第123页。
② 林诚二:《民法理论与问题研究》,中国政法大学出版社2000年版,第206页。
③ 〔英〕巴里·尼古拉斯:《罗马法概论》,黄风译,法律出版社2000年版,第168页。
④ 〔英〕梅因:《古代法》,沈景一译,商务印书馆1959年版,第178页。

他可以杀死或关押债务人,或将其出卖为奴。十二表法规定,如债务人为多人,则可以将债务人杀死并切成几块"①。以债务人人身和人格作抵押的债具有严格封闭性和不流动性,转让(广义上的相对性例外)都是不可能的,更谈不上突破严格的相对性而直接对第三人发生效力的问题了。

但在罗马法上,合同概念不是跟债的概念同时,更不是早于债的概念而出现的,债的概念产生在先。其实,正如英国著名的法史学家梅因所说:法律概念和法律用语"所经历的变更似乎是从一般到特殊的一种变更;或者,换言之,古代的概念和古代的名词是处于逐渐专门化的过程中。一个古代的法律概念相当于不仅一个而是几个现代概念"。例如,"'耐克逊'的原意是一种财产让与,在不知不觉中也用来表示一个'契约'"②。当然,这一论断也适用于合同概念产生时与债的关系问题。合同是一个逐渐出现的概念,就像在英国法中一样。但是,如果我们以为合同的概念跟协议一样是一直存在的,我们将会对罗马法的历史产生误解。早期法可能只不过有一种不加区分的债的概念,即某人欠另一人一定的物或者钱款。某人侵害了他人、损坏或者偷窃了他人的财产,某人完成了一项创设债关系的要式行为,某人向他人交付一笔后者无权拥有或者不再有权拥有的钱款或者物品(比如借贷钱款),这些情形都可能使债产生。这三种债可能是不同的(第一种产生于私犯,另外两种产生于契约或者准契约),但是,在早期法中,所有这三种相似的情况都只表现为一种债。③ 合同概念是逐步从债的概念中发展出来的。

在合同从债的笼统概念中解放出来后,合同有了相对的独立性,但这种独立毕竟是"相对的"。合同既然是债产生的原因之一(或者用后世的语言来说,是债的一种),那么,它必然具有债的基本特征。相对性就是债的最基本的特性,因此合同天然地具有相对性特征也就不可避免。可见,合同的相对性特征是在合同形成的历史中从债的"母体"中传递过来的,说得更准确一点,这是一种类似于生命的"遗传"。当然,产生之初的合同相对性也具有相当的严格性。例如,在古典罗马法中,第三人便完全没有对合同当事人的任何独立的请求权,因为"任何人不得为他人订立口约"(alteri stipulari nemo potest)。④ 但由于大陆法中的合同法是作为债法的一部分而存在的,所以合

---

① 〔德〕马克斯·韦伯:《论经济与社会中的法律》,张乃根译,中国大百科全书出版社1998年版,第111页。
② 〔英〕梅因:《古代法》,沈景一译,商务印书馆1959年版,第178、182页。
③ 〔英〕巴里·尼古拉斯:《罗马法概论》,黄风译,法律出版社2000年版,第170页。
④ Ulpian, D. 45, 1, 38, 17. Also See Konrad Zweigert, Hein Kötz, *An Introduction to Comparative Law* (Ⅱ), p.125 (North-Holland 1977).

同相对性问题为债的相对性所包容,大陆法也就没有发展出像英美法那样独立的合同的相对性原则。

(二) 合同相对性解释论的变迁:从客观关系的相对性到主观意思的相对性——大陆法意思理论的产生与影响

1. 早期(债)合同相对性的基础——当事人的客观身份关系①

如前所述,从合同概念产生之日起,合同就天然的具有相对性的特征,因为这是由合同的本质(合同涉及特定当事人之间的关系)决定的。从罗马法以来,大陆法系都无一例外地承认合同的相对性,并将其作为合同法理论与制度展开的前提和基础。但是,在合同相对性为什么存在,也即合同相对性的理论基础的解释方面,大陆法系各国确实经历过一个很明显的转变过程:从客观关系的相对性到主观意思的相对性。

我们这里涉及的客观关系的相对性主要是说,人们对合同具有相对性特征的原因,纯粹是基于债和合同所具有只涉及特定当事人的客观(直观)表征和基本特性来作出合理性解释的。出现此种情形的原因主要有两点:首先,早期债与合同关系缺乏对当事人主观意思的关注,合同只是特定人之间的一种客观关系。从我们前面对债的起源的分析中可以看出,债(含合同)纯粹是一种债权人和债务人之间的客观的纽带和锁链,没有当事人的意思或意志因素起作用。在整个罗马法中也只不过仅仅发展出了四种重视当事人意思的"合意契约"。所以,在此意义上和基础上的相对性便不可能被指望是以当事人的主观意思为基础。债与合同的相对性性质是对债这一客观现象和债权债务当事人之间的客观关系的一种自然而直观的描述和解释。其次,早期债与合同所具有的严格的人身性强化了相对性的客观基础。当时的人们之所以认为债与合同具有相对性,就是因为债与合同只是特定的当事人之间的事情,与第三人(方)是没有任何关系的,因此是一种相对而非绝对的关系。当然,债与合同的此种相对性特征因为债之关系的严格人身性而得到强化。早期债和合同具有严格的人身性,十分注重当事人(主要指债务人)的人格和身份的特殊性,债务人甚至以其人身作为对债务的担保,于是"债务人的人身成了抵押物,假如债没有偿还,债权人就可以没收此'物',将它边为合法的占有",甚至"在没有偿还的情况下,债权人以债务人的人身作为

---

① 当然,笔者的此种观点并不是说近代以前的合同不依靠当事人的主观意思而成立。而只是说,早期的人们并没有从当事人的主观意思的角度来解释合同的相对性问题,因此,这只是就合同相对性解释方法(论)所作的判断。

执行的客体,他可以杀死或关押债务人,或作为抵押,或将其作为家奴或出卖为奴。十二表法规定,如债务人为多人,则可以将债务人杀死并切成几块"①。由于此种以债务人的人身作为债和合同履行的抵押和担保(直接导致第三人不能参与合同关系,不能受让合同权利、承担合同义务)现实的存在,当事人所形成的这种相对关系便变得封闭、不可流动。因此,人们基于对此客观相对关系的直观现象作出合同具有相对性的判断和解释,便比较容易地被人们接受了。

在大陆法系国家,这种基于当事人客观关系的合同相对性的解释论一直存在了很长时间,直到人们开始注重当事人的意思(意愿)在合同中的作用,对合同相对性的解释论才开始有所变化。

2. 基于当事人主观意思的合同相对性理论的形成——大陆法"意思理论"(will theory)的当然结果②

其实,早在罗马法中就出现了四种所谓的合意(诺成)契约:买卖(emptio venditio)、租赁(locatio conductio)、合伙(societas)、委托(mandatum)。"它们的共同特点是:都产生于单纯的协议(nudo consensu),也就是说不需要任何的形式或者任何的人体行为(例如像实物契约所要求的交付行为)。"③这表明当时的法律已经开始承认当事人的意思对合同形成的影响。但虽然合意成为该类契约得以成立的核心要素,"罗马法不同于现代民法,它并不单独

---

① 〔德〕马克斯·韦伯:《论经济与社会中的法律》,张乃根译,中国大百科全书出版社1998年版,第111页。

② 意思理论是能体现大陆国家私法特征的核心理论,其在合同法中展示得最为明显。合同法中的意思理论(具体为合同责任问题上的意思理论),是指所有的合同法规则都可以从"合同法重在尊重和保护合同当事人的主观意思"这一命题中发展出来。See Duncan Kennedy, From The Will Theory To The Principle of Private Autonomy: Lon Fuller's "Consideration and Form", *Columbia Law Review*, January 2000.本书所称意思理论也是在此一般意义上予以使用。它的发展包括自罗马法以来的对个人意思逐步承认的阶段,只是,在近代理性哲学对旧的经院哲学全面胜利之后,大陆国家的法律中才形成真正的意思理论。可见,哲学理论和观念在法律上的意思理论的形成中起到了决定性的作用。因为,大陆法国家受到理性(唯理)哲学而非经验哲学的影响而特别重视人的主观能动性,宣扬人的意志自由。如唯理哲学的开山鼻祖笛卡尔(笛卡尔也被认为是近代哲学的始祖)就把意志当做"自明"的真理,并认为我们的意志自由"可以同(上帝,即普遍理性本身——引者注)神圣的预先的命令相调和"。可参见陈修斋:《欧洲哲学史上的经验主义和理性主义》,人民出版社1986年版,第207、216页。此种哲学观念表现在法律上,就是重视民事主体主观意思和主观理性的作用,并逐步发展出了私法制度中的"意思理论"。当然,一般认为,意思主义思想或意思理论的谱系是从宗教哲学派开始,经过霍布斯(T. Hobbes)、普芬道夫(S. Pufendorf)和洛克(J. Locke)的传承,在卢梭(J. J. Rousseau)处开花,由德国的康德(I. Kant)集大成。到19世纪后半叶温德夏德(B. Windscheid)完成德国潘德克吞(Pandekten)法学时,意思理论才逐渐成熟的。See A. von Mehren J. Gordley, The Civil Law System Little, Brown & Co., 2nd ed;835—870,1977;木下毅:《英米契约法的理论》(第2版),东京大学出版会1985年版,第273页。

③ 〔英〕巴里·尼古拉斯:《罗马法概论》,黄风译,法律出版社2000年版,第181—182页。

提出这一概念并且将其一般化。它宁愿针对单个的契约就事论事地讨论这一要件"。① 因此，罗马法中的合同当事人的意思合意及相关理论还只处于形成阶段，但毕竟有了新的开始，表明当事人的意思已开始在合同中发挥作用。后来，教会法尤其是路德教有关个人权力和意志的观念大大扩张了个人意志的力量与作用。这种观念认为由于上帝的恩典，个人通过运用其意志可以改变自然和创造新型的社会关系。路德关于个人的观念变为近代财产法和合同法发展的中心。在此种观念的视野中，自然界变成了财产；经济关系变成了契约；良心变成了意志和动机。立遗嘱人通过对他们意志和动机的直率表达，能够在死后自由地处置他们的财产，企业主能够通过合同安排他们的营业关系。这样创设的财产和契约的权利，只要它们不违背良心，便是神圣的和不可侵犯的。②

但真正将当事人的意思之作用推向极致的是比较成型的"意思理论"的出现。成熟的大陆法意思理论产生于以理性哲学为思想基础的法国法、德国法。③ 自从法国的著名哲学家笛卡尔在欧洲大陆创立理性主义哲学并经德国的康德和黑格尔发扬光大之后④，欧洲大陆各国的法律也几乎完全成为理性哲学思维系统下的产品，尤其是在私法领域，当事人的意思成为使合同发生效力和决定效力范围的核心要素。《法国民法典》通过第1134条"依法成立的合同，对于缔约当事人双方具有相当于法律的效力"的经典规定，确立了大陆民商法的意思自治原则，这就标志着大陆法意思理论的成熟。法国学者卡尔波尼埃认为，意思自治是一种法哲学的理论，即人的意志可以依其自身的法则去创设自己的权利义务，当事人的意志不仅是权利义务的渊源，而且是其发生根据；在民法的体系中，合同是民事法律关系的核心部分，而个人意志则是合同的核心，亦即在合同的范围内，一切债权债务关系只有依当事

---

① 〔英〕巴里·尼古拉斯：《罗马法概论》，黄风译，法律出版社2000年版，第185页。
② 〔美〕哈罗德·伯尔曼：《法律与革命——西方法律传统的形成》，贺卫方、高鸿钧、张志铭、夏勇译，中国大百科全书出版社1993年版，第34—35页。
③ 当然，《法国民法典》在整体上是来自于自然法的法典编纂思想，其思想和概念是18世纪启蒙运动的自然法的产儿。而自然法学派普遍认为：缔约人的意思能产生有法律效力的债务是自然法的一个基本原则。因此，我们也不能忽视自然法思想对法国意思理论的影响与贡献。关于《法国民法典》制定的自然法背景，可参见〔德〕K.茨威格特、H.克茨：《比较法总论》，潘汉典、米健、高鸿钧、贺卫方译，法律出版社2003年版，第136页后。
④ 有关大陆的唯理(性)主义哲学的产生、发展的详细过程，可参见〔美〕梯利：《西方哲学史》，葛力译，商务印书馆2003年版，第305页后。当然，我们通常所说的"理性主义"一词，主要是指西欧16世纪末到18世纪初以笛卡尔、马勒伯朗士和斯宾诺莎、莱布尼茨等人为代表的哲学学派。参见陈宣良：《理性主义》，四川人民出版社1988年版，第1页。

人的意志而成立时,才具有合理性,否则,便是法律上的"专横暴虐"。① 当然,《德国民法典》所蕴涵的意思理论则更为发达,也更为重要,因为德国法创造出了以意思表示(Willenserklärungen)为核心并贯穿于民法典和民法理论整体的法律行为(Rechtsgeschäft)概念,这也就意味着民事主体的意思是民法中最为中心的概念。例如,根据一般的定义,法律行为之所以能够发生法律后果,是因为行为人具有引起法律后果的愿望(并将这种愿望表达了出来)。②

于是,在整个大陆法系私法中,当事人的意思成为万能的和至高无上的,合同法中一切理论与制度也当然都以意思来进行解释:合同不再是客观的相对关系,而是当事人意思的产物,缔结尚且如此,更不用说合同的效力范围了。当事人愿意跟对方缔结合同就是存在将合同效力限定在当事人双方之间的意思,那么相对性当然应当存在。③ 例如,用意思理论来解释一个买卖合同的相对性,我们就会看到,订立合同的当事人的通常意思是,合同产生的权利义务只与他们有关,而不及于他们之外的任何第三人。④ 因为这是他们以自己的意思订立的合同,与特定人订立合同本身就意味着他们只愿意与特定人发生相对的关系。当然,从当事人客观关系的相对性到主观意思的相对性的过程在一定程度上也体现了梅因所谓的"从身份到契约"的一个侧面,因为从身份到契约的过程也是一个当事人意思和合同自由逐步得到承认和重视的过程,而对当事人意思的承认与尊重则离不开"个人主义"思潮这一宏大背景,因为体现当事人意思核心的"个人自决原则"就是在"从集体走向个人的运动"(Carleton Kemp Allen语,用以直观地描述梅因的"从身份到契约的运动")中得到确立的。

---

① Carbonnier, Les obligations, p.45. 转引自尹田:《法国现代合同法》,法律出版社1995年版,第13页。亦参见尹田:《法国合同法中的意思自治原则》,载《外国法学研究》1993年复刊2,第10—11页。

② 〔德〕迪特尔·梅迪库斯:《德国民法总论》,邵建东译,法律出版社2000年版,第159页。

③ 尹田先生也在其《法国合同法》一书中以"意思理论"对合同相对性作出了解释。他认为,《法国民法典》第1165条的"合同仅在缔约当事人之间发生效力;合同不得损害第三人……"的规定(在法国被称为"合同的相对效力原则"),也同样反映了意思自治原则的要求。"因为,既然当事人的意志是合同权利义务的'原动力',那么,只有表达这种意志的人,才能受该合同的约束。"在此,尹田先生显然也是承认合同相对性的意思论基础,只是其作出的具体说明似有未当之处。因为,在真正的意思理论看来,当事人的意思不光决定合同的权利义务内容,也决定合同效力所及的范围。只有合同当事人才受到合同约束的原因不是因为"只有当事人才是表达合同意思的人"(这仍属合同相对性的客观关系解释论的范畴),而是因为当事人愿意合同仅在他们之间发生效力。参见尹田:《法国现代合同法》,法律出版社1995年版,第17页。

④ "The normal intention of persons who enter a commutative contract, such as a contract of sale, is that the rights and obligations engendered by the contract should attach to themselves alone." Konrad Zweigert, Hein Kötz, An Introduction to Comparative Law (Ⅱ), p.125(North-Holland 1977).

总之,这种以意思理论为基础的合同相对性的解释论,对合同相对性的确立和变迁过程有着重要的说明价值,标志着大陆法中现代意义上的合同相对性的最终确立。

三、英美法合同相对性原则的确立
—— 内部作用还是外力影响?

在英美合同法领域,合同相对性原则尽管历来争议颇多,但"长期以来一直都是英国合同法的核心部分"[1]。合同相对性原则与对价原则是合同法的两个根本原则,二者共同搭起了英美合同法的理论结构和制度框架。一般说来,对价原则是决定合同效力的核心要素,其功能在于决定受诺人或合同当事人能否强制执行一项允诺或合同,即"哪些允诺可以得到法律的强制履行"(which promises are legally enforceable);而合同相对性原则则是决定合同效力所及范围的核心要素,其功能在于确定合同当事人之外的第三人是否受合同的约束,是否享有合同权利、承担合同义务。[2] 或者如英国关于合同相对性的咨询文件所说:合同相对性原则关系到"谁能强制实施这些允诺"(who can enforce these promises)。[3] 但现代意义上的英美合同相对性原则是如何得以确立的,其与大陆法的过程有何区别? 这就是本部分的主题。

(一) 现代英美合同相对性原则确立之历史纵览

罗马法是整个现代西方法治文明的渊源,罗马法中有关合同是当事人之间的一种相对关系的论述,对英美法有参照适用的价值,只不过英美法并没有继受罗马法系统的理论体系和法律思维方法,没有所谓的债权和物权的概念及划分,其合同法也完全在这种概念和理论体系之外独立形成与发展。但是,由于古英格兰已经具备了与古罗马时期一致的产生早期合同相对性(原则)的社会条件:"(1) 合同关系具有严格的人身性,所以不可能将合同权利

---

[1] Ewan Mckendrick, *Contract Law*, 4th edition, 2000, Palgrave Publishers, p. 133.

[2] 当然,在决定第三人能否享有合同权利的问题上,英美国家的法院最初是通过援引对价原则来作出判决的,这一点我们可以从合同相对性原则产生的几个权威判例(如 *Tweddle v. Atkinson* (1861) 和 *Dunlop Pneumatic Tyre Company Ltd v. Selfridge* [1915]) 中看得很清楚。其实,这也就牵涉到了合同相对性原则与对价原则的关系,对此问题笔者在后有专门论述。

[3] Consultation Paper No 121 para 2.1. See Also The Law Commission—Privity of Contract: Contracts for the Benefit of Third Parties, Part VI—The Third Party Rule and Consideration.

转让给陌生人;(2)当时有着严酷的人身处罚制度,在这种制度下债务人以人身担保债务,而债权人享有强大的自力救济权,这使得债权人的人格(如慈悲、公正等品质)成为每项交易的重要内容之一;(3)在当时的农业社会,极少发生信用和债务的交换,也几乎没有进行这种交换的机构;(4)人们普遍担心发生帮诉的情况;(5)简单的口式允诺还不具备法律上的拘束力。"同时,我们在英国法律史中看到,通常的专约(covenants)都是以一分为二的合同书形式来订立的,当事人各保留同一契据的一部分,当履行时则须双方当事人将契据对齐,以验证当事人身份,确定当事人权利。① (这一点也类似于中国古代的契。)在这种严格要求契据的形式和以物质形式来确证当事人身份和权利的规则和制度之下,合同的相对性必然地体现在了持有书面契据一部分的当事人的特殊身份这些客观方面,当事人的客观关系成为人们对合同相对性的最原始、最直观的理解和解释视角。所以,古代的英美法对合同性质的基本判断与古罗马法并无本质差别,都认为合同是当事人之间的一种相对关系,具有相对性特征。也就是说,两大法系在早期合同相对性的形成方面具有一致的存在论基础和认识论基础,于是上文有关罗马法中合同相对性的形成与确定过程便对早期英国法中的合同相对性也具有相当的解释与说明价值。

可见,英美法和大陆法的合同相对性都是起源于对合同当事人客观身份关系的直观描述(早期合同相对性的基础所在),是基于当事人的客观关系而对合同相对性所作的一种解释,但在从这种早期的原始合同相对性到"现代合同相对性"的过渡中(也即现代合同相对性的确立进程中),两大法系却因为逐步分野的法律思想传统和歧义的历史情境而表现出了截然不同的发展路径和过程。大陆法中现代意义上的合同相对性(当事人主观意思基础上的合同相对性)是在大陆国家的理性哲学和法律领域中的意思理论整体熏陶和浸淫之下逐步得以确立的,就其产生的情境来讲,是一种"自生自发"

---

① 杨丽君:《论英美合同相对性原则》,载梁慧星:《民商法论丛》(第12卷),法律出版社1999年版,第356—357页。关于专约当事人的客观性和相对性理论的关系,See Co. Litt. 143 n. 3,229a. See also A. W. B. Simpson, *A History of the Common Law of Contract*: *The Rise of the Action of Assumpsit* Oxford University Press, 1975, p. 35.

的内部思想之作用和本土进化之效果。① 但在英美法中,现代意义上合同相对性原则的确立过程较为复杂,确立时间也较晚。出现这种差别的原因主要在于,我们无法用大陆法的意思理论来对英美合同法的发展历史和发展阶段作出分析或说明,因为英美法有着自己独特的理论系统和发展路径。所有针对现代英美合同相对性原则确立的判断和结论都应当在对其进行的真实历史观察之后得出。纵观历史,我们可以发现,英美合同相对性原则的确立主要经历了以下三个阶段:

第一个阶段为合同相对性原则的缺失阶段。如前所述,早期的基于当事人客观的缔约关系的、较为原始的合同相对性在古英格兰早已存在,这也是合同自身的相对性特征和本质之所在。但英美合同的此种相对性特征并没有在短期内进一步膨胀和扩张,进而形成贯穿整个合同法的严谨而统一的法律规则或原则——现代的合同相对性原则。其实,正如丹宁法官(Denning LJ)所说,普通法最初的框架中并没有合同相对性原则或原理的容身之处。相反,在1861年之前的200年里,如果某人为了第三人的利益而在简单合同中公开地作出一个可以由第三人强制执行的允诺,则尽管该第三人不是合同的当事人,普通法也会在该第三人的要求下强制执行此允诺,这是一个相当固定的法律规则。② 同时,在16和17世纪(这一时期通常被视为英美合同相对性原则的形成期——引者注)的权威典据中也有着一个承认受益第三人诉权的显著的历史线条。③ 此期间,英国法院在相当数量的为第三人利益合同诉讼案中都判决受益第三人胜诉,合同相对性的规则却不为人知。论者认为,现代合同相对性原则在当时尚未产生,处于缺失的状态。当然这主要是"因为支持现代合同相对性原则的两个基本规则——'合同仅在缔约人间发生效力'规则和'受许诺人必须支付对价'规则——在当时还未占据主导

---

① 在此,我们不仅想起了哈耶克的"自生自发社会秩序"的概念和理论,但本书中的"自生自发"的概念是指理论和制度变迁的基础是大陆国家自身社会"内部"的,从而与受外部社会的影响而引致的变迁相区别。因此,这与哈氏所主张的"自生自发秩序"(含"自然"和"人之行动而非人之设计")体现的进化论理性主义和"主观建构秩序"(含"人为")体现的建构论唯理主义的区分是大不相同的。当然,除了适用语境之外,相关差别还在于:自生自发的内部作用与外力影响的区分一般并不带有价值上的判断,而只是一种事实描述;但哈氏意义上的自生自发与主观建构的区分则较明显地展现出对前者秩序大加赞赏与宣扬之取向。参见〔英〕弗里德里希·冯·哈耶克:《法律、立法与自由(第一卷)》,邓正来译,中国大百科全书出版社2000年版,第19页后。至于自笛卡尔以来的唯理哲学对主观建构主义的影响,See Hayek, *Studies in Philosophy, Politics and Economics*, Routledge & Kegan Paul, 1967, p.96.

② [1954] 1 QB 250, 272.

③ V Palmer, The History of Privity—The Formative Period (1500—1680) (1989) 33 *Am J Leg Hist* 3.

地位"①。

第二个阶段是合同相对性原则的初步确立阶段。在英国法律史中,1861年 Tweddle v. Atkinson 案被公认为英美法现代意义上合同相对性原则初步确立的标志。在该案中,原告 William Tweddle 准备与某女结婚,而该女之父 William Guy 便与原告的父亲 John Tweddle 达成了一项协议,他们相互允诺将给予原告一笔钱,并规定原告有充分的权利起诉以获得该笔金钱。后来,原告的父亲如数如期对原告支付,但该女之父却在履行允诺之前去世了。于是,原告便起诉其遗产执行人(本案被告)(executors)请求支付该笔金钱。法院判决原告败诉,原告不能要求被告支付该笔钱款。Tweddle 案之所以被视作现代合同相对性原则的开端,并非在于它首次提出了合同的相对性问题,有了合同的概念,就有了合同相对性的特征和理论问题;亦非在于它对现代英美合同相对性原则作出了什么经典的表述,因为该案实际上是以对价原理作出判决的;而在于它形成了一个固定的原则性和制度性做法:即在此情形下,法院可以排除受益第三人起诉合同当事人并要求强制执行当事人允诺的权利。

第三个阶段为巩固合同相对性原则确立成果的阶段。Tweddle 案确立了合同相对性原则,但英美法长期承认合同受益第三人诉权的传统惯性和形成之初合同相对性原则缺乏说服力的理论基础的事实,使得合同相对性原则在司法实践中并不稳固。因此,为巩固 Tweddle 案的实践成果,在随后的 Price v. East(1883)案中,法院也判决因为原告并非合同的当事人,因而不能要求损害赔偿,并且指出,违反合同之诉只能由提供对价的人提起。该判决再次否定了第三人的请求权,进一步强化了合同的相对性原则。② 但由于在上述案例判决后,人们对合同相对性原则仍然存在一定的疑问。于是,在 1915 年,上议院(英国实际上的最高法院)在 Dunlop Pneumatic Tyre Co. Ltd v. Selfridge(1915)案中又再次明确而正式地确认了合同相对性原则。其中哈尔丁法官(Lord Haldane LC)在判决意见中说:"在英国法中,有些原则是基础性的。其中之一就是只有合同的当事人才能就该合同提起诉讼。我们的法律不知道什么因合同产生的第三人的权利。"③至此,合同相对性原则便已在英

---

① 杨丽君:《论英美合同相对性原则》,载梁慧星:《民商法论丛》(第 12 卷),法律出版社 1999 年版,第 368 页。

② 当然,亦有论者认为,与 Tweddle 案相较,Littedale and Patteson LJJ 在 Price v. East(1883)案中,是真正基于合同的相对性原则作出判决的。See A. G. Guest, Chitty On Contracts, Volume 1, General Principles, 27th ed. London: Sweet & Maxwell, 1994, p.907 注 44。

③ Treitel, The Law of Contract, 9th ed. London: Sweet & Maxwell, 1995, p.591。

国深入人心,与对价原则一起成为合同法的核心。

(二) 英美合同相对性原则确立的根本原因——普通法的内部演化

根据上文的论述,我们知道,大陆法的合同相对性理论是在意思理论的影响下得以现代化的,意思理论的影响是大陆法现代意义上合同相对性得以确立的根本原因。反观英美法中现代合同相对性原则的确立过程,我们似乎很难认定其与大陆法意思理论存在直接的事实关联。那么,英美合同相对性原则确立的关键原因到底是什么,就成为我们不得不关心并予以解答的理论课题。

一直以来,对于英美合同相对性原则确立的原因是有争论的。主要存在内因说、外因说和混合说三种不同的观点:内因说认为英美合同相对性原则主要是英美法内部作用的结果;外因说认为英美合同相对性原则确立的主要原因在于大陆法意思理论的外部影响[①];混合说则认为英美法内部作用和大陆法的外部影响是英美合同相对性原则确立的共同原因,无所谓主次。三种观点的区别主要在于是大陆法的意思理论还是英美法的内部理论是现代英美合同相对性原则得以确立的关键因素,对此分论如下。

1. 大陆法意思理论对合同相对性原则的促成作用是间接的

一般认为,西方世界的合同法都经历过一个从早期(原始)到现代的转变,但两大法系在转变的成因和结果上却有所不同。大陆合同法的转变是以大陆法意思理论的形成为其根本原因和标志的。而通常所说的英美法的现代转变则是以所谓的古典合同法的形成为标志。阿蒂亚教授、吉尔摩教授和弗里德曼教授一致认为,英美合同理论是一个相对近期的创造物。尽管英国合同法有许多都可以追根溯源于中世纪,但是绝大部分有关合同的一般原则却是在18世纪及19世纪发展或精心设计出来的。[②] "这些基本原则,或许更多的是法院对合同问题的普遍处理方法,可以确切地被认为是合同法的传统或古典理论。"[③]英美古典合同法一般理论和制度的形成对于整个英美合同法来说就像哥伦布当年发现新大陆一样富有意义。

[①] 如杨丽君认为,普通法内部的渊源对现代意义上的合同相对性原则确立所起的作用仅是次要的。来自普通法系外部的大陆法的影响,才是导致现代合同相对性原则在普通法上确立的主要因素。但她没有指出这一判断的出处或得出此结论的根据。杨丽君:《论英美合同相对性原则》,载梁慧星:《民商法论丛》(第12卷),法律出版社1999年版,第414—415页。

[②] 〔美〕格兰特·吉尔摩:《契约的死亡》,曹士兵等译,中国法制出版社2005年版,第7页。

[③] 〔英〕P. S.阿蒂亚:《合同法导论》,赵旭东等译,法律出版社2002年版,第7页。

上述英美合同法一般理论的构筑的确受到了大陆法意思理论的深刻影响。① 要约与承诺、合同落空或受挫(Frustration of contract)、成立法律关系的意图等规则都是建立在"意思说(理论)"基础之上的。合同法一改过去"重履行而轻许诺"的传统,转而将重点放在允诺本身,这样合同的成立就具有了特别重要的意义。而且,对价和允诺的角色也颠倒了过来。在过去,对价是产生义务的基础,允诺仅是次要条件;现在,产生义务的根源成了允诺本身——一种出于自由选择的自主行为。② 可见,大陆法的意思理论及形而上的体系化思维对于19世纪英美合同法一般理论和制度的形成起到了十分重要的作用。

尽管大陆法意思理论促进了英美合同法一般原理的形成,且合同相对性原则也是在此大背景中出现,但我们因此而断言"大陆法意思直接导致了英美合同相对性原则的产生"却不符合历史真实。体现并决定英美合同法价值取向和精神向度的一些重大的理论和原则如"对价",早在17世纪时就已形成,而并不是在大陆法的影响下才得以产生的。合同相对性原则虽在大陆法意思理论波及英美的大背景中形成,并且使得合同相对性形成固定的理论和原则的动力也都来自大陆法抽象思维和体系化逻辑的启发,但意思理论对其形成并非关键,它对合同相对性原则的促成作用是间接的。与对价原则一样,合同相对性原则也主要是英美法内部演化的产物。

2. 英美合同相对性原则是普通法内部演变的结果

在1861年 *Tweddle* 案之前,英国并无所谓"合同相对性原则或规则"的问题,在大量的有关受益第三人的诉讼案件中,法院都判决第三人可直接要求合同当事人履行其允诺。但随着对价原则的完善,人们发现在涉他案件中判决第三人胜诉与对价原则中的"对价必须由受诺人发出"(允诺或合同才会有执行力)的规则相矛盾,而矛盾的结果是必须要一方战胜另一方。由于对价理论和原则是英美合同法多年来一直坚持的根本原则,因此,便只能在有关第三人的案件中作出符合对价原则的判决,*Tweddle* 案就是依对价原则对此问题作出的了结。其后,合同的受益第三人都不再享有强制执行合同当事人允诺的权利,这种权利成为当事人的专利。这样合同相对性原则便在英国得到确立。

但尽管 *Tweddle* 案在历史上被视为现代意义上英美合同相对性原则得以确立的标志和开端,该案却是依据对价原则而非其他原则作出判决的,我

---

① 木下毅:《英米契約法の理論》(第2版),东京大学出版会1985年版,第274—274页。
② P. S. Atiyah, *Promises, Morals and Law*, Oxford: Clarendon Press, 1981, p.33.

们可从该案有关的评论和推理中得出此点结论。法院之所以判决原告败诉，是因为原告是"该合同对价的局外人"(a stranger to the consideration)①,也就是说,原告并没有向合同当事人提供对价。如果承认原告(第三人)的诉权,便不符合"对价(义务)的相互性"原则(Mutuality of Consideration),从而导致"不公平"(英美法比较注重公平问题)的出现。此处,所谓对价的相互性,是指双方契约中,要求双方当事人必须同受约束,不然均不受约束(both parties must be bound or neither is bound)。② 实际上,在该案的推理中,"法庭就担心如果承认原告的诉讼请求,将要求被告在原告自己的父亲未履行其允诺之前,就须实际履行被告方的允诺。假使原告有权作为受益第三人起诉其岳父,却不必在原告自己的父亲违约的情况下承担任何责任,这显然有失公平"③。这就阻碍了未支付对价的缔约人及受益第三人享有合同诉权。正因为在 Tweddle 案中,法官用以判定原告是否享有合同诉权的标准仍然沿用了 18 世纪的对价原则,因此便一直存在一种观点:将现代合同相对性原则在普通法上的确立归功于 Tweddle 案,不过是后世法学家不合史实的附会之说。④但尽管如此,传统观点仍然一致认为 Tweddle 案是英美现代合同相对性原则的开端和标志。

3. 小结

总之,从确立合同相对性原则之 Tweddle 案的判决推理过程可以看出,英美法之所以确立合同相对性原则,是为了使关于受益第三人的合同纠纷能在符合对价原则的基础上得到完满的解决,以达致社会公平。作为一个崭新的规则,其确立和得到普遍的公认就需要某种理论基础的支持和解释,对价原则及其具体规则恰好起到了这种作用,从而实现了英美法在涉他合同纠纷等问题上对公平价值的诉求,完成了英美普通法正常的内部演化。在合同相对性原则确立的整个过程中,我们根本看不到大陆法意思理论的踪影,普通法的自身演化才是现代英美合同相对性原则得以确立的根本原因之所在。在现代的英美法中,对价原则和相对性原则的关系已成为人们十分感兴趣的一个话题,人们普遍认为:"对价原则中的'对价必须由受诺人提供'规则与合同相对性原则密不可分,它们被视为看待同一问题的不同方法";或者说,

---

① See Robert Upex, *Davies On Contract*, 7th ed, London: Sweet & Maxwell, 1995, p.30.
② Sala & Ruthe, Inc. v. Campbell, 89 Nev. 483, 515 P. 2d 394(1973); 1 Williston §105 A. 参见杨桢:《英美契约法论》,北京大学出版社 2003 年版,第 79 页。
③ P. S. Atiyah, *The Rise and Fall of Freedom of Contract*, Oxford University Press, 1979, p.143.
④ See Vernon v. Palmer, *The Paths to Privity of Contract*, Austin & Winfield Publishers, 1992, pp.163—174.

"对价原则与合同相对性原则是一个原理的两个方面"。① 恐怕,这不是没有历史渊源的。

四、合同相对性原则的未来

合同所具有的承载特定当事人之间相对关系的客观特性,决定了"合同相对性"是两大法系共同关心的理论课题。但从历史的角度看,两大法系在合同相对性的问题上又是存在明显差别的,这种差别主要体现为大陆法和英美法在现代意义上的合同相对性的确立过程的不同:在大陆法中,现代意义上合同相对性是通过新出现的意思理论对合同相对性作出全新的解释而得以确立并逐步现代化的;但在英美法中,现代合同相对性原则的最初确立则与当事人的主观意思和大陆法的意思理论并无直接的关联,它是普通法内部演化的必然结果,是普通法为了实现公平的价值诉求而通过对价理论和原则进行推演、加以固定得出的理论规则。一般认为,在合同相对性原则与对价原则一道成为英美合同法的两个根本原则之后,现代意义上的合同相对性原则便在英美国家法律中得到正式确立。笔者认为,充分地理解和把握两大法系现代意义上合同相对性确立的历史,具有十分积极的现实意义。

"读史使人明智",了解合同相对性原则变迁的历史有助于我们对两大法系合同相对性理论和制度的现实差异作出合理的解释。目前,有关两大法系在合同相对性理论与制度的最大差别就在于,大陆法虽长期遵循着债和合同的相对性理论,但却一直有着承认第三人利益合同这一相对性原理例外的传统;与此相反,英美法系各国尤其是英国长期以来却始终严格坚持合同相对性这一普通法基本原则,在一般情况下并不承认第三人利益合同的可强制执行性。② 此前,著名的比较法学者海因·克茨教授就曾关注过两法系的此种差别并提出"合同相对性原则在英国法成功地得以维持,其唯一原因是法院和立法机构将许多例外和限制导入其中"③。但在笔者看来,"法院和立法机构将许多例外和限制导入其中"固然是英美合同相对性原则得以维持的重要原因,但绝不是所谓的"唯一原因"、甚或根本原因。英国之所以长期以

---

① Robert Upex, *Davies On Contract*, 7th ed. London: Sweet & Maxwell, 1995, pp.30,172.
② 在英美法系,美国是一个例外。由于美国所具有的强烈反传统的观念,早在 1859 年的 *Lawrence v. Fox* 案中,纽约上诉法院就慷慨地承认了第三人对合同的诉权。在后来的判例和美国合同法重述中,第三人应享有合同利益的规则一直得到承认和维持。
③ Hein Kötz, *European Contract Law* (Translated from German by Tony Weir), Oxford: Clarendon Press, 1991, p.248.

来一直严格坚守合同相对性原则,根本原因在于缺乏大陆法意思理论的渗透,没有合同相对性原则得以突破的理论基础的支持。从大陆法现代合同相对性的确立历史来看,意思理论在其中起到了关键的作用,合同相对性理论被解释为以当事人愿意与特定相对人形成合同关系的主观意思为基础。于是,在当事人所订立的为第三人利益合同中,一般也就认为,既然当事人订立合同时就愿意授予第三人以合同权利,那么依意思理论,第三人自然就可以要求当事人履行合同的义务,合同相对性的突破便顺理成章;但在英美法国家,由于现代合同相对性原则并不是建立在大陆法意思理论的基础之上的,所以,无法通过当事人在订立合同时的意图或意思的效力而使得第三人享有强制执行合同的权利,第三人利益合同因为违背合同相对性原则而不具有强制执行力。① 可见,类似于英美法系对合同相对性原则和理论的坚持如此严格而大陆法则相对宽松等重大问题的原因,就只能在现代合同相对性的确立历史中得到较好的说明。

　　读史亦可利于展望未来。了解两大法系合同相对性的不同发展历史的更重要的意义或许在于,在二者不同发展路径的历史启示之下,逐步寻求现实制度进行对话的可能性,并展望未来合同相对性的发展取向。因此,二者的历史和现实区别并不完全是英美法与大陆法比较和交流的障碍,而事实上,两大法系近些年来却通过频繁的交流和借鉴实现了相关制度的逐渐接近。这种接近不仅表现在大陆国家和英美国家的合同法律制度的相应调整上,如通过《新西兰1982年合同相对性法》和《英国1999年(第三人权利)法》②承认第三人利益合同,从而在专门的合同制定法中正式实现了对合同相对性原则的突破③;而且还表现在相关国际法律文件正逐步形成内涵一致的合同相对性理论与规则,在国际融合的过程中逐步消解各国本土的合同相

---

　　① 因此,现代英美各国对严格的合同相对性原则的突破也就是通过引入大陆法意思理论,赋予当事人授予第三人利益的意图以法律效力的方式进行的,因此,这一过程也称为"从交易到意图的运动"。See, Privity of Contract: Contracts for the Benefit of Third Parties (Law Com. No. 242 Cm. 3329 July 1996) at paras 3.1—3.8. See also M. H. Ogilvie, Privity of Contract in the Supreme Court of Canada: Fare Thee Well or Welcome Back? (2002) *J. B. L.* 166 at 163—176.
　　② 《英国1999年第三人(权利)法》由孙美兰译于《民商法论丛》第19卷,《新西兰1982年合同相对性法》由笔者译于《民商法论丛》第29卷。
　　③ 有英美学者认为,这种通过吸收意思理论而实现的合同相对性原则的正式突破甚至表明:"英美合同法的理论基础(theoretical underpinnings)正在发生转变" M. H. Ogilvie, *Privity of Contract in the Supreme Court of Canada: Fare Thee Well or Welcome Back?* (2002) *J. B. L.* 176 at 163—176.

对性理论。①

当然,仍需注意的是,英国议会于 1999 年 11 月 11 日通过《英国 1999 年(第三人权利)法》的目的是想让更多更广泛的情况去绕过合同相对性原则,授予了非合同当事方(第三人)合同权利,以解决 Beswick 等多宗案件的困境。该法在第 1 条明确规定:

"1. 第三方强制执行合同条款的权利。

(1) 根据本法规定,非合同当事方(第三人)可享有强制执行合同条款的权利,如果:

(a) 该合同明示规定其享有这样的权利,或

(b) 根据下文第(2)款的规定,该合同有关条款赋予第三人以某种权益。

(2) 如果基于适当基础之上的合同,其当事人没有将合同条款扩展适用于第三方的意思,则以上第一款(b)项不予适用。

(3) 第三方名称必须在合同中明示加以界定,或确定其为某群体的一员,或表述出其为特定的种类,但在缔约时其不必实际存在。

(4) 本条规定并不授予第三方以强制执行合同条款的权利,但根据本合同其他相关条款规定授予第三方该权利的除外。

(5) 为实践其履行合同条款的权利,如果第三方在自己已经作为合同一方当事人的情况下遭遇他方违约行为,则第三方享有对他自己来说是可行的救济的权利(相应地,和有关损失、法院禁令、具体履行以及其他救济相关的规则也将适用)。

(6) 当某一合同条款排斥或限制与本法中涉及第三方强制执行合同条款有关事项的责任,该合同条款应作使其利用这种限制或排斥的解释。"

该条共分为 6 款,第 1 款和第 2 款说明在什么情况下第三人可直接去强制执行合同条款,第 3 款要求该第三人要在合同中明确是谁或者明确某类别的身份,立法无意让任何第三人随意插手进来。当然,即使该第三人在订约时尚不存在也无妨,例如第三人是未生婴儿、未婚妻子、未成立公司等。第 4 款说明第三人去直接向合同的允诺人强制执行合同,必须依照合同的条款行事,例如合同内的管辖权条款或仲裁条款。第 5 款说明第三人可以拥有所有

---

① 具有经典代表意义的规定出现在国际统一私法协会制定的《国际商事合同通则》中,其第 1.3 条(合同的约束性)条文规定:"有效订立的合同对当事人有约束力……";而注释 3 则具体指出:"作为一种规则,合同仅对当事人产生效力,但可能在有些情况下也会影响到第三人。……"该条虽陈述了合同对当事人有约束力的原则,但无意减损根据适用的法律合同对第三人可能产生的效力。参见国际统一私法协会:《国际商事合同通则》,法律出版社 2003 年版,第 3 页。

的法律救济,比如金钱赔偿、禁令、实际履行等。最为根本和重要的是该条第1款,它强调能去直接强制执行允诺人允诺的第三人必须是第1款所说的(a)或(b)中的一种情形,即要么合同明确约定某第三人能这么做(the contract expressly provided that he may),要么合同明确约定授予某第三人以合同利益(the term purports to confer a benefit on him)。至于合同措辞或文字上怎样才能足够明确"to confer a benefit"给予第三人,让他可以去直接强制执行允诺人的允诺,尚需要法院通过案例进行阐释和确定。但在 Treitel 教授《合同法》所提到的著名的 Linden Garden 先例,Treitel 教授不认为合同(去弄走房子的有毒石棉)有足够明确的"to confer a benefit"给第三人的房子新卖家。① 因此,今后的合同想要给予第三人合同利益或好处,必须在订约时注意明确措辞或用字。例如总公司为附属 10 家公司或工厂订约购买机器或原料,却在买卖合同说明各附属公司或工厂可以直接向卖方要求法律救济或去"confer a benefit"给予它们才行。② 因此,《英国 1999 年合同第三人权利法》尽管在一定程度上突破了传统普通法中的僵化的合同相对性原则,但也只是有限范围的突破,无论是第三人的范围、受益第三人提起诉讼请求的条件等多个方面,其仍然跟大陆法系和美国法中的第三人利益合同有不小的差别,需要在实践中甄别适用。最后,笔者希望本部分关于合同相对性原则的历史变迁素描和比较分析能够帮助我们得出一些有关合同相对性理论之现实与未来的有益思考。

---

① 杨良宜:《国际商务游戏规则——英国合约法》,中国政法大学出版社 2000 年版,第 85 页。
② 同上。

第五章　古典契约法的构造与特质

梁慧星先生在其学术名篇《从近代民法到现代民法——20世纪民法回顾》中指出:所谓近代民法,指经过17、18世纪的发展,于19世纪欧洲各国编纂民法典而获得定型化的,一整套民法概念、原则、制度、理论和思想的体系。在范围上包括德、法、瑞、奥,日本及旧中国民法等大陆法系民法,并且包括英美法系民法。① 在笔者看来,尽管两大法系在法律渊源、法律方法和法律实施机制等方面存在明显的差别,但是大陆法和英美法之母国,如德法与英美,在历史文化传统、社会发展阶段等方面都存在高度的一致性,因此,从本质上来说,英美法所谓的古典契约法阶段与大陆法国家所说的近代民法阶段基本可以相互对应。也正因为如此,近代民法的那些特征也几乎完全可以用以说明古典契约法,本书在论述契约自由和主体假设等方面会对大陆法系近代民法的模式略作参考,特此说明。

一、契约自由:古典契约法的核心理念

所有权绝对、过错责任和契约自由为近代私法的三大理念性原则,而契约自由又是私法自治的核心内容。② 英美古典契约法也属于近代私法的一个分支,因此也秉承古典私法自治和契约自由原则,将契约自由视为古典契约法的核心理念。于是,契约自由原则的发展变化基本上就代表了古典契约法理论的演化脉络。也正因为如此,英国法学家阿蒂亚所著《契约自由的兴衰》③一书才会引起两大法系契约法学者的共同兴趣和热烈讨论。

当然,由于法律方法的不同,两大法系学者眼中的契约自由之内涵也会存在不同层次的内涵。大陆法学者所理解的契约自由主要包括如下含义:(1)是否缔约的自由。这是最大的自由选择权,即一个人有权根据自己的意

---

① 梁慧星:《从近代民法到现代民法——20世纪民法回顾》,载《中外法学》1997年第2期。
② 〔德〕罗伯特·霍恩、海因·科茨、汉斯·G.莱塞:《德国民商法导论》,楚建泽,中国大百科全书出版社1996年版,第90页。
③ P.S. Atiyah, *The Rise and Fall of Freedom of Contract*, Oxford University Press, 1979.

志决定缔结或者不缔结契约,他没有法定的缔约义务。(2)与谁缔结契约的自由。当事人有权决定与谁缔结契约,这在一个具有完备市场竞争机制的社会中,是完全可以实现的。也就是说,在社会中客观存在可供选择的缔约相对人。如果这种客观条件不具备时,这种自由权也就徒具形式了。(3)决定契约内容的自由。当事人有自主决定契约内容的自由,即使当事人所订立的契约有严重的不公正和不平等,如果确系当事人自愿接受而不是出于胁迫等因素,他人也不能改变。英美法系国家契约法理论上"对价不必充分"的原则即出自这一思想。(4)当事人选择契约形式的自由。当事人对所订立的契约采取何种形式,应由当事人自由协商决定,法律不应强行规定当事人采用何种形式。① (5)变更和解除契约的自由。经过当事人协商一致,他们可以根据双方的合意变更和解除之前的契约。

  同样,在古典契约理论形成时期的19世纪的英国,尤其是1830年以后,自由主义的理念确实也对合同法的发展产生了重大的影响。18世纪法官的家长主义主张在很大程度上被其19世纪的继任者批判和取缔。此种古典的一般化契约法是现实主义的,它与当时的社会相适应,它没有具体细琐的规定,也不凭借社会政策来限制个人自治或市场自由。它与自由的市场大致吻合,古典契约法巧妙地配合了19世纪自由经济的发展。因为此种经济类型也是抽象而非琐细的。从两者的理论模式看——契约法和自由经济——都把其当事人当做个体经济单位看待,它们在理论上都享有完全的自主权和自由决定权。② 因此,契约自由受到经济自由理念的影响,古典契约法又反过来关注并为无调节的经济行为成果提供自由的保障。

  尽管我们今天不能确切地说出19世纪法官在使用"契约自由"这一概念时的真正含义是什么,但在著名法学家阿蒂亚看来,合同自由的思想至少包括如下两个紧密相连且并非截然不同的方面:第一,它强调合同基于双方合意;第二,它强调合同的产生是自由选择的结果,没有外部障碍,如政府或立法的干预。③ 尽管与大陆法的视角不同,但二者在对契约自由的理解上并无本质差异。

  此外,作为古典契约法理论核心理念的契约自由并非绝对的自由和不受限制的自由,这一点值得强调,以澄清诸多对于古典契约法和契约自由绝对性的误解。例如,早在19世纪之时的英国,契约自由就受到了某些限制。首

---

  ① 李永军:《从契约自由原则的基础看其在现代合同法上的地位》,载《比较法研究》2002年第4期。
  ② 〔美〕格兰特·吉尔莫:《契约的死亡》,曹士兵等译,中国法制出版社2005年版,第6页。
  ③ 〔英〕P. S. 阿蒂亚:《合同法导论》,赵旭东等译,法律出版社2002年版,第9页。

先合同中总是存在某些无视公共利益(像合同法中所称的"公共政策")的条款,在某些类型的案例中,法院保留宣布合同无效的权利,因为其与公共政策相违反。再者,从较早时期起,立法在干涉合同自由方面就起着很大的作用。例如,1831年第一个现代《实物交易法》(Truck Act)通过,其保护雇员以实物方式获取报酬而不是以现金方式,1845年《射幸法》(Gaming Act)规定赌博不再像合同一样能够被执行。①

二、古典契约法的哲学倾向:契约法的客观性与标准化

古典契约法理论倾向于使法律的方法与科学的方法相吻合,存在一种明显地将法律等同于可见、可知和可验证的客观科学的哲学倾向②,这便直接造就了古典契约法的客观性和标准化(objectivity and standardization)倾向。按照不同的标准,契约法理论可以被归入不同的类型。契约的客观性和主观性(subjectivity)就是其中的一个分类。如果一个契约法原则的适用直接依靠对客观世界状况的观察,那它就属于"客观的"契约法理论;而如果其适用依靠当事人不可观察的主观精神状态,那它就属于"主观的"契约法理论。

标准化和个别化(individualization)是契约法理论的另一种分类。如果契约法原则的适用依靠于一个抽象变量——而这个变量又与当事人意图或者特定的交易情况没有联系——那么就可以把这种契约法原则归入"标准化"的行列;而如果契约法原则的适用依靠与当事人意图和特定交易环境相联系的具体情形变量,那就可以将其归入"个别化"的范畴。③ 英美古典契约法向来强调"契约法的正式性和外在性是契约法的全部特征"(霍姆斯语),对价交易理论、口头证据规则和合同解释的客观理论都是古典契约法客观性和标准化(形式化)的明证。比如,霍姆斯对客观理论的具体阐述和表达主要集中在对 Raffles v. Wichelhaus 案④的评论中,他评论到:"一般认为这样的

---

① 〔英〕P. S. 阿蒂亚:《合同法导论》,赵旭东等译,法律出版社2002年版,第12页。
② Melvin Eisenberg, The Responsive Model of Contract Law, 36 Stan. L. Rev. 1107, 1108 (1984).
③ Ibid.
④ 本案是英美契约法历史上的经典案例之一。案情是:双方当事人签订一棉花买卖合同,一致同意由Peerless号船将棉花从印度孟买(Bombay)运到买方所在地英国利物浦(Liverpool)。但是有两艘均叫Peerless的船从孟买出发。买方认为是10月份离港的Peerless号,而卖方认为是12月份离港的Peerless号。在此场合,英国法院判决双方当事人意思表示不一致,合同不成立。

契约是无效的,因为当事人对标的物存在双方错误,而且双方当事人对同一事情没有达成合意。我认为,这样提出问题可能是一种误导。法律与当事人意志的实际状态无关,就合同而言,同其他地方一样它必须通过外部行为表现出来,并且通过他们的行为来判断当事人的想法。"① 在埃森博格看来,此种将古典契约法视为客观性和标准化法律理论的思想来自于将法律等同于可见、可知和可验证的科学的哲学倾向。② 当然,客观性和标准化本身也意味着契约和契约法内容的确定性和稳定性,而不是随着当事人意志和特定交易环境而有相应变化和调整的空间。

大陆古典契约法同样也逐步发展出法律的客观性的一面。由于当事人的主观意思只能依据客观外在的表示加以判断,即我们通常所说的"意思表示理论"。所以,真正有拘束力的不是当事人的意思而是他的表述,往往不是他欲表达的意思的意义上受约束,而是在其所表达的内容的意义上受约束。③ 客观主义与意思理论并不冲突,相反,前者是后者的补充。

三、古典契约法的心理学假设:抽象平等的理性人

在法学家弗里德曼的眼里,古典契约法其实就是纯粹契约法(pure contract law),而纯粹契约法基本上属于我们称作抽象关系的领域;纯粹契约学说并不指导契约中具体的人和事的细节。它不会要求谁买谁卖,也不能告诉你买什么与卖什么。去掉具体的人和物所具有的特质时,契约法就成了在与协议有关的法律中留存下来的抽象概念。④ 其中最典型的抽象概念就是契约的主体——抽象平等的理性人。

假设契约主体都具有抽象的平等人格是安森和波洛克所设计的古典契约法工程的基本前提。古典契约法理论对于契约主体,仅作极抽象的规定和假设,即将契约主体抽象为"人"。不管契约主体的国籍、年龄、性别、职业是什么,也不管他是具体的劳动者、消费者、大企业还是中小企业等具体类型,在古典契约法理论的视野中,都统统被抽象为"人"这一平等的法律人格。正是在此意义上,弗里德曼才将合同法称作"移除契约主体与客体所有特性

---

① Oliver Wendell Holmes, *The Common Law* [EB/OL]. http://biotech. law. lsu. edu/Books/Holmes/claw09. htm,2004-10-6.转引自孙良国、董彪:《契约中的主观主义与客观主义研究》,载《法制与社会发展》2005年第4期。
② Melvin Eisenberg, The Responsive Model of Contract Law, 36 *Stan. L. Rev.* 1107, 1108 (1984).
③ 王洪亮:《缔约上过失制度研究》,中国政法大学博士学位论文,2001年,第20页。
④ 〔美〕格兰特·吉尔莫:《契约的死亡》,曹士兵等译,中国法制出版社2005年版,第5—6页。

的抽象物"①。尽管作为契约主体的"人"在大陆法系可以进一步区分为"自然人"和"法人",这也不能掩盖古典契约法的高度抽象性。自然人,当然是指有血肉之躯、有理智和感情的人类,但它的确是一个高度抽象的概念,它把各人的具体情况,如男女老幼、富裕贫穷、文化程度、政治地位、经济实力的差别,以及是雇用人或者受雇人、生产者或者消费者等,全都抽象掉了,只剩下一个抽象符号"自然人"。规定自然人权利能力始于出生,终于死亡,权利能力完全平等。对于社会生活中的各种组织体,也是如此,生产企业、商业企业、金融企业、大企业、小企业的差别,以及非从事生产经营的组织体如各种学会、协会、学校、医院、慈善机构等,被抽象为一个具有平等法律资格的"法人"。② 这样,社会生活中千差万别的契约主体,经过"纯粹合同法"③的提取,便被统统抽象为人人平等的契约人格主体。

当然,也有论者从理性人的角度来论述古典契约法的主体假设。④ 埃森博格教授认为,古典契约法的主体是"心理学上的理性行为人模型(a rational-actor model)"。根据这一模型,在面临不确定性而作出决定时,通过将所有未来的收益和成本折算为现实价值,行为人能将其主观预期效用理性地予以最大化。特别是,古典契约法的规则都建立在这样的假设之上,即行为人见多识广、熟悉法律,并且理性地行为以进一步增进他们在经济上的私利。这一模型部分地说明了阅读义务这样一些规则,其中,行为人被确定地认为已经阅读和理解他们签署的所有东西。这一模型同时也部分地说明了这样一个规则,即不会因为公平性而对交易进行检讨,如果参与者始终理性地为了他们的私利而行为,那么,在不存在诸如欺诈、不当影响等情况时,所有的交易一定是公平的。⑤

四、古典契约法的法学品性:不证自明和演绎性质

从法学的内在品性来说,古典契约法是不证自明(axiomatic)和讲究演绎

---

① Lawrence Friedman, *Contract Law in America: A Social and Economic Case Study*, University of Wisconsin Press, 1965, p.20.
② 梁慧星:《从近代民法到现代民法——20世纪民法回顾》,载《中外法学》1997年第2期。
③ Lawrence Friedman, *Contract Law in America: A Social and Economic Case Study*, University of Wisconsin Press, 1965, p.20.
④ 如吉林大学青年学者孙良国就从"理性经济人"的角度来论述古典契约法的主体性征。参见孙良国:《关系契约理论导论》,吉林大学博士论文,2006年,第7页。
⑤ Melvin A. Eisenberg, Why There is No Law of Relational Contracts, 94 *Northwestern University Law Review* (2000), 807.

逻辑的(deductive)。

首先,从本质上来讲,古典契约法是不证自明的。它基于这样一种前提假设:规则性命题(doctrinal proposition)都建立在"自证的"(self-evident)基础之上。因此,古典契约法及其规则性命题并不需要基于道德、政策、经验等社会性命题来检验其正当性。①

其次,古典契约法还具有演绎性质。正如霍姆斯所观察到的那样,不证自明的理论常与演绎理论相伴生,因为在演绎理论看来,至少有一些学理命题可以通过演绎推理从其他一些更为基础的规则性命题中推导出来。"我有时告诉学生们,"霍姆斯说,"法学院秉持一种启迪灵感和信守逻辑相结合的方法。那就是,人们将法律的基本原理理所当然地视作权威,而不再探究他们的内在价值,于是逻辑便成为得出法律结果的唯一工具。"②古典契约法正是此种不证自明理论与逻辑推演理论的结合。它是这样一种结构:其中的一部分是一系列不证自明的基本法律原则(fundamental legal principles),另一部分则是经由演绎推理从基本法律原则中推导出来的一系列次级规则(a second set of rules)。③ 于是,将不证自明的法理与逻辑演绎的方法加以连接的性质便是古典契约法的重要特征之一。

对此,埃森博格以古典契约法中的两个理论规则为例进行了具体说明④:

首先,根据古典契约法,原则上只有存在对价的交易磋商允诺才是能被强制执行的——尽管存在某些例外,即有些种类的允诺纯粹由于历史的原因才能被强制执行——这是古典契约法一个不证自明的公理。以此公理为依据,于是便产生了这样的一个问题,即一个确定的要约(a firm offer)——即一个答应对受要约人保持开放的非交易磋商性允诺——在法律上是否可强制执行。古典契约法的结论是否定的。这一结论的合理性仅仅在于其可被推导出来。其大前提是"只有磋商才有对价",小前提是"答应将要约保持开放的允诺不是经过交易磋商得来的",结论便是"一个确定的要约于是便不能被强制执行"。

其次,古典契约法另一个不证自明的公理是,磋商仅仅是由要约和承诺

---

① 参见〔美〕埃森博格:《普通法的本质》,张曙光等译,法律出版社 2004 年版,第 20 页。
② Oliver Wendell Holmes, Law in Science and Science in Law, in *Collected Legal Papers* 210, 238 (1920).
③ Melvin A. Eisenberg, Why There is No Law of Relational Contracts, 94 *Northwestern University Law Review* (2000), 806.
④ Ibid., 806—807.

构成的。于是便产生这样一个问题,即一个单边契约(unilateral contract)——一个通过履约行为加以承诺的要约——在履行行为完成前是否可以被撤回,即使受要约人已经开始履行。古典契约的结论是肯定的。这一结论的合理性同样仅仅在于其可以被通过"三段论"的逻辑推导出来。在这样的三段论推理中,大前提是"在承诺前要约人可以随时撤回要约,除非要约人已经作出了一个交易磋商允诺使得要约成为开放的";小前提是"单边契约未经过交易磋商,并且只有在履约行为发生时才被承诺";结论便是"单边契约在履约行为完成前是可以撤回的,即使受要约人已经开始履行"。我们可以从上述两项内容中清楚地看到古典契约法的不证自明性质和演绎推理性质,是一种典型的形式主义方法论,其英美新古典契约法和现代契约法注重经验和交易背景的现实主义契约法风格完全不同。

五、古典契约的个别性、不连续性与静态性

所谓契约的个别性与不连续性,是指契约当事人之间除了单纯的物品交换外不存在任何关系,交易当事人面前是一个完全陌生的世界,他们的交易是一次性买卖关系("一锤子的买卖"),买卖关系结束后,二者不再存在任何关联,也不会有任何继续延续的交易问题。这样的契约就叫做"个别性契约"。比较典型的例子是到路边加油站加油的合同。

此外,个别性和不连续性还意味着,在古典契约法的领地,他们只知道契约的盈利目的和违反契约、允诺后应获得的补偿问题,没有人会考虑到更为久远的关系延续、未来交易和契约合作和团结的问题。也就是说,在古典契约法中,没有持久性的通过契约建立起来的合作关系。[①] 用涂尔干的话来描述此种个别性和不连续性契约交易,就是:"在交易中,各种各样的代理人彼此互不了解,当交易完成时,所有的代理人都会引退并自己依靠自己。良心只在表面上接触。"[②]

而与此直接相关的一点是,古典契约法是静态的而非动态的法律规则系统。由于对个别和不连续特征的偏爱和钟情,古典契约法几乎完全集中于时间上某个单独的瞬间(a single instant in time)——合同成立的瞬间——而不

[①] 〔美〕科斯、哈特、斯蒂格利茨:《契约经济学》,李风圣等译,经济科学出版社1999年版,第8页。

[②] E. Durkheim, *The Division of Labor in Society*, Free Press, 1964, pp.102—103.

是像谈判过程和契约关系的发展这样一个动态的过程。①。

六、古典契约的即时性与现时性

古典契约是一种完全契约,它表现为契约条款在事前可明确地写出,在事后能完全执行;当事人能准确估计契约执行过程中的突发事件,并在签约前预先加以协调处理;一旦达成契约,必须自愿遵守其条款,若有纠纷、可自我协调,若协调不成,通过一个外在的第三方强制裁决和执行。②也就是说,由于古典契约此种个别性契约,对交易当事人的权利、责任、义务作了明确的规定,协议条款是明确的,不需要对未来的时间作出规划,因此契约的谈判、签订、履行都现时化了。此外,契约对违约当事人的赔偿方式的限制也是十分清楚的。③ 由此可见古典契约法的高度即时性和现时化特质,较少强调契约未来的不确定性和复杂性,以及契约规划未来交易和社会团结的功能。在大陆法学者看来,这或许在一定程度上是属于近代契约法的安定性的问题。

七、古典契约法理论的固有缺陷

上述所举古典契约法理论的构造与诸种特质,是帮助古典契约法建构起自己的规则和理论阵营的重要方面,可以说是整个古典契约法理论的基础之所在。但也正是这些特质的存在才导致古典契约法随着时代的变化而展现出了众多需要改进的缺陷,也就是说,缺陷是基于特质而生。如阿蒂亚所说,大约自1870年以来,政治思想、社会经济条件和法律开始发生持续性的变化。在契约自由昌盛时代(或许1770—1870)之后,不难辨别自1870年至1980年这一时期是古典契约法和契约自由的逐渐衰落时期。至1980年,古典契约法理论迅速崩溃。导致古典契约法理论崩溃的三个影响最大的因素,第一是标准格式合同的出现和广泛使用,第二是作为法律义务基础的自由选择和合意重要性的削弱,第三是消费者作为合同一方当事人的出现。④ 古典契约法的这些缺陷具体表现在:

---

① Melvin A. Eisenberg, Why There is No Law of Relational Contracts, 94 *Northwestern University Law Review* (2000), 807.
② 杨瑞龙、周业安:《企业的利益相关者理论及其应用》,经济科学出版社2000年版,第54—55页。
③ 〔美〕科斯、哈特、斯蒂格利茨:《契约经济学》,李风圣等译,经济科学出版社1999年版,第9页。
④ 〔英〕P.S.阿蒂亚:《合同法导论》,赵旭东等译,法律出版社2002年版,第15页。

首先，随着社会经济的发展以及垄断的产生，由于当事人交易能力越来越不对等，信息也越来越不对称，古典契约法中的较为绝对的契约自由开始很难在现实中得到实现，当事人的契约合意有时变得并不重要，契约自由于是也开始变得难以解释现实交易的合理性。

其次，古典契约法中的经济人假设和抽象人格的假设也不再是完全准确的。尤其是现实社会中出现越来越多的具体的存在诸多差异的人和人格时更是如此。而且，每个契约当事人在进行契约交易时并不能完全理性地进行交易，并且有时也不是一个纯粹的利益最大化的经济人。

再次，随着社会分工的强化、经济交往范围和规模的扩大，古典契约法理论的静态性、个别性和现时性也越来越不能体现现代经济交往的新发展，古典契约模式的解释力和说明力也变得越来越小，契约理论朝着动态化、连续性和未来性转变。

最后，古典契约法之不证自明和演绎逻辑性质也开始发生动摇。尤其是在作为大前提的公理开始受到质疑后，以及纯粹讲究逻辑演绎的法律形式主义受到霍姆斯等经验实用主义法学家的批判之后，古典契约法和古典契约理论就不再那么牢固了。

总之，古典契约法理论是契约法形成和建构期的经典理论，它同样也有自己无法克服的固有缺陷，尤其是随着经济社会的不断革新发展之后更是如此。它过于抽象和高度一般，全然或几乎与现实无关，根本无法规范不断发展的重大经济现实问题。[①] 对此，阿蒂亚一语破的："契约法的全部结构，连同它的先入之见和19世纪的学说，还不是十分严格和稳固的，以致不能期望它能对现在经济、社会各方面的压力做出应变。"[②]

[①] Friedman & Macaulay, Contract Law and Contract Teaching: Past, Present and Future, 1967 Wis. L. REv. 805, 812.

[②] 〔英〕阿蒂亚:《合同法概论》，程正康译，法律出版社1982年版，第322页。

第六章 新古典契约法:英美契约法的调整与改良

正是英美古典契约法的僵化、不连续、静态、演绎等诸种缺陷,才诱发了对古典契约法理论加以改造的运动,新古典契约法理论由此产生。所谓新古典契约法(neo-classical contract law),是指鉴于古典契约法在应对新的社会情势方面的不足,人们以"承认例外的方式"对古典契约法理论加以调整和改造,旨在加强契约法的灵活性和社会回应性的一种契约法律系统的总称。

一、新古典契约法的思想基础:现实主义法学与"回应型"法社会学

首先,新古典契约法是现实主义法学渗透于契约法领域的成果。

现实主义法学,是当代法学理论界最值得瞩目的法学学派之一。它从霍姆斯的实用主义法学发展而来,由卢埃林、弗兰克等现实主义法学家完成其理论体系建构。自20世纪20—30年代出现一直持续到60年代,70年代以后又被行为法学、经济分析法学、批判主义法学等学派所继承,影响深远。可以说,美国的现实主义法学是20世纪美国本土最重要的法理学运动。[1] 现实主义的对手是那些以哈佛法学院为大本营、以原理之逻辑为中心的传统法学流派。他们批评传统法学流派(含古典契约法理论)陷入法律形式主义的泥潭而不可自拔,只知形式自由、逻辑演绎、抽象平等、规则确定而忽略法律在社会中的真实处境和命运,主张从关注"书本上的法"转向"现实中的法",从关注法律规则的作用转向法官的司法活动,以对法律的实证研究得出可靠的结论和有效的改革方案。具体到契约法领域,法律现实主义批评作为古典契约法理论核心理念的自由是一种过分形式化的自由,在现实社会背景中越来越演变为一种不切实际的法律理想,它根本就未曾考虑到当事人社会行为

---

[1] Brian Leiter, American Legal Realism, in Golding, Martin P. and William A. Edmundson (eds), *The Blackwell Guide to the Philosophy of Law and Legal Theory*, Blackwell Publishing, 2004, p.1.

的复杂性和经济权力的不公平分配诸问题。因此,受现实主义法学影响的新古典契约法理论代言人富勒对于威灵斯顿契约法理论的批评毫不留情:说到威灵斯顿教授的法学方法,如果问他在哪一点上开始放弃了通过法律反映社会利益,我相信答案是:从头开始。在他的著作中,从来看不到合同自由的依据,对价、要约与承诺的必要性等与社会利益的关联。他忽视了,起根本作用的社会需求不可能是完全按照逻辑演绎出来的,那不过是基于法律传统所构想出来的东西而已。① 总之,兰代尔、威灵斯顿等人的古典契约法理论在科宾、卡多佐、卢埃林等人的法律现实主义思想批判和影响之下,开始走上新古典契约法的改造之路。

其次,新古典契约法也是美国社会探求"回应型法"的具体成果。

现实主义法学不是新古典契约法的唯一思想渊源,它还受到了美国20世纪中后期回应型法社会学的强烈影响。20世纪60年代后期,美国社会发生了剧变,大量的社会问题导致了国家正统性的削弱,于是产生了用"软性法治"取代"硬性法治"的要求。诺内特和塞尔兹尼克所提倡的回应型法的模型,也正是对那一时代呼声的回应。② 庞德曾言,法律必须稳定,但又不能静止不变。……社会生活环境的不断变化,要求法律根据其他社会利益的压力和危及安全的新形式不断做出新的调整。③ 法律稳定的目的是为了提供安全、秩序与行为的可预期性;法律的变化则是为了应对那些潜移默化之中不断挑战既定秩序的偶然、新鲜的经验、出乎意料的事物等。以塞尔兹尼克和诺内特为首的"伯克利学派"法律社会学研究方法的宗旨,即力求能够说明法是怎样适应社会需求、解决现实问题的,试图在法律的稳定与发展变革之间保持一种平衡。他们的学术研究有着强烈的改革动机和应用倾向,与法律现实主义相类似,回应型法的生长动力同样源于古典自治型法僵化的规则中心主义和略显保守的司法方式④,以便为解决各种社会问题提供法律对策。此种强调法律回应性的法律思想深深地影响了契约法理论的发展轨迹。这是因为新古典契约法也是美国当时政治和法律意识形态的具体表达,再加之新古典契约法理论核心人物之一的埃森博格教授也是加州伯克利法学院

---

① Lon L. Fuller, Williston on Contracts, 18 *N. C. L. Rev.* 1, 9(1939). 转引自〔美〕斯图尔特·麦奉利:《新老法律现实主义:"今非昔比"》,范愉译,载《政法论坛》2006年第4期。

② 季卫东:《社会变革的法律模式》(代译序),第2页,载〔美〕诺内特、塞尔兹尼克:《转变中的法律与社会》,张志铭译,中国政法大学出版社2004年版。

③ 〔美〕罗斯柯·庞德:《法律史解释》,曹玉堂、杨知译,邓正来校,华夏出版社1989年版,第1页。

④ 〔美〕诺内特、塞尔兹尼克:《转变中的法律与社会》,张志铭译,中国政法大学出版社2004年版,第20页。

的成员,回应型法社会学理论当然会对新古典契约法理论产生深刻影响,最突出的体现便是埃森博格在回应型法学的基础上创造并阐释了"回应型契约法(The Responsive Model of Contract Law)"①这一全新的契约法理论,有效地传承和发展了新古典契约法。

二、新古典契约法的代表人物及其思想

新古典契约法理论是当今契约法领域的中坚力量和主流学说②,学术势力强大,代表人物众多。比如著名法学家阿蒂亚(Patrick Atiyah)、科宾(Arthur Corbin)、埃森博格(Melvin Aron Eisenberg)、吉尔莫(Grant Gilmore)、法恩思沃斯(E. Allan Farnsworth)、富勒(Lon Fuller)、凯斯勒(Friedrich Kessler)、克鲁曼(Anthony Kronman)等都是新古典契约法理论的力主者。

(一) 法学家阿蒂亚

英国法学家帕特里克·阿蒂亚教授(P. S. Atiyah,1931—),来自英国著名的阿蒂亚家族(The Atiyah Family)。阿蒂亚家族中最著名的人物是作为大哥的迈克尔·阿蒂亚爵士(Sir Michael F. Atiyah)。迈克尔·阿蒂亚被誉为20世纪和当今世界最伟大的数学家之一,曾经获得过号称数学界"诺贝尔奖"的"阿贝尔奖(Abel Prize)"和"菲尔兹奖(Fields Medal)"这两项数学界的最高荣誉。当然,作为弟弟的 P. S. 阿蒂亚也毫不逊色,他同样是思想巨擘、学界翘楚。P. S. 阿蒂亚是当今世界合同法三大家之一,在世界法学界享有很高的声誉,其多次再版的《合同法导论》和鸿篇巨制《合同自由的兴衰(The Rise and Fall of Freedom of Contract)》早已成为传世经典;而他直接与英美哲学家进行对话的著作《允诺、道德与法律》和已经译成中文的《法律与现代社会》《英美法中的形式与实质:法律推理、法律理论和法律制度的比较研究》都共同展现了阿蒂亚在法理学和法哲学方面的深厚学术功力和高深思想造诣。由于阿蒂亚毕生都在研授英国法,并且打通了部门法与法学基础理论的任督二脉,他在合同法和法理学领域都有非凡的成就。

就其个人经历而言,阿蒂亚是一个国际家庭的孩子,他的父亲是黎巴嫩人,母亲是苏格兰人,父母在牛津大学求学相识,结婚后又去苏丹政府供职

---

① Melvin Eisenberg, The Responsive Model of Contract Law, 36 *Stan. L. Rev.* 1107, 1108 (1984).

② Ian Macneil, Relational Contract: What We Do and Do not Know? 1985 *Wis. L. Rev.* 483,483.

20年。阿蒂亚也因此得以周游大半个地球,先后在苏丹、澳大利亚、加拿大、美国和英国的大学任教讲学,阅历丰富、视野开阔。这样的经历让他在思考法学问题时从一开始就具有很强的国际视野,对于传统英美法也一直持一种批判革新的态度,是典型的改革派法学家,是新古典契约法的代表人物。这一点像极了他特别崇拜的美国法学家科宾,他的主要论题和学术风格也与科宾如出一辙。

阿蒂亚通过其大作《契约自由的兴衰》展开了新的合同信赖理论。在富勒将信赖理论引入到契约责任中之后,阿蒂亚更进一步将这一原理扩展到主张对允诺原理的全面超越。他认为,合同的信赖理论明显优于允诺理论。因为在今日,正像在保证法、虚假陈述法、产品责任法以及允诺禁反言法理等看到的那样,信赖作为责任的根据表现出重大进展。在否定免责格式条款的场合下,也完全符合以信赖理论为根据。若用允诺理论来说明这些动向(例如援引默示约定),将陷入循环论证或牵强附会。不仅如此,阿蒂亚对允诺理论作为道德原理的有效性本身提出了质疑,批判了将允诺区分为道德的约束力和法的约束力的见解。[①] 在阿蒂亚看来,通过采用信赖原理,裁判上要求的,不是由允诺认定带来的形式的推论,而是判断实质的利益。因此对于其信赖是否应受保护,法官必须进行脱离当事人意思的价值判断。阿蒂亚通过上述理论企图主张信赖理论政治的正统性。[②]

(二) 法学家科宾

科宾(Arthur Linton Corbin,1874—1967)是美国20世纪最伟大的合同法学家,新古典合同法的代表人物,著名的改革创新派。他曾担任耶鲁大学法学教授、美国一次和二次合同法重述的顾问。于20世纪完成了合同法经典巨著《科宾论合同》(共八卷),该书内容庞大,体系完整,逻辑严密。在书中,他以特有的深邃的思想、透彻的分析力和渊博的学识对美国合同法所作的精辟、独到的论述,至今仍具有无与伦比的学术魅力。科宾一生教了两个著名的学生,一个是卢埃林,另一个是现在大名鼎鼎的法恩思沃斯。

科宾对美国法的贡献甚多,其中最重要的贡献是与卡多佐等人于20世纪30年代奠定了"信赖利益学说"在合同法上的地位。作为新自然法学派在合同法领域的代表,科宾对信赖利益理论的态度十分明显,在他的抗争下,《第一次合同法重述》中就出现了与整体古典合同法思想格格不入的第90

---

① 〔日〕内田贵:《契约的再生》,胡宝海译,中国法制出版社2005年版,第99页。
② 同上书,第108页。

条"由信赖允诺而导致的行为或负担",并进而在《第二次合同法重述》中明确创立了对英美合同法体系影响巨大的"允诺禁反言原则"。以信赖利益理论为基础的允诺禁反言原则,动摇了由兰代尔和霍姆斯等人创立的"对价——合同——责任"公式,而代之以新的公式"允诺——信赖——合同责任"。当允诺禁反言原则在美国合同法中确立之后,无合同即无责任的古典契约法逻辑便失效了,整个古典的封闭的合同法体系最终被打破。从这个角度来看,科宾对于新古典契约法的创立和发展的贡献是巨大的。

(三) 法学家卢埃林

卡尔·卢埃林(Karl N. Llewellyn,1893—1962),美国现实主义法学的主要代表之一,生前曾任耶鲁、芝加哥、哥伦比亚大学法学教授,美国《统一商法典》起草人,新古典契约法的代表人物。其所起草的《统一商法典》是新古典契约法的经典文本,同时也在世界民商事领域有着十分重大的影响。卢埃林的主要著作有:《棘丛——法律及其研究》(1930年初版)、《晒延人方式》(与霍贝尔合著,1941年)、《普通法传统——上诉审》(1960年)和《法理学:现实主义的理论和实践》(1962年)。卡尔·尼克森·卢埃林出生于1893年5月22日。在他16岁的时候,被父亲送到德国学习,1911年从德国毕业回国后,于同年进入耶鲁大学。1915年,卢埃林作为一名新生进入耶鲁法学院。1918年卢埃林以班级最优秀的成绩毕业。在法学院期间,由于他受到Corbin很大的影响,因而对于合同法和商法产生了浓厚的兴趣,并且这两个领域也成了他留在耶鲁法学院任教后最初的研究方向。但是,卢埃林在讲授商法的过程中发现"我在案例里发现的规则,对于实际上发生的那些事而言,仅有很少一部分实际上会有作用"。因此,卢埃林决定在着手开始一种学术生涯之前,要去获得一些在他的课程方面的实践经验。于是在接下来的两年里,他在国立纽约城市银行法律部开始了实践工作。1922年他回到耶鲁讲授为人类学和社会学系的学生开设的名为"法律简介"的课程。1925年,他离开耶鲁加入了哥伦比亚大学法学院,直到1951年。在哥伦比亚法学院期间,是卢埃林事业上最繁荣的时期。1951年,卢埃林在哥伦比亚大学辞职,直到1962年2月13日,因心脏病突发而辞世。

卢埃林逝世之后,他的老师科宾给他写了一个悼词。这个悼词很感人。卢埃林以自己的老师为荣,称他为"DAD"(老爹),关系是相当得好。对于科宾来说,卢埃林也是他的一个骄傲,他的学生在起草《统一商法典》,这个法典将约束美国人至少50年。科宾写道:对于老朽来讲,卢埃林不仅仅是一个学生,也是儿子和同志。两人志同道合,卢埃林制定法典,把科宾作为顾问委员会主席。卢埃林虽然已经逝世,但是他在身后留下了一部法典。这部法典对于卢埃林来讲就像一座丰碑一样。只要这部法典还在,人类就能记得起卢埃林,这是卢埃林对《统一商法典》的贡献。

(四) 法学家法恩思沃斯

法恩思沃斯教授(E. Allan Farnsworth,1928—2005),美国著名合同法学家。1928年6月30日出生于美国罗得岛州首府普罗维登斯(Providence,R.I.),是布朗大学一位物理学教授的儿子。法恩思沃斯教授于1948年获得密西根大学的数学学士学位,于1949年获得耶鲁大学的物理学硕士学位,但却拒绝继续攻读这方面的博士学位,而是根据自己的志向和父亲的建议选择了法律,并于1952年获得哥伦比亚大学的法学学位。重要的是,法恩思沃斯从哥伦比亚毕业时获得了当时的最高荣誉——Ordronaux奖学金,该奖学金是由时任哥伦比亚大学校长、一年后任美国总统的德怀特·艾森豪威尔(Dwight D. Eisenhower)签发的。对于这次决定其人生巨变的重大选择(弃理投法)的原因,法恩思沃斯教授在多年之后解释到:我想做一些包含有人的因素的事情,而不希望永远面对那些死气沉沉的研究对象。在从哥伦比亚大学拿到法学学位之后,法恩思沃斯曾经为朝鲜战争中的美国空军服役。作为空军审判部门的一员,他当时的工作就是为那些陷入麻烦的飞行员进行辩护,而且他做得非常好。据他妻子回忆,他有一次甚至还为一位在上校的白色沙发上意外睡着的飞行员进行过辩护,并使其免受处罚。此外,法恩思沃斯还在旧金山的一个律师事务所有过短暂的工作经历。1954年,即从哥伦比亚法学院毕业两年后,法恩思沃斯加入到了哥伦比亚大学教师的行列,并成为哥伦比亚法学院当时最为年轻的教员。

哥伦比亚大学法学院于1970年任命法恩思沃斯为阿尔佛雷德·麦考马克法学教授(Alfred McCormack Professor of Law)。法恩思沃斯教授在哥伦比亚大学法学院的教学生涯达到半个多世纪,培育和影响了一代又一代的美国乃至世界的法学学子,为美国的法学教育事业做出了卓越的贡献。[①] 在同行们的眼里,法恩思沃斯教授不仅是一位有着敏锐法律思维、学识渊博而精深的法学家,更是一位大方、热情而又令人鼓舞的法学教师;不仅是一位思想巨人,还是一位有着超凡人格魅力的法学教育者(Randy Barnett语)。法恩思

[①] 让人倍感欣慰的是,在法恩思沃斯去世后,哥大法学院从弗吉尼亚大学法学院挖来了做过10年院长、在美国也颇有名气的合同法教授Robert Scott来接替法恩思沃斯的讲席。笔者在2006年上过他的合同法课,此君口才绝佳、幽默生动却又不失学术品位和追求,确有法恩思沃斯教授的遗风。

沃斯教授将其毕生精力奉献给了他所热爱的教学和研究生涯,因此法学讲堂也就成为他展现自己超凡人格魅力的舞台。他的教学非常受学生的欢迎,是一位名副其实的杰出法学教育者。其实,就在去世前一年(2004年),法恩思沃斯教授还被哥伦比亚大学法学院授予了卓越贡献奖章(Medal of Excellence)的荣誉。除了是哥大法学院的专职教授之外,法恩思沃斯还在巴黎大学、伊斯坦布尔大学、芝加哥大学、哈佛大学、迈阿密大学、密西根大学和斯泰森大学进行过非专职教学。他也曾受邀到奥地利、中国、法国、希腊和荷兰等国家讲学过,在世界各国有着广泛影响。即使到了晚年,法恩思沃斯教授在教学中仍然才思敏锐、充满活力,他依然会全面地分析其合同法论著和案例书中重大而全新的案例。

在教学之外,法恩思沃斯教授从事了大量的有重大影响的学术社会活动,比如其作为顾问参与了美国法学会《第三次保证法重述》、《第三次返还法重述》和《软件合同法原则》等文件的编纂与修订工作。从1979年1998年,法恩思沃斯教授一直是设在罗马的国际统一私法协会(Unidroit)的理事会成员,也是该协会起草《国际商事合同通则》(Principles of International Commercial Contracts)的工作组成员与编委会主席。此外,法恩思沃斯教授还担任过联合国国际贸易法委员会美国方面的代表(1970—1980),曾是美国国际私法国家咨询委员会的成员,还代表美国参见过各种外交会议。

当然,法恩思沃斯最重要的是学术社会活动是作为报告人负责起草了美国《第二次合同法重述》。《第一次合同法重述》通过几十年后,美国社会经历沧桑巨变,判例法和制定法(尤其是《统一商法典》)也有了长足发展。《第一次合同法重述》在某些法律理念和具体规定上就显得有些落伍了。因此,美国法学会便决定对《第一次合同法重述》进行修订。根据惯例,他们同样要选择美国最权威的合同法教授来担任重述的报告人。1963年,哈佛大学法学院的著名合同法教授布莱彻便被选任为《第二次合同法重述》的报告人,科宾则被邀请为顾问,直到他1967年去世。但由于布莱彻教授于1971年应邀出任美国马萨诸塞州最高法院法官,在当时已经非常著名的法恩思沃斯教授便中途接替布莱彻担任《第二次合同法重述》的报告人。法恩思沃斯知道重述及其报告人的分量,也知道自己责任之重大。因此,在随后的十多年里,法恩思沃斯教授将其大部分精力都投入到了重述的编纂工作中。在长期艰辛的工作之后,法恩思沃斯和他的团队收获了成功与喜悦:《第二次合同法重述》于1981年问世后,大受褒奖与欢迎。人们普遍把它视作一项非凡的法律成就,因为它使得关于美国人生活中的多样化协议的法律获得了一种一致而合理的表达形式,并成功实现了美国合同法的现代转型。当然,《第二次合同法重述》的成功依靠的不仅仅是全部编写者的努力,最重要的是他们有一位天才的报告人。因为《第二次合同法重述》这样的宏大工程的确"要求报告人要熟悉合同法的一切内容,既能在稳妥中平衡大局,又能思想进步、高瞻远瞩"(Lance Liebman 语)。在当时的美国,除了法恩思沃斯,又有谁还能做到这一点呢？我们知道,法恩思沃斯在法学界最知名也是他最引以为豪的一点就是曾担任《第二次合同法重述》的报告人。作为报告人的法恩思沃斯教授也的确为法学界贡献了一版近乎完美的合同法重述,同时,《第二次合同法重述》的成功也使法恩思沃斯教授坐上了美国合同法学界的第一把交椅,成为合同法的头号权威。可以说,是重述最终成就了法恩思沃斯的伟大。如果说法恩思沃斯教授的教学让他名满校园的话,那么《第二次合同法重述》的编纂则让他名垂青史。成功的《第二次合同法重述》的确在最大程度上成就了法恩思沃斯教授的伟大。

此外,法恩思沃斯教授还为法学界奉献了多部优秀的法学著作,为一代又一代的法律人提供了丰富的知识营养。法恩思沃斯的杰出著作主要包括受到高度尊重的《合同法》(上下册)、富有思想深度的《改变你的主意:关于后悔的决定的法律》、广受欢迎的《商法案例与材料》和《合同法案例与材料》、被翻译成多国文字的《美国法律制度导论》、侧重比较的《苏联合同法与美国合同法》和完成于病榻上的绝唱《减轻错误:对有瑕疵理解的撤销与豁免》,等等。尤其是其由波士顿 Little, Brown & Company1982 年出版的法恩思沃斯教授的《合同法》一书,不管在法学学术界还是在法学实务界,都绝对是当今美国最权威、最有影响力的合同法体系书。还在很多年以前,根据 Westlaw 的统计,法恩思沃斯《合同法》这一著作的引征率就已经超过了美国 20 世纪初的最著名的合同法学家、《第一次合同法重述》的报告人威灵斯顿(Williston)的《合同法》。所以,学者 Randy Barnett 才会说,法恩思沃斯的《合同法》是继科宾以来最伟大的合同法集大成著作。

总体来说,法恩思沃斯教授自 1954 年加入哥大法学院之后便以其精湛而渊博的学识泽及一代又一代的美国法学学子。在五十多年的教学研究生涯中,法恩思沃斯对合同学术做出了不可估量的卓越贡献,并使得哥伦比亚大学成为全球合同法研究的中心。其学术地位之崇高、学术影响之巨大,至少在当今美国合同法学界,是无人能及的。法恩思沃斯师承卢埃林与帕特森,是美国 20 世纪 70 年代之后合同法领域的学术领袖,是新古典契约法的重要代表人物。

(五) 法学家埃森博格

埃森博格(Melvin A. Eisenberg,1934—),美国著名法学家,加州大学伯克利分校法学院的著名教授,美国新古典契约法的重要代表人物,美国顶尖的合同法学家和公司法学家。① 埃森博格先后从哥伦比亚大学和哈佛大学法学院毕业,自1966年起已在伯克利法学院教授合同法和公司法近五十年了,于1990年获得UC Berkeley的突出教学贡献奖,并创作了诸多法学经典著作,比如《普通法的性质》《公司的结构》《基本合同法》(与富勒合著)等传世经典。埃森博格是美国艺术与科学院院士,美国法学会《公司治理原则》的起草人,美国《第三次代理法重述》和《第三次返还法重述》的建议人,美国律师协会公司法委员会的顾问。埃森博格对于霍姆斯对价交易理论的批判性阐释、对于"回应性契约法"的提倡以及对于麦克尼尔关系契约理论的系统批判,使其成为新古典契约法对抗古典契约法理论和关系契约理论的代言人,是新古典契约法成为美国主流契约理论的主要贡献者和核心代表人物。

(六) 法学家吉尔莫

吉尔莫(Grant Gilmore,1910—1982),是美国著名的法学家,曾在耶鲁法学院、芝加哥法学院等著名法学院任教,是美国新古典契约法的经典文本《统一商法典》的主要起草人之一,是法典第九编的起草人。吉尔莫也写作了不少名著,包括《合同法:案例与材料》《海商法》《财产上的担保权利》②《担保交易》《美国法的时代》等。其中最著名的莫过于其《契约的死亡》一书。1970年4月,吉尔莫在俄亥俄州立大学法学院作了一个讲演,题目叫做"契约的死亡",然后将讲演稿整理出版,这就是使世界法学界震惊的《契约的死亡》一书。这本书的开头便写道:"有人对我们说,契约和上帝一样,已经死亡。的确如此,这绝无任何可以怀疑的。"③在吉尔莫看来,19世纪晚期契约一般理论迅速形成之前,侵权一直是引起民事责任的主要因素,在当时,契约之债与侵权之债呈融合趋势。而当"对价"等古典契约法的核心准则走向消亡的时候,这种融合状态就再次重现。吉尔莫认为现代契约法的发展表现为契约责任被侵权责任这一主流融合,契约法为侵权行为法吞并,或者他

---

① 埃森博格教授每年秋季学期都在哥伦比亚大学法学院教授合同法课程,笔者2006年于哥大访学时也有幸旁听其课,当面聆听其教诲,受益匪浅。
② 该书获得5年一度的埃姆斯奖(Ames Prize)。
③ 〔美〕格兰特·吉尔莫:《契约的死亡》,曹士兵等译,中国法制出版社2005年版,第1页。

们二者都被一体的民事责任理论合并,有关契约关系问题的处理也将交由合并后的民事责任理论和制度。古典契约法领域中的那种纯粹规制当事人之间关系的契约概念开始土崩瓦解,并逐步走向开放。在科宾、凯斯勒、卢埃林等老师和同事的影响下,在宣告古典契约法死亡和建构新古典契约法文本《统一商法典》的过程中,尽管稍微有些激进,但吉尔莫也不可避免地加入了新古典契约法的理论阵营中去。

(七) 法学家富勒

朗·富勒(Lon L. Fuller,1902—1978),毕业于美国斯坦福大学法学院,长期从事教育事业,曾先后任教于俄勒冈大学、伊利诺斯大学、杜克大学,最后三十年在哈佛大学教授合同法和法理(任卡特法理学教授),1972年退休。是新自然法学派的代表人物,也是20世纪久负盛名的法律思想家之一,其与哈特关于"法律与道德"(恶法是不是法?)的著名论战也已经成为法学中的永恒话题。他和哈特曾对法与道德的关系展开过一场著名的辩论,对自然法学派和法律实证主义之间的对抗意义深远。其主要法理学著述有:《美国的法律现实主义》(1934年)、《法律在探讨自己》(1940年)、《法理学》(1949年)、《实证主义与对法律的忠诚:答哈特教授》(1958年)、《人类的目的和自然法》(1958年)、《对内格尔教授的答复》(1958年)、《法的自相矛盾》(1958年)、《法的道德性》(1964年初版,1969年修订版)、《法的虚构》(1967)、《作为社会控制的法律和作为人类相互关系工具的法律》(1974年)、《社会秩序的原则》(1981年,由Kenneth I. Winston编辑,杜克大学出版社出版)等。

富勒主要是一位法理学家,他从未系统地阐释过合同之债的一套理论,但是富勒的"合同损害赔偿中的信赖利益"[①]和"对价与形式"[②]这两篇非常著名的论文对合同法学术贡献甚巨,并使其在合同法学界名声大噪。而其编写的《基本合同法》案例书更成为传世的经典,至今在美国的法学院长盛不衰。当然,富勒的法理学和法哲学思维和观念深深地影响了他对合同内涵与本质的态度。在其最重要的著作《法律的道德之维》一书中,富勒就非常强调法律的目的性(purposiveness)、法律事业的合理性(rationality)和达致良好

---

① See 46 *Yale L. J* 52, 373 (1936). 中文译文由韩世远先生发表于梁慧星主编之《民商法论丛》第7卷。阿蒂亚认为:该文"无论如何,在普通法世界的全部现代合同法学术中,大概已成为最有影响力的一篇论文"。

② See 41 *Col. L. Rev* 799 (1941).

社会秩序的方法(methods of ordering)。① 在富勒看来,合同正是达致上述良好社会秩序的一种重要方法,合同对社会秩序形成的作用是通过它规制人们未来的交往行为来起作用的。② 在富勒教授的法律事业(enterprise of law)和社会秩序(social order)蓝图中,合同的内涵与本质就被定格在"人们规划和安排自己未来行为的一种自治方法"上。富勒的合同法思想是一种典型对其前辈兰代尔、霍姆斯和威灵斯顿的古典契约法进行反叛的新古典契约法思想,对当代法学家德沃金③、埃森博格等人的学术倾向影响深远。

(八)法学家凯斯勒

凯斯勒(Friedrich Kessler,1901—1998),是美国及世界著名合同法学家,自1935年至1970年在耶鲁法学院任教,1970年退休后一直在加州伯克利法学院任教,是从纳粹德国逃往美国的学者之一,1934年从德国到了耶鲁法学院任教。凯斯勒是美国法学会终身member,也是美国艺术与科学院院士,并曾于1969年获得德国骑士指挥官十字勋章。凯斯勒自封为法律现实主义者,并采取现实主义的视角对合同自由、附和合同、社会资本主义和人类自治背景中的合同法进行有效的研究,得出了与古典契约法不同的分析结论,批判并发展了古典契约法,促进了新古典契约法的发展。在其《附和合同——关于契约自由的思考》这一经典论文中,凯斯勒明确指出了格式合同和附和合同在现实中的大量出现:大规模企业的发展伴随着成批生产和成批分配使得一种新类型的合同不可避免地出现——格式化的成批合同。一个格式合同,一旦其内容被一个商业企业重新修订,就应用于每一个相同产品或服务的交易中。通常使传统类型的合同显得可信的双方当事人的个性已经消失。今天这种一成不变的合同反映了市场的非个性化。在不同的交易中使用不同种类的格式合同已经达到了最完美的状态。一旦这些合同的实用性在运输、保险和银行业中被发现和得到完善,将被广泛地用于所有其他领域的大规模企业,既用于国内贸易,也用于国际贸易,而且用于劳动关系中……合同条款的统一,是商业企业重视的,在精确预计风险中的一个重要因素,那些难于预计的风险可以一并被排除。而影响履约的那些无法预见的事件,比如罢

---

① Fuller, *The Morality of Law*, Yale University, Press, 1964, p.106.
② P. S. Atiyah, Fuller and the Theory of Contract, in *Essays on Contract*, Clarendon Press, 1986, p.74.
③ 罗纳德·德沃金在哈佛大学法学院时是富勒的学生,深受富勒影响。

工、火灾和运输困难也可以被有效处理掉。① 尽管19世纪的契约自由观念早已不适应现代工业经济的现实,而格式合同的出现有重要的社会现实基础和诸多优势,但在凯斯勒看来,基于契约自由的格式合同已经成为合同强势一方的单方特权,我们也因此正在经历一种"从契约到身份的复归"。而上述情况如果不能得到有效的应对,那么会因此导致诸多的社会经济不公。凯斯勒的诸多类似研究都具有明显的法律现实主义色彩,代表了新古典契约法发展的方向。

总之,有如此众多的大牌法学家的齐心倡导和协力拥护,再加之上述法学家的主张能够立足社会现实解决古典契约法的传统弊病,新古典契约法理论成为美国主流契约法理论也就是顺理成章的事情了。

三、新古典契约法的经典文本:《统一商法典》与《第二次合同法重述》

从法律文本上来说,新古典契约法理论的典型代表是美国《统一商法典(简称 U.C.C.)》第二编和《第二次合同法重述》。② 英国法学家特莱特尔(Sir Guenter Treitel)认为,美国《第一次合同法重述》《统一商法典》和《第二次合同法重述》是20世纪合同法的三大里程碑。③ 当然,《统一商法典》和《第二次合同法重述》之所以声名显赫、功绩卓越,主要在于它们承载和代表了当今世界主流契约法理论思想:新古典契约法理论。

(一)经典文本《统一商法典》

美国法的基础是英国的普通法,早在殖民地时期,普通法传统就已在美国扎下了深厚的根基。因此,美国长期以来坚持普通法判例制度,实行遵循先例原则。但判例法也有明显的缺陷,那就是判例的纷繁芜杂、查询引证不便、相互矛盾与冲突、可能导致一错再错等若干弊端。于是法学家开始反思判例法的正当性,开始寻找解决判例法弊端的方法。一种方法是法官在裁判时自己突破遵循先例规则,比如卢埃林就曾言:当法官根据已有的判决或者先例,加上本案的现实,得出的结果令他毛发倒竖的时候,就不遵循先例了。

---

① Friedrich Kessler, Contracts of Adhesion—Some thoughts about Freedom of Contract, 43 *Columbia Law Review*, 1943, 629, 631—632.
② See Jay M. Feinman, Relational Contract Theory in Context, 94 *Nw. U. L. Rev.* 737, 738.
③ Sir Guenter Treitel, *Some Landmarks of Twentieth Century Contract Law*, Clarendon Press, 2002, p.3.

另一种方法便是对普通法或判例法形式理性化或法典化。尤其是在哈佛法学院的兰代尔、威灵斯顿等法学家倡导的法律形式主义思想的引领之下,当法律人发现,合同的一般理论和规则越来越体现出杂乱而模糊的判例法所不具有的诸多优越性时,人们希望通过对合同一般原理法典化来达致判断的明确和简约,就成为一种必然的诉求。尤其是那些金融家、工业家和投资家,都迫切需要司法判决的预见性和稳定性。① 于是,法律科学化和合同原理一般化思潮成为当时美国的一种潮流和方向。

在法律科学化和合同原理一般化思潮的启发和鼓舞之下,19世纪后半期的美国又开始酝酿普通法法典化思想的新高潮。此次法典化运动中的主要活动家是费尔德。费尔德通过为纽约州担纲起草《民事诉讼法典》《刑法典》《民法典》和《政治法典》而在美国引领法典编纂高潮。但这些法典中最重要的《民法典》的否决,标志着费尔德实现美国法典化的努力从总体上说失败了。但法典化运动还是颇有收获的。纽约州通过了《民事诉讼法典》和《刑法典》;以加利福尼亚为首的5个州采用了《民法典》和《政治法典》;美国统一州法全国委员会1896年通过了所有州采纳的《统一流通票据法》(1896),并在英国1893年《英国货物买卖法》的影响下,通过了由威灵斯顿起草的《统一买卖法》(Uniform Sales Act)。该法典被三十多个州采纳,并成为后来《统一商法典》买卖篇的主体,其甚至被描绘成"美国第一部完全意义上的普通法法典"。其他被普遍接受的法典还有:《统一提单法》(1909)、《统一股票交易法》(1909)、《统一合伙法》(1914)等统一法典。当然这些法律文件不是真正意义上的法律,并不具有当然的权威性和约束力,它们仅仅是为各州的立法提供一个范式或榜样,在若干立法领域设定可供参照的标准,因此人们称其为"标准法典"或"标准法"。② 这些都为后来《统一商法典》的起草创造了条件。

但19世纪末20世纪初美国法的法典化同样也带来新的一系列问题。美国形式理性化的法律、法规和各种条例的数量到19世纪末和20世纪初时已发展到令人吃惊的地步,名目众多的立法使得人们难以驾驭。于是,法律界便产生了一种将各州法律统一化和系统化的法典编纂的强烈要求。正是在这样的背景下,在美国律师协会(ABA)的倡导下,1892年由各州出3名或5名代表组成了美国统一州法全国委员会(National Conference of Commis-

---

① 〔德〕K. 茨威格特、H. 克茨:《比较法总论》,潘汉典、米健、高鸿钧、贺卫方译,法律出版社2003年版,第357页。
② 封丽霞:《世界民法编纂史上的三次论战》,载《法制与社会发展》2002年第4期。

sioners on Uniform State Laws),该委员会设立的目的在于向各州推荐其拟制的示范法律文本。事实证明它对于谋求和促进各州调整某特定领域的法律的统一做出了突出的贡献。

正是鉴于原来由统一州法委员会通过的多部单行商事法律本身在各州的通过、采纳、解释等方面存在不统一的问题,因此,美国统一州法委员会于1940年正式通过决议,决定起草一部统一商法典。但决议通过之后,才感觉到统一州法委员会目前的状况,不具备这种能力。需要时间精力,需要相当多的专家学者。这时他们就想到了美国法学会,总部在宾夕法尼亚州的费城。1942年前后,美国法学会早年搞的那些美国法重述,比较成功。美国法学会是在1923年成立的,这个时候《合同法重述》《冲突法重述》《担保法重述》等都已经通过。于是两个组织一拍即合。双方签订了一个协议,他们称之为"TREATY",美国两大法律团体携手合作来制定这部统一商法。1945年这个法典正式开始起草。在这之前有一项工作,实际上是统一买卖法1940年就开始修订了,由卢埃林来修订。1945年统一商法典项目正式启动,任命卢埃林为 Chief Reporter。在非正式文件中,一般称为 Drafter;正式文件中称为 Reporter,就是一个起草者。①

最后要说的是《统一商法典》的逻辑体例。它的第一编总则。第二编买卖。第二编之二租赁(1987年加进法典中)。第三编票据。第四编银行存款和收款(票据交到银行,银行在系统上托收)。第五编信用证。第六编大宗转让。第七编仓单、提单和其他所有权凭证。第八编投资证券。第九编担保交易;账债和动产契据的买卖。第十编生效日期和废除效力。

总之,《统一商法典》是美国统一州法委员会和美国法学会联合组织制定的一部示范法,由法学家卢埃林起草,1952年正式对外公布,对世界各国的民商事立法产生了深远的影响,被誉为英美法系历史上最伟大的一部成文法典,其买卖编是融合法典法与判例法、法律现实主义与法律形式主义的新古典契约法的经典文本。

(二) 经典文本《第二次合同法重述》

《第二次合同法重述》则是法学家法恩思沃斯负责起草的另外一部新古

---

① 参见孙新强教授2004年10月30日晚在厦门大学法学院所做的题为"美国统一商法运动与统一商法典"的演讲。

典契约法的经典法律文本。① 它是在《统一商法典》和普通法的影响下对作为古典契约法代表的《第一合同法重述》加以修改基础上完成的。

《第一次合同法重述》在美国出版之后,引起了巨大的社会反响,佳评如潮。曾任首席大法官的休斯(Charles Evans Hughes)称赞合同法重述为"不朽的成就(monumental achievement)",并将其出版描述为"头等重要的大事(an event of first importance)"②;法恩思沃斯的老师、哥伦比亚大学的派特森教授(Edwin Patterson)认为合同法重述"非常有意义(highly significant)"③;伊利诺斯州立大学的高堡教授(George Goble)认为合同法重述是"一项杰出的作品,是一块里程碑(an outstanding production and an milestone)"④。同样,《第二次合同法重述》的第一位报告人、哈佛大学的布莱彻教授(Robert Braucher)⑤称赞《合同法重述》是当代社会对私法自治和合同自由的重申:

"用现代词语来重述合同法的努力使得私法自治在一个扩张政府行为的时代得到强烈反弹……为回应社会变化而提炼并重新定义的合同自由,拥

---

① 1981年颁布的《第二次合同法重述》共385条,包括如下十六章:
第一章 名词的含义
第二章 合同的形成——当事人与行为能力
第三章 合同的形成——相互同意
第四章 合同的形成——对价
防止欺诈条例
错误
虚假陈述——胁迫与不当影响
因公共政策原因而不可强制执行
合同义务的范围
履行与不履行
履行不能与履行受挫
因同意或更改而解除债权
连带允诺人和受诺人
合同受益人
权利让与与义务承担
违约救济

② Hughes, Restatement of Contracts is Published by the American Law Institute, 18 *A. B. A. J.* 775 (1932).
③ Patterson, The Restatement of the Law of Contracts, 33 *Colum. L. Rev.* 397, 397 (1933).
④ Goble, The Restatement of the Law of Contracts, 21 *Calif. L. Rev.* 421, 429 (1933).
⑤ 在美国法学会决定进行第二次合同法重述时,它选任哈佛大学法学院的布莱彻教授作为其报告人(Reporter)。从1963年到1971年间,布莱彻教授一直担任二次合同法重述的报告人。但在1971年,布莱彻应邀出任美国马萨诸塞州最高法院法官。于是,美国哥伦比亚大学法学院的范思沃斯教授便中途接替布莱彻担任《第二次合同法重述》的报告人。科宾则被邀请为顾问(Consultant),直到他1967年去世。See E. Allan Farnsworth, Ingredients in the Redaction of The Restatement (Second) of Contracts, *Colum. L. Rev.*, January, 1981, 3.

有了它以前一直拥有的力量。"①

当然,合同法重述也不乏批评者(例如对重述的方法和合同修改规则等的攻击),但批评之声相对于其获得的赞誉声来说,还是极其微弱的。不过,由于合同法重述在性质上是一种介于法典法和判例法之间的法律文件,它就免不了受到制定法和判例法发展的影响。随着合同判例的逐步扩张和更新以及相关商事立法的出台,《第一次合同法重述》的修改便被提上议事日程。公元1952年,美国法学会又获得A. W. Melleon Education and Charitable Trust of Pittsburgh 的赞助,准备对一次重述进行修改,(并于1962年)②正式开始合同法等法律的第二次重述,合同法重述于1979年获得通过。1981年,《第二次合同法重述》正式出版发表。《第二次合同法重述》共385条,包括十六章③,每章又分节(topic)。同《第一次合同法重述》一样,《第二次合同法重述》的基本条文(section)也只占极少部分,基本条文后有评论和说明例(Comments & Illustrations:含评论(Comment)与说明例(Illustration)两部分)、报告者注解(Reporters Notes)、案例援引(Case Citations)等对条文的详细解释和说明,有些章节前还有介绍性注释(Introductory Note)。内容丰富浩繁,阐释详尽,实为研读美国合同法最为重要之素材。④

导致合同法再次重述的原因是多重的。《第二次合同法重述》的报告人法恩思沃斯教授认为,二次合同法重述至少受到三方面的影响:个别人物、判

---

① Braucher, Freedom of Contract and the Second Restatement, 78 *Yale L. J.* 598 (1969).
② E. Allan Farnsworth, *Contracts*, Aspen Law Business, 3rd ed., 1999, p.28.
③ 美国《第二次合同法重述》的全部十六章内容为:
第一章　名词的含义
第二章　合同的形成——当事人与行为能力
第三章　合同的形成——相互同意
第四章　合同的形成——对价
防止欺诈条例
错误
虚假陈述——胁迫与不当影响
因公共政策原因而不可强制执行
合同义务的范围
履行与不履行
履行不能与履行受挫
因同意或更改而解除债权
连带允诺人和受诺人
合同受益人
权利让与与义务承担
违约救济
④ 关于美国《第二次合同法重述》基本条文的内容(第1—4章),可参见笔者对其所作的初步翻译和引介。载梁慧星:《民商法论丛》第31卷,法律出版社2004年版。

例法和制定法(主要是 UCC)的三个方面的影响。① 其中制定法和判例法起到了主要的推动作用。因此可以说,《第二次合同法重述》是在制定法和判例法双重影响下诞生的:

1. 制定法(法典法)的影响

已出台的制定法对合同法二次重述的影响是巨大的。例如,在各州降低年龄的立法影响下,《第二次合同法重述》第 14 条规定,获得订立合同的完全能力的年龄从 21 岁降至 18 岁。同时,在盖印合同(Seal)、防止欺诈法(Statue of Frauds)、连带和多数允诺人和受诺人(joint and several promisors and promisees)、合同转让(assignments)等方面,《第二次合同法重述》都受到了各州制定法的强烈而明显的影响。但对《第二次合同法重述》产生最为深刻的影响的制定法是美国的《统一商法典》。②

美国起草《统一商法典》的目的在于统一各州之不同商事法,并取代 1906 年的《统一买卖法》。为此,美国统一州法委员会便与因合同法等多种重述而名声大噪的美国法学会合作,并任命卢埃林(Karl Llewellyn)为报告人,负责起草《统一商法典》。1952 年,《统一商法典》的官方文本正式公布,并首先在美国法学会所在的宾夕法尼亚州(Pennsylvania)付诸实施。其后法典经过很多次修订并逐步为美国除路易斯安那州(路易斯安那州也采纳了一部分)之外的所有其他州所采纳,并因此对美国合同法产生了非常深刻的影响。《第二次合同法重述》就是在这种影响下诞生的,并且《统一商法典》被看成是《第二次合同法重述》产生的主要推动力。

(1) 取消了对单诺合同与双诺合同的划分。

尽管单诺合同与双诺合同(Unilateral and Bilateral Contracts)的划分在英美法中被誉为"伟大的两分法"③,是理解英美法的重要路径。但是,由于该分类存在明显的缺陷,《第二次合同法重述》追随《统一商法典》对这一传统理论不仅极尽淡化之能事,而且极力想从法律辞典中删除单诺合同这一术语。④ 在二次合同法重述第 1 条的说明中,其报告人认为:"原重述(即第一

---

① E. Allan Farnsworth, Ingredients in the Redaction of The Restatement (Second) of Contracts, Colum. L. Rev., January, 1981, 3. 影响《第二次合同法重述》的个别人物主要包括报告人布莱彻、法恩思沃斯,写过不朽《合同法》论著的科宾和威灵斯顿,写过信赖利益开创性文章的富勒,和写过多篇关于胁迫的精彩文章的著名比较法学家道森(John P. Dawson)。

② E. Allan Farnsworth, Ingredients in the Redaction of The Restatement (Second) of Contracts, Colum. L. Rev., January, 1981, 10.

③ 孙新强、孙凤举:《论英美法上的单诺合同和双方合同——兼与杨桢教授商榷》,载《环球法律评论》2005 年第 5 期。

④ Mark Pettit, Jr., Modern Unilateral Contracts, 63 B. U. L. Rev. 551 (1983).

次重述)第12条界定了单诺合同和双诺合同,本重述不再采纳这一定义,因为人们对这一区分的有用性持怀疑态度。"① 于是,《第二次合同法重述》自始至终未使用"单诺合同"和"双诺合同"的概念,尽管二次重述为了保持与《第一次合同法重述》有一定的连续性,仍将承诺区分为以行为进行的承诺和以允诺进行的承诺两种。

(2) 增加诚信和公平交易义务(duty of good faith and fair dealing)。

受《统一商法典》第1-203条"合同和义务的履行或执行必须遵循诚信原则"规定的影响,《第二次合同法重述》第205条也规定:"合同的当事人在履行或执行合同的过程中负有诚信和公平交易的义务。"《第一次合同法重述》对诚信和公平交易义务规则没有任何规定②,该规则完全是在《统一商法典》第1-203条的影响下对合同法重述的更新,符合了当今社会日趋复杂的交易发展的需要。

同时,《统一商法典》中诚信和公正交易义务还起到了对对价原则的修正和替代的作用。如其第2-209条规定,变更买卖合同的协议无须对价支持即具有约束力,但必须符合本法施加的诚信标准。该条规定对合同法重述也产生了不小的冲击。如《第二次合同法重述》在第89条规定:如果从订立合同时当事人所没有预见到的客观情况来看,该修改是公正和平等的,则该修改任何一方尚未完全履行的合同义务的允诺,即使无对价也具有约束力。从而使得英美合同法也具有更强的灵活性。

(3) 规定以弃权证书解除义务无须对价。

在《统一商法典》第1-107条规定的影响下,《第二次合同法重述》在第277条也规定:"债权人签署并交付书面的弃权证书,即使没有相应的对价支持,其对债务人义务的解除也是有效的。"根据《第一次合同法重述》,合同义务解除必须要有对价或者是以腊封盖印的形式,否则没有强制执行力。因此,《第二次合同法重述》的该条规定是承继《统一商法典》对传统对价原则的反叛和突破,适应了时代发展的要求。

此外,《第二次合同法重述》中有关合同条款之确定性(certainty)、合同法的商业习惯观念(usage of trade)等内容,也是借鉴《统一商法典》的规定而来。同时,UCC 的诸多概念和术语也被吸收进二次重述。

2. 判例法的影响

由于在英美国家中,合同法主要是判例法,所以判例的发展对合同法重

---

① Restatement of Contracts §1, Reporter's Note, comment 2,3.
② E. Allan Farnsworth, Ingredients in the Redaction of The Restatement (Second) of Contracts, *Colum. L. Rev.*, January, 1981,10.

述的影响也是十分巨大的。况且,从《第一次合同法重述》通过的1932年到《第二次合同法重述》出台的1981年的半个世纪中,美国社会也历经沧桑巨变,既包括经济大危机、罗斯福新政、二次世界大战,也包括新技术革命促导下的经济腾飞和20世纪70年代的经济滞胀。与经济社会的此种巨变相适应,美国合同法律制度上也有了较大的变迁,当然,此种变迁主要体现在出现了大量与《第一次合同法重述》出版时不同的新案例。由于这些新案例的判决结果及其所持的理论观念紧跟时代经济潮流,从而彰显了《第一次合同法重述》的价值观念和理论规则的陈旧。因此,判例法的发展也是促使合同法重述进行修改的重要原因。正如著名英美法学者杨桢先生所认为的那样,《第二次合同法重述》的起草旨在使重述每篇之条文能与不断增加且变动之法院判例,保持一致。①

当然,判例对合同法重述的影响主要体现为:在合同法重述的修改过程中,大量增加新旧法院判例来对重新编写的条文和相关的评论、注释加以说明,从而增强实用性和说服力。而在《第二次合同法重述》的全部修改中,最为引人注目的莫过于其对允诺"信赖"的更为明确的确认。

由于《第一次合同法重述》主要受威灵斯顿教授思想的影响,所以"允诺禁反言"(promissory estoppel)的字眼并没有出现在一次重述中。但科宾派的主张并非没有产生任何的效果,科宾提出的诸多有关问题是威灵斯顿所无法回答的。因此,一次合同法重述在实质上还是承认"允诺禁反言原则"的。《第一次合同法重述》第90条就规定:"允诺人对因其允诺所引致的作为或不作为是可合理预见,且只有强制执行其允诺才能避免不公平结果发生时,该允诺有约束力。"但是,该条规定对信赖的确认很是模糊,并且其适用条件非常严格,不足以达到对当事人的信赖的完整保护。

于是,《第二次合同法重述》在Drennan案②等著名案例的影响之下,于第90条明确规定了允诺禁反言原则及其适用条件:"允诺人对其允诺所引致允诺相对人或第三人的作为或不作为是可合理预见,且只有强制执行其允诺才能避免不公平结果的发生时,该允诺有约束力。且其违反允诺的救济方式,以达到公平者为限。"总之,《第二次合同法重述》第90条所规定的允诺禁反言原则不仅放宽了对信赖保护的条件(删除了允诺相对人的信赖必须达到确定和确实之程度的要求),而且也扩大了信赖保护的范围(其适用对

---

① 杨桢:《英美契约法论》(第3版),北京大学出版社2003年版,第93页。
② 该案中,法院认为总承包人的行为是基于对分包人投标的信赖,因此,判决分包人的投标是不可撤销的。See Drennan v. Star Paving Co., 51 Cal. 2d 409, 333 P.2d 757 (1958).

象不光包括允诺相对人,还扩大到了有关系的第三人),并将信赖利益作为救济或回复的标准①,即救济以"达到公平"的信赖损害为限。

3.《合同法重述》与《统一商法典》的适用关系

(1) 从适用的效力来看,《统一商法典》是一种议会通过的法典法、制定法,对法院判决有着直接的约束力;而《合同法重述》不是美国国会通过的法律文件,不具有法律的直接约束力,但却有影响法院判决、并为各方所认可的重大权威性。按照美国法学会前会长的说法就是:重述作为普通法的权威渊源,具有高度的说服力(Restatement as "Common Law 'persuasive authority' with a high degree of persuasion")。因此,每当法官面临困难问题而又不能从先前的判决得出明确结论时,即没有先前的判决可循或者没有明确的先例可依时,他们都会援引重述的规定直接作出判决。同时,《合同法重述》中的大量案例说明和援引都是一些普通法的经典案例,从而在一定程度上起到了案例汇编的作用,从而更加有利于法官对法律的适用。

(2) 从适用范围上来看,《合同法重述》是合同制度的"一般法",而《统一商法典》则是合同制度的特别法。从上文所列《第二次合同法重述》的全部十六章的内容可以看出,《合同法重述》是对合同全部重要制度的一般概括和叙述,是合同的"一般法";而《统一商法典》范围主要围绕其"商事性"展开。从其全部十编的内容来看,《统一商法典》主要涉及各种有关商事交易合同法和其他的商业法律制度与规则,而即使其中有关商事交易的合同法也并不是一般性的合同法律规则和制度。它们只是关于商事交易的合同的特别规则和制度,其适用范围较《合同法重述》来说还是有些狭窄。

(3) 然而,由于《统一商法典》具有的法典法的权威性,其规定的诸多法律规则被吸收进了《第二次合同法重述》。况且,该《法典》把与货物买卖有关的本来存在于判例法之中的合同法规则以制定法的形式表达出来,其中许多规则也慢慢被视为合同法的"一般规则"。② 例如,其"买卖编"中所规定的"合同的形式、订立和修改""一般义务与合同解释""履行""违约、毁约和免责"以及"救济"等各章,虽然其实质内容是在买卖合同的范围内进行讨论,但很多规则被视为具有一定程度的一般性。此外,《统一商法典》中的诚实信用原则、显失公平原则等内容也早已成为美国合同法中经典的一般规则和通用规则。

---

① E. Allan Farnsworth, Ingredients in the Redaction of The Restatement (Second) of Contracts, *Colum. L. Rev.*, January, 1981,7.

② 王军:《美国合同法》,法律出版社1996年版,第13页。

四、新古典契约法的理念与内容

与古典契约法相比,新古典契约法有着自己独特的理念和内涵,具体包括:

(一)注重对契约信赖利益的保护

对德国法学造诣深厚的富勒以肯定的态度引用了耶林 1861 年的缔约过失理论的研究成果,但与耶林的大陆法系的缔约过失责任理论不同,富勒所提出的问题的核心始终在于契约责任上的损害赔偿的范围如何。① 于是,在异常著名的《合同损害赔偿中的信赖利益》一文中,富勒提出了契约领域的三大利益学说:期待利益、信赖利益和返还利益。该学说不仅建构了当代契约法合同损害赔偿的基本理论体系,也引发了世界范围内的合同立法对信赖利益的保护。同时,它也直接影响了美国《第二次合同法重述》对契约当事人信赖利益的保护模式,在第 90 条明确规定了承载和规制契约信赖利益理论的允诺禁反言原则。② 允诺禁反言原则(将在后文中详述)是在传统对价原则基础上发展而来的,主要为补足传统对价原则在处理某些特殊案型时可能导致的与公平正义相悖的后果,其制度价值主要体现在保障公平、伸张正义、防止机会主义、维护交易安全、补充法律漏洞等方面。总之,对契约期待利益的关注和保护是古典契约法理论的核心,但随着社会的发展,信赖利益也已经成为契约当事人重大利益之所系,值得法律认真对待。志在回应社会现实、弥补古典契约法不足的新古典契约法以覆盖并突出信赖利益保护为其标志,展现出其回应性和包容性特质。在英美契约法中,此种对契约信赖利益的重视和保护,自富勒始,经过科宾和阿蒂亚等人的传承和发扬,已经成为新古典契约法的核心理念和重要特征。

(二)对法律形式主义的批判

新古典契约法理论源于法律现实主义的理论思潮,对于古典契约法理论所遵循的法律形式主义方法有着天然的抵制态度。新古典契约法对法律形式主义的排斥遍布于新古典合同法中。首先,在合同成立方面,承诺必须与要约完全一致的规则(又称镜像规则)被修正乃至规避(U.C.C. 2-207),法

---

① 〔美〕格兰特·吉尔莫:《契约的死亡》,曹士兵等译,中国法制出版社 2005 年版,第 93 页。
② Restatement of Contracts, Second, §90.

院可以依据合同关系的具体情况来决定当事人最初同意的条款是否显失公平(U.C.C. 2-302)。其次,在新古典契约法中,"协议"绝不再是静态的,即使没有任何对价或信赖,合同也可以通过随后的协议包括"履约过程"得以确立或变更。再次,在合同解释方面,臭名昭著的"文义规则"被抛弃(U.C.C. 2-202 评论(b))。①新古典主义者继续加强作为社会制度的合同的努力,他们对司法和立法中的形式主义嗤之以鼻。卢埃林的工作似乎预示着形式主义的不断衰退,但在衰退变成现实的过程中始终遇到抵制,比如当稳定交易所需要的确定性和在具体交易中确保公平结果的愿望之间变得非常紧张时,不能从制定法或先例中寻求足够指南的法院会从法学家的著作中寻求帮助,如果仍然无济于事,法院便会回到形式主义的方法加以解决。② 这是新古典主义理论所面临的最重大的挑战之一。

(三) 显失公平和诚实信用等弹性原则和标准的出现

随着法律现实主义思潮的兴起,契约法理论将其关注点投向社会经济生活需要,进而将当事人未约定的"社会标准"引入契约关系中来。显失公平、诚实信用以及信赖等理论原则都是此种引入社会标准以因应社会变迁的重要步骤。卢埃林觉得,法院在解决契约压迫和不公平时,仅靠传统的欺诈、胁迫规定是不够的。为此,他在《统一商法典》中规定了显失公平条款,授权法院根据社会标准适时变更合同以避免显失公平。该规定使得法院能够准确公平地确定当事人之间实际存在的交易,极大地改变了要约承诺的"镜像规则"。

除此之外,另一个设计用来解决法律形式主义导致不公平结果的规定是"诚信原则"。《统一商法典》,包括第二编买卖在内,适用于所有的自然人和团体。当事人是否具有商人身份对于决定诚实信用义务的范围来说也是非常重要的。《统一商法典》第 1-203 条规定:"当事人应当诚信履行或执行本法范围内的每一合同或义务。"这一"诚实信用"义务可以对很多合同情形产生实质的影响,它不应当被视为对当事人诚实意图的简单重复。然而,"诚实信用"本身存在两种不同的标准。我们可以在《统一商法典》第 1-201 条第(19)款中发现适用于所有当事人的一般定义,该条规定:"'诚实信用'意味着在相关行为或交易中的事实上的诚实。"然而《统一商法典》第 2-103 条第

---

① John E Murray. JR., Contract Theories and The Rise of Neoformalism, 71 *Fordham L. Rev.* 869 (2002).

② Ibid.

(1)款(b)项规定:"涉及商人时,'诚实信用'是指事实上的诚实和对行业中有关公平交易的合理商业准则的遵守。"我们应该慎重地分析这些定义。为非商人所创设的标准被认为是主观的,并且有些时候被人们称作"纯洁的心与空白的大脑原则"。如果非商人的心是纯洁的,则其行为的合理性就无关紧要了。但是,商人的"诚实信用"标准则却不仅包括主观上的事实诚信的要求,还包括要求商人满足客观上可确定的"行业中有关公平交易的合理商业准则"。总之,显失公平原则和诚信原则可以说是新古典契约法理论的核心内容。① 它们在《第二次合同法重述》中也都有所体现。不可否认,较之于古典契约法过分注重规则(rules),新古典契约法更重视标准(standard)、原则的思想和方法在当代美国的立法和法院司法中留下了明显印记。

(四) 承认商业贸易习惯和交易惯例对于契约的重要作用

新古典契约法的另外一项重大变化是,由只认契约法规则和契约条款到承认商业贸易习惯和交易惯例对契约的作用。最具代表性的例子是《统一商法典》第1-205条关于交易习惯和贸易惯例的规定:

UCC 1-205 条　交易习惯和商业惯例

(1) 交易习惯是从事特定交易当事人间先前的一系列行为,该行为可以被公正地看做为解释他们的意思表示和其他行为建立理解的通常基础。

(2) 商业惯例在是在一定地区、行业或贸易中合理地预期所涉及的交易中将被遵守的具有特定约束力的任何交易实践或方式。该惯例的存在和范围被视为事实。如果该惯例被编入成文交易法典或类似的法院解释性文件中,则说明其已建立。

(3) 当事人间的交易习惯和他们所从事的行业或贸易中的商业惯例或他们已经或应当注意到的商业惯例赋予协议以特定含义并且补充或限制该协议的条款。

在新古典契约法理论看来,当事人之间的协议不仅仅通过语言文字表示出来,还通过此前的交易过程、贸易习惯、履约过程以及其他关系性情形表现出来;单一的合同法理论被解构,代之以使得法院能更好地接近当事人"真

---

① John E Murray. JR., Contract Theories and The Rise of Neoformalism, 71 *Fordham L. Rev.* 869 (2002).

实理解"的原则和指南;"合同"是按照当事人协议的法律效果来定义,不再受到纯粹技术性的限制;不再需要确定合同成立的确切时间;即使当事人未能明确表述合同条款,这也不再是致命的,只要当事人表示出受合同约束的意图,就具备了在违约的情况下提供救济的充分基础。上述新式内容已经初步认识到了合同固有的不确定性和关系性特征。①

(五) 合同内容的开放性对确定性的超越

古典合同法认为,确定性是合同和合同法的首要目标。要约和协议必须包含合同所需的所有"必要(essential)"条款。这些合同的必要条款包含当事人、价格、标的、数量、质量、履行时间等内容,这与我国《合同法》12 条关于合同一般性条款的规定基本相同。当然,缺乏合同的上述必要条款,也经常会使得合同因为缺少确定性而无效或没有执行力。《美国合同法重述》第 33 条对于合同内容的确定性进行了明确的规定:

(1) 除非合同的条款是合理确定的,否则,即使一个意思表示意在被视为一个要约,该意思表示仍不能因被承诺而形成合同。

(2) 如果合同的条款提供了一个决定违约存在与否和给予适当救济的基础,则合同的条款是合理确定的。

(3) 一个被建议的交易的一个或多个条款尚未订立或尚不确定的事实会表明,其中的意思表示并非意在被视为一个要约或承诺。

根据合同法重述的规定,在合同条款的确定性与愿意受约束的意思表示之间存在一种确定的关系。如果当事人已经订立了某一协议,但对重要条款尚未达成一致意见,法院可能会因此而发现:当事人尚未做出他们愿意立即受到约束的意思表示,而只是表达了继续进行磋商的意图,并且他们(当事人)也认为,只有就遗留的条款达成协议后才会认为该交易最终完成。当然,一个有强制执行力的合同的确定性、明确性需要达到的程度随着合同标的和交易复杂性的变化而变化。例如,在不动产交易过程中,当事人要经过充分的深思熟虑,非常明确、细致地订立其协议。在不动产所有权转让的交易中,这一点也同样重要。受害的当事人经常会请求实际履行的诉讼救济,而实际履行就需要合同条款特别的确定。因此,与一般的货物买卖案件相比,法院会更倾向于因合同条款的不明确而否定不动产买卖合同的执

---

① John E Murray. JR., Contract Theories and The Rise of Neoformalism, 71 *Fordham L. Rev.* 869 (2002).

行力。①

但作为新古典契约法经典代表的《统一商法典》在第 2-204 条第(3)款规定:"如果当事人有订立买卖合同的意思,并且存在合理确定适当救济之根据,即使缺少一项或多项条款而具有不确定性,买卖合同仍可有效成立。"其他一些条款,如第 2-207 条第(1)款条和第(3)款,也都指示法院在当事人以言语或行为表达了他们愿意受约束的意图时,就可以强制执行该合同,尽管当事人就其中一个或多个合同条款仍未达成一致。人们不仅可以通过察看当事人在纠纷发生之前根据合同进行的履约过程、先前的交易过程和交易惯例或行业惯例,来补足尚不明确的合同条款,还可以借用颇具弹性的诚实信用原则来确定当事人应当履行的合同义务。

当然,更能体现美国合同法在合同内容方面的开放性和灵活性特质的是包需求合同和包产出合同。包需求合同是指一个衡量买方的要求而确定合同数量的合同。卖方所生产的超过买方所需求的数量的产品都可以卖给第三人,但卖方必须得保证交付给买方充分数量的产品以满足买方的需求。买方不得从第三人处购买产品。而包产出合同是指一个衡量卖方的产出而确定合同数量的合同。如果买方的需求量超过了卖方的产出,那么买方便可以从第三人处购买超出量的产品,但前提是买方必须买完卖方的所有产品。卖方不得将其任何产品卖给第三人。比如,假定 S 同意根据 B 的需求以每加仑 12 美元的价格向 B 出售橄榄油,B 表示同意向 S 购买。这样的包需求合同似乎让买方有机会减少合同的数量、进而因此消灭 B 的义务,或者有机会根据 B 对未来行为的选择而大幅度增加合同数量。由于 B 的允诺具有明显的虚幻性质和合同条款存在确定性的问题,早期普通法法院依据古典合同法的原则很难执行那些数量完全由买方的需求或卖方的产出所决定的合同,因为合同重要内容的数量存在很大的不确定性。当然,对包需求合同和包产出合同中的权利和义务的解释,现在部分地受到了《统一商法典》第 2-306 条的控制。包产出合同中的卖方和包需求合同中的买方都受到诚实信用义务的制约。② 尽管如此,包需求合同和包产出合同还是对古典合同法原则和理念产生了巨大冲击,代表了美国合同法的开放性和灵活性对确定性的超越。

---

① Claude D. Rohwer, Gordon D. Schaber, *Contracts*,法律出版社(影印)1999 年版,第 78 页。
② 同上书,第 80 页。

（六）展现新古典契约法精髓的经典判例：东方航空公司诉海湾石油公司[1]

东方航空公司诉海湾石油公司
美国联邦法院，佛罗里达南区
1975年10月20日

东方航空公司起诉海湾石油公司，声称其与海湾石油公司之间有一份在指定航空港买卖航空燃料的包需求合同（requirement contract），请求法院判决海湾石油公司继续履行合同。地方法院法官詹姆斯·劳伦斯·金作出判决，认为包需求的合同是可执行的；虽然有"运输中加载燃料"的行为，但东方航空公司并未违反合同；OPEC联合抵制行为、能源危机以及美国政府的价格调控政策并不代表石油公司可以拒绝履行合同；证据无法证明合同履行在商业上是不可行的；双方协商的付款方式并不因国内外的政府规定而失效；东方航空公司有权要求特定的义务履行方式。

事实认定与裁决

詹姆斯·劳伦斯·金，地方法院法官

东方航空公司（Eastern Air Lines, Inc.）和海湾石油公司（Gulf Oil Corporation）长期以来在航空燃料的销售和采购方面有着互惠的合作关系。1974年3月8日，这一关系以海湾石油公司对东方航空公司要求涨价，否则将在15天内切断对东方航空公司的航空燃料供给而宣告终止。

东方航空公司将海湾石油公司告上法庭，称海湾石油公司破坏了合同上的协定，请求法院颁布初步和永久强制令，让海湾石油公司履行合同。1974年3月20日，经过协商，双方同意通过一个保持现状的初步强制令，即海湾石油公司继续履行合同，东方航空公司仍按合同约定付款，但本案的最终处置被推迟。

东方航空公司的控诉还包括其他法院的诉由，如侵权、反垄断和对美国联邦能源署规定的违反等，但海湾石油公司称初步强制令是按东方航空公司的要求发出的，东方航空公司在这些方面都没有遭受损失，因此成功将这些诉由驳回。

对于东方航空公司在本法院的控诉，海湾石油公司则认为该合同不是一

---

[1] 415 F. Supp. 429, 19 UCC Rep. Serv. 721(1975).

个绑定要求的合同,对于相互的需求是无效的,且根据统一商法典第2-615条的意义,在商业上是不可行的。

海湾石油公司还提出了反诉,要求法院为合同中所规定的喷气燃料定价。基于辩护人的同意,被告的反诉被推迟。很明显,如果东方航空公司在这次诉讼中占了上风,那么被告的反诉将因为没有意义而被驳回。

双方当事人的律师都在法院提交了证据,由国际知名的专家来详细解释近几个月来经济大事件对美国人生活的重大影响。

合　同

1972年6月27日,东方航空公司与海湾石油公司签订了一份修订的协议,在指定的航空港由东方航空购买海湾石油出售给东方航空所需的所有标号的飞行燃料。这份协议是对双方已有的一份合同的补充,签订这份协议时距前一份合同到期还有大约一年的时间。

这份合同是海湾石油公司提供的格式合同,跟其与东方航空公司在1959年签的第一份合同几乎完全一样,跟一般的飞行燃料交易中所使用的合同也很相似。这份合同是在双方协商之后由海湾石油公司起草的,在前一份合同到期前一年多的时候,海湾石油公司就跟东方航空公司沟通,希望能继续保持与东方航空公司的合作关系。经过数月的谈判,双方对旧有的合同条款进行了巩固和扩展,终于在1972年6月签订了新的正式合同,这份合同于1977年1月31日到期。双方约定这份合同应像上一份一样,包含价格自动调整条款,提供生产燃料的原油价格变化指数。

双方都很满意现有的合同。因为合同降低了其所列航空港的燃料价格,所以直接为东方航空公司节约了成本,而海湾石油公司也找到了一个新落成的冶炼厂来为自己长期提供燃料,同时,因为原油价格将要上涨,海湾石油公司生产的产品也会涨价,这对海湾石油公司也是有好处的。合同中规定,不管油价怎么涨,东方航空公司只承担一半的涨幅。在就合同进行磋商时,双方都知道油价是要上涨的。

双方在合同中选取了一个油价指数。这个指数的石油的比重占了海湾石油公司、壳牌石油公司和泛美石油公司的30.0—30.9,一直处于大量买进卖出的状态,因此是原油市场上比较可信的参数。这个指数由普氏石油服务机构公布。从1972年6月27日到1973年秋,政府对国内的油价加强控制,于是价格的上涨转而反映在了燃料的价格上。东方航空公司买一加仑燃料花的钱从11%涨到了15%。

公布价格一直是石油行业的习惯,它能够反映特定种类石油的实时价格。一直以来,价格公告除公开发布之外,还会专门寄给原油的买卖双方,以及油价资讯的公布方——普氏。

近年来,美国的石油多依赖于国外进口,尤其是OPEC组织,而这一组织内的国家多数在中东。OPEC成立于1970年,其成立是基于一个公然的目的,即提高油价。OPEC已成为一个紧密结合、强有力的组织。在这个组织内,尤其是在不稳定的中东国家,石油公司的运作方式常常比较极端,例如国有化,或者是停止生产和分配等。

在20世纪70年代,美国国内石油生产达到顶峰,随后开始回落。而此时,进口石油的比例上升。从1971年8月15日开始,国内油价就已受到控制,但国外的油价却未受到美国政府控制,于是,在1971、1972年,国外油价总体低于国内油价。从1973年开始,国外油价与国内基本持平,但到了1973年末,国外油价与国内相比,每桶贵几美元。

正值此时中东爆发了另一场战争,阿拉伯产油国发起了抵制美国及其部分盟国的禁运,导致世界石油价格上涨。于是政府出台了一个控制油价的双重等级政策。这个政策将石油分成了新旧两类,对两类石油实行不同的价格管理。以1972年5月从一个指定油井里生产出的油的数量为基准点,这个月生产的石油就是旧油。具体来说,假定5月份这口井生产了100桶油,这100桶就是"旧油",其价格由政府冻结在一个水平上。在之后又有150桶额外的生产量,那么将这150桶油进行划分,其中100桶与"旧油"等量的油可以不受政府的油价控制,剩下50桶则仍按"旧油"的价格政策处理。

油价双重等级政策在美国政府的价格操控历史上绝无仅有。这项政策一直处于有名无实的状态,直到1973年10月阿拉伯产油国发起抵制美国及其部分盟国的禁运。禁运令一下,美国马上尝到了能源危机的滋味。

在阿拉伯国家的禁令发出后,OPEC于1973年9月到1974年1月15日将油价单方面上涨了400%,此时,国内新油的价格一直飙升,已经和国外油价持平,从一桶\$5上涨到了\$11。

油价双重等级政策实施以后,普氏便停止发布未受政府控制的石油的价格,只公布被政府调控的旧油的油价。基于此,为了遵守合同的条款,东方航空公司要求海湾石油公司按普氏公布的价格来卖燃料。然而,旧油价格因为政府的调控而变得很低,而未受调控的原油的价格依旧很高,这就使得海湾石油公司的成本居高不下,但获得的利润却很少。

了解了上述事实背景之后,我们开始法律问题的探讨。

I. 包需求合同

海湾石油公司认为其与东方航空公司的合同是无效的,因为它缺乏相互关系,并且是模糊而不确定的,它致使海湾石油公司要被动地因东方航空公司的一时兴起而向东方航空公司提供他所要求的所有燃料。

海湾石油公司与东方航空公司的合同中确实存在燃料需求条款。根据这份合同,只要是合同上指定的航空港,东方航空公司都必须从海湾石油公司那里购买燃料,而海湾石油公司也应满足东方航空公司在指定航空港购买燃料的合理要求。这一条是双方自己写入合同中的,并且多年以前就一直在合同中作这样的规定。因此它是一个包需求的合同。

在早期的案例中,对于一个包需求的合同,只有证明其缺乏确定性和相互关系,该合同方可无效。而在前例注释中,则有这样一种观点:若买方从事的是一项经营性业务,包需求合同是可以有约束力的。只要法院能确定合同要求的货物的量,相互关系的缺乏以及不确定性的问题就可以解决了。因此,在适用统一商法典之前,判例法一般都认为包需求合同是有约束力的。

U.C.C 2-306(1)也专门对包需求合同作了规定:

如果数量条款是按卖方的产出量或买方的需求量计算,则此条款指诚信作为时的实际产出量或需求量;但是,无论如何,卖方所提供的产出或买方所提出的需求,与已作出之估计相比,或如果无此种估计,与正常的或与以前的可比产出量或需求量相比,不得有不合理的差距。

在双方过去曾订立的合同当中,有的规定了燃料需求条款,有的则没有。但现在的这份合同确实包含了盖恩斯维尔和佛罗里达两地的燃料需求。多年以来,双方公司都很诚信地按要求买卖一定数量的燃料。在这次合同过程中,除了明确了燃料的型号以及指定的航空港外,双方就量的估计也不断进行商讨,从石油分配措施实施时起,双方的磋商已经达到了每月一次,甚至更频繁。

基于此,法院认为这个合同是明确的,存在相互关系,是有效的。

II. 违　　约

海湾石油主张东方航空因"运输中加载燃料"(fuel freighting)已经违反了合约。"运输中加载燃料"用以描述根据价格调整燃料载入(购买)量的做法。东方航空公司的做法是:本来根据合同规定,在某一航空港东方航空公司必须购买由海湾石油公司提供的燃料,但如果该航空港的燃料价格高于在另一个航空港可得的价格,东方航空公司就会在另一个航空港加满油料箱。相反如果海湾石油公司的价格低,东方航空公司会在海湾石油公司航空港加满油料箱。

但法院却认为,东方航空公司的行为并未违反合同,反而与诚实信用原则一致,并且符合 U.C.C 2-306 规定的商业惯例。

《统一商法典》对诚实信用的定义是,作为商人的货物买受方"在事实上诚实并遵循行业内公平交易的合理商业标准"。在过去三十年里当事人双方在业务上打交道,东方航空公司的飞机燃油使用量取决于诸多因素的变化,如天气、日程变化、飞机大小、机场状况、航班是否晚点、燃料税等,到底要加多少燃料最后由航班机长判断。这些情况海湾石油公司都知道,而在一九七三年之前也从未抱怨过东方航空在载油购买量上的这种"摆动"。东方航空公司还给出证据证明,有一次,东方航空公司在一个航空港一个月多买了50 万加仑的燃料,海湾石油公司没有阻止,另外,东方航空公司在另一个航空港的需求量比上年增加了 50% 以上,从不到 200 万加仑到 300 万加仑以上,海湾石油公司也没有反对。

法院得出结论:"运输中加载燃料是行业已成惯例的做法,是出于行业内的生意性质,它已成为东方航空与海湾石油两公司间履行与事务交涉过程中的一部分。"这种做法"多年以来没有被海湾公司改变与质疑,并作为日常事实为海湾公司不加抱怨地接受"。而且,有证据显示,"运输中加载燃料"的机会非常少。没有任何证言表示,东方航空公司在海湾石油公司的航空港时完全没有加载燃料。法院依此事实性的依据得出结论认为东方航空没有违反其诚实信用义务。

在绑定要求的合同中,如果买方的要求过分,U.C.C 2-306 作出了保护卖方的规定,即虽然卖方仍需履行基本合同义务,但卖方可以拒绝满足这种不合理的要求。如果买方一直以来都没有任何要求,但在突然且没有提醒的情况下提出所有要求,卖方也可以拒绝履行。但回过头来看这个案例,不论是从合同的履行方式还是从双方的交易习惯上来看,双方早已适应了交易中所达成的燃料的供应量,根本毫无争议。

基于上述两点分析,法院认为东方航空公司没有违反合同。

III. 商业上的不可行性

海湾石油公司关于商业上不可行性的抗辩在统一商法典的两个章节中均有体现,尤其是 U.C.C 2-614 和 U.C.C 2-615。当事人只对 U.C.C 2-615 提出了要求。

东方航空公司认为 U.C.C 2-615 应该适用,因为海湾石油公司未按照 U.C.C 2-615 (c)的要求通知自己。

U.C.C 2-615 (c)是这样规定的:"卖方必须将延迟交付或无法交付的情况及时通知买方。如果根据本条第 b 项需要分配产品和货物,他必须将买方有可能获得的大概数额通知买方。"

最糟糕的是,1974 年夏天,当海湾石油公司填写法律备忘录来反对东方航空公司简易判决的请求时,东方航空公司就已经意识到海湾石油公司要引用 U.C.C 2-615 (c)了。1974 年秋,海湾石油公司还将这一条作为积极抗辩的理由,因此有权申请法院裁决。

统一商法典正式评述的第 4 和第 8 条是这样解释 U.C.C 2-615 的:

第 4 条 成本上涨不能成为拒绝履行的理由,除非成本上涨是基于不可预见的意外事件,从而改变履行的实质。市场的跌宕起伏不能作为拒绝履行的理由,因为这就是商场的本质特点,是商业合同中已经考虑到的。但是,如果是因为战争、禁令、当地农作物歉收、不可预见的主要物资供应链的切断等意外事件,而致使原材料短缺,从而导致价格上涨,或者使卖方完全无法保障义务的履行,均可视为本条规定的情形。

第 8 条 这一条款意味着合同双方要承担更大的责任。这样的约定常见于合同的明示条款和行业惯例等情形中。但是,如果在签订合同之时,双方当事人完全能预见到偶然事件的发生,那么本条则不再适用。

总的来说,统一商法典第 2-615 条适用于失去预想条件时的免责,这种情况是潜在的、不可预见的。而这样的风险并非只由起诉方来承担。谁主张以此为由,谁就应承担证明其商业上不可行性的责任。

U.C.C 2-615 的商业上不可行性原则有其普通法的根源,即所谓的"苏伊士案例"。这些案例起因于苏伊士运河的关闭以及随之发生的因绕道好望角而导致的运费增加问题。这些案子中并不鼓励人们适用商业上不可行性原则。作为一个重要的英国先例,Ocean Tramp Tankers 案①提出,若要使当事人能够拒绝履行合同,那么这种不可预见的成本的增长不能仅仅只是繁重而昂贵的,而应该显示出对合同双方而言是非常不公正的。

其他近期的美国先例同样也规定要严格适用商业上不可行性的原则。例如,在一个先例中,虽然当事人实际的开支已经两倍于合同规定的价格,法院仍然认为当事人不能拒绝履行合同,因为即使在当时的情况下卖方向买方提供拣选机是无法获利的,但卖方并没有证据证明这种义务是不可能完成

---

① (*Ocean Tramp Tankers v. V/O Sovfracht* (*The Eugenia*), 2 Q.B. 226, 239 (1964)).

的。仅仅证明无法获利不能作为拒绝履行合同的理由。

最近,第七巡回法院声明:"仅仅证明合同的履行义务太繁重或没有吸引力并不足以允许当事人拒绝履行合同,我们绝不允许当事人仅仅因为负担重就逃避一项亏本生意。买方有权要求卖方按合同规定提供货物,而不考虑市场价格的变化,而这也正是签订这类合同的目的所在。"

在本案中,对于合同的商业上不可行性问题,海湾石油公司自己有两个理由:第一,因为政府的油价双重等级政策,他们选择的价格指数不再反映双方在合同中的意向;第二,原油价格在上涨,但可供参考的价格指数却没有相应地上升,因为政府只允许普氏公布旧油的价格指数,这些价格因受到政府的调控是不变的。基于上述理由,海湾石油公司认为合同是不可履行的。

针对海湾石油公司的理由,法院的反驳如下:

合同中的用语清楚明了,合同没有要求对双方的意向进行毫无偏差的解释,双方当事人的想法从合同中便能看得很清楚,他们愿意接受普氏所公布的价格指数的约束,而普氏也一直在公布这些指数,合同中规定的价格是可以通过这些价格指数计算出来的。

海湾石油公司声称普氏公布价格指数的时间延迟了,因此应适用合同第2条的限制性条款,法院认为海湾石油公司的这一理由是不成立的。合同第2条的限制性条款是用来处理普氏全部或部分停止发布价格指数的情况的,与本案中的情况不相符。况且,合同第2条的限制性条款中包含了推迟情况发生时的救济方法,包括替换成其他价格指数,但海湾石油公司从未试图采用这种救济方式。因此,海湾石油公司的这一辩论无论在程序上还是实体上都是不成立的。

值得一提的是,普氏公司声明,政府实施油价双重等级政策之后,其所公布的油价跟它过去公布的油价是有可比性的。在东方航空公司和海湾石油公司签订并履行合同期间,普氏公布的油价是受政府调控的石油价格,这一点直到现在也没有变。另外,海湾石油公司的专家证人证实,包括海湾石油公司在内的石油公司还在继续使用旧油的价格(即普氏公布的价格)与其他公司签合同。没有证据显示普氏公布的价格指数无法反映石油的市场价格。这些证据的真实性还不确定,但法院发现,1974年,海湾石油公司有60%的产品都是用"旧油"生产的。那个时候,国内的油价比国外相对较低。因此,毫无疑问当时的价格指数并非反映国外的石油价格。所有的证据都可以证明,作为指数的那种石油的交易,都是在普氏公布的价格之下进行的,因为那时大部分的产品都是用"旧油"生产的。

海湾石油公司辩称,根据 U.C.C 2-615,合同在商业上已不可行,因为外国原油的市场价格上涨,而国内的油价却是恒定不变的。法院认为这一抗辩理由并未得到证实。这样一来,法院则无法判定海湾石油公司生产一加仑燃料的成本到底是多少,从合同履行之初,一直到现在,海湾石油公司卖给东方航空公司燃料是亏本还是获利。海湾石油公司的证人证实,他们无法对此做出估算。提出因原材料价格上涨而使得合同在商业上不可行的一方当事人,有义务证明其因履行合同而已遭受或将要遭受的损失的程度。而在这一点上,海湾石油公司的抗辩没有得到证实。

海湾石油公司提供证据,试图证明其原油上的开支近两年内都在增长,但是海湾石油公司所声称的自己平均每桶油的成本还包括了它的企业内部利润,且并未说明企业内部利润的大小。

关于海湾石油公司的国外原油成本,有记录表明,海湾石油公司在拒绝履行合同时,也就是 1974 年 1 月,其在国外原油上的利润率大约为每桶 \$4.43— \$3.88,相比之下,一年前的利润为 \$0.92— \$0.88。现在的利润可能已经没那么高了,但有记录显示,在原油交易过程中,海湾石油公司的子公司获得了大量的利润,并且这一利润被包含在了海湾石油公司在法庭上向我们展示的平均原油成本中。海湾石油公司将国外的石油卖到国内,这之间的转让价格是由海湾石油公司在匹兹堡的价格委员会设定的,委员会的文件显示出,企业内部利润可以分配给 400 多家子公司,多是通过转让价格策略而达到的。证据显示,尼日利亚油价上涨 \$1,可以为海湾石油公司带来 50—90 美分的利润。

海湾石油公司的国际石油专家 Blackledge 先生证实,1973 至 1974 年间,国外油价上涨了四倍,但海湾石油公司获得的利润也增长了四倍。

根据海湾石油公司自己的公司记录,截至 1974 年 9 月 30 日,在之前的 9 个月的时间内海湾石油公司生产一桶油的成本大约为 \$2.44,但是为了按初审法院所要求的那样计算出全部平均成本,海湾石油公司没有采用自己记录中的 \$2.44,而是使用了转让价格,也就是包含了企业内部利润的价格。但我们需要海湾石油公司展示的,是它真正的成本,而不是被它自身的内部利润夸大后的开支。因此,海湾石油公司没有显示出合同履行的不可行性。

我们并非批评海湾石油公司追求利益最大化的理性欲求,但为了分析海湾石油公司的抗辩理由,我们不得不将这些因素考虑进去。

事实上,1973 年能源危机开始之时,是海湾石油公司发展最好的一年,记录在案的利润就达到了税后 8 亿美元,而 1974 年的税后利润比 1973 年还多 25% 以上。这一切都表明海湾石油公司是有能力履行合同的,海湾石油公司关于商业上不可行的主张不成立。

即使海湾石油公司展现出履行这一合同的困难程度,海湾石油公司仍不能获胜,因为和这一事件相关的"石油危机"在合同生效之时是可预见的。如果一个意外事件是可以预见的,则其后果不应该纳入《统一商法典》第2-615条的考虑范围,因为受到该意外情况负面影响的一方在达成合同时可能已经为自己提供了保护。

预见性问题在先例 Foster 案 [*Foster v. Atlantic Refining Co. , 329 F. 2d 485, 489 (5th Cir. 1964)*] 中得到了说明。在该案中,一家石油公司请求解除天然气特许开采合同,因为合同中的提成条款没有包含价格自动调整条款,致使石油公司分到的提成比其本应从市场上获得的利润少得多。第五巡回法院对石油公司的辩论做出了回答:

若当事人无条件地迫使自己去做一件可以履行的事情,那么他就有义务去完成这件事;即使在合同签订之后,履行变得困难或不可能完成,当事人也无权因此解除自己的履行义务,尤其当其已经预见到了履行的困难性。

反观本案,中东局势的变动、专制政府对外国石油市场的控制,正常石油贸易的频繁中断和干扰,种种迹象都指向了一个事实:石油已成为石油生产国的一个强有力的政治武器。石油危机是可以预见的,海湾石油公司已经意识到也猜测到 OPEC 的举动将带来什么风险。

海湾石油公司辩称美国政府的"油价双重等级政策"是不可预见的,但事实上国内油价一直是受控的,海湾石油公司已经预见到了这一点,并常常敦促政府去控制油价。在双方就合同的订立进行磋商时,政府的油价政策一直是复杂、多变的,所以在设计合同时,海湾石油公司就一直反复强调政府的政策,就可能发生的意外事件为自己提供了保护措施。

甚至连石油工业以外的公司都意识到了油价可能上涨。东方航空公司的首席合同谈判代表在向上级汇报这份与海湾石油公司签订的合同时说:

"很明显海湾石油公司很关注油价的上涨问题,这次价格上涨将是无法改变的事实,除非政府停止对国内油价的控制。"

"预计在 1975 年,整个美国都将感受到能源危机带来的重大影响。"

海湾石油公司对这些情况都了然于心,所以它在起草合同时将价格的调整与普氏发布的国内油价指数绑定在一起。

法院进一步否定了 UCC 2-614(2) 对本案的适用。UCC 2-614(2) 规定如下:

"(2) 如果由于本国或外国政府法令而使已商定的付款方式无法实现,卖方在买方另行提供商业上基本相等的付款方式之前,可以中止或阻止交货。如果货物已交付,买方按法令中规定的付款方式付款后即解除义务,除非该法令具有歧视、迫害或劫掠性质。"

很明显这一款适用于当政府对预期的货币交易模式的干涉造成交易的阻断时所应所采的交易方式。例如：当合同规定用金币交付，但政府禁止以金子来交付时。这些事由并未出现在本案中，因此 UCC 2-614(2) 不适用于本案。

IV. 赔 偿

法院认为合同是有效的，应该继续执行，没有抗辩可以推翻它，接下来要考虑的则是一个合适的赔偿。

根据《统一商法典》的规定，特殊的案子应有特定的行为履行方式，本案即是一个适用特定履行方式的最佳案例。一年多以来，合同双方都是依照初步强制令来履行合同规定的义务，并且海湾石油公司曾保证其有能力履行这项义务。现阶段，海湾石油公司的义务是每年向东方航空公司提供一亿加仑燃料，或者满足东方航空公司全部要求的10%。如果海湾石油公司停止燃料供给，局面将会变得相当混乱，造成无法挽回的损失。

之前我们即已得出结论，东方航空公司有权以合同规定的价格从海湾石油公司那里获取燃料。在这样的情况下，特定的履行义务的方式反而不再那么特别，而是一种通常的、自然的救济方法。合同双方都在法庭之上，他们的诉由非常直接地展示给了法庭，法庭也很明确地做出了有利于东方航空公司的判决，如果在这个时候仅仅宣判合同有效，却听任合同双方自行其是的话，那么这种做法肯定是徒劳、无用的，甚至可能是有害的。因此，在这里，之前的初步强制令将变为永久强制令，这便是法庭的判决。

结 论

基于上述原因，法院做出以下事实认定和裁定：

1. 法院对本次诉讼的双方当事人和诉讼标的具有管辖权。

2. 双方签订的合同是一个有效的包需求的合同。

3. 双方当事人依照合同规定履行义务，直到 1973 年 12 月 31 日这一天，在这之后，东方航空公司继续按合同要求履行了自己的义务。

4. 1973 年 12 月 31 日，海湾石油公司宣称合同不再有效，至此违反了合同。

5. 该合同并不缺乏相互关系，也并非在商业上不可行，东方航空公司在合同之下履行了自己的义务。

6. 东方航空公司有权要求继续履行合同，在此之前规定特定履行方式的初步强制令变为永久强制令。

佛罗里达南区联邦法院于1975年10月20日在佛罗里达迈阿密完成判决。

五、新古典契约法的特质

(一) 新古典契约法的主观性与个别化

上文有述,几乎所有古典契约法规则都是"客观的"和"标准化的"(standardization and rigorous objectivity)。古典契约法所采用的交易磋商原则、口头证据规则、客观解释理论等都属于标准化和客观化规则;而古典契约法所拒绝采用的显失公平原则、诚信原则和主观解释原则等又都属于个别化规则。① 作为新古典契约法代表人物的埃森博格所创立的"回应型契约法(the responsive model of contract law)"②其实就是新古典契约法的别称,相对于古典契约法理论而言,新古典回应型契约法开始强调契约法理论从标准化与严格客观性向个别化与主观性(subjectivity and individualization)的转换与过渡。③ 以对价原则的变迁为例:在过去的五十年中,对价原则开始出现从具有狭隘标准化和严格客观性特征的对价交易理论向同时反映主客观内涵的丰富的个别性原则转变。例如,古典传统契约法认为,赠与允诺不能执行,即使它得到受诺人的信赖也是如此。现在它已经被如下个别性原则所取代:因信赖某允诺而做出的行为可以使允诺得到执行,如果其行为是由该允诺引发的(主观原则),并且是合理的(客观原则);古典传统契约法还认为,放弃起诉某人的行为可以构成对价,但只有当该诉讼请求合理(客观原则)时才可以。取代该传统规则的现代规则认为,当行为人真心认为该诉讼请求合理(主观原则)或诉讼请求在事实上存在争议(客观原则)时,不起诉对方就可构成一个有效的对价。④ 新古典契约法的主观性和个别化哲学倾向昭然若揭。总之,在合同不仅是一项法律制度,它更是一项社会制度,合同法律规则

---

① Melvin A. Eisenberg, Why There is No Law of Relational Contracts, 94 *Northwestern University Law Review* (2000), 807.
② Melvin Eisenberg, The Responsive Model of Contract Law, 36 *Stan. L. Rev.* 1107, 1112 (1984).
③ Melvin Eisenberg, The Emergence of Dynamic Contract Law, 88 *Cal. L. Rev.* 1743, 1748 (2000).
④ Melvin Eisenberg, The Responsive Model of Contract Law, 36 *Stan. L. Rev.* 1107, 1108 (1984).

必须要有效回应复杂且不断变化的社会现实而非法律制度自身。

(二)新古典契约法是规则和原则的混合

规则与原则的关系是法学中的重大理论命题。通常来说,原则是规则的灵魂,是规则的根本出发点,它为规则规定了适用的目的和方向;而规则是原则的具体化、形式化和外在化,其适用就是为了实现法律所载定的价值目标。对规则与原则关系的处理将直接决定法律的性质。从美国前后两次合同法重述中,我们可以清楚地看到古典契约法和新古典契约法在对待规则和原则上的不同态度。以一次重述为代表的古典契约法是典型的规则中心主义和法律形式主义系统,判决结果通常以对规则的逻辑演绎得出,法律原则只是极少数存在的规则的例外。相反,二次合同法重述就偏向于原则这种更富灵活性的法律标准,大大增加了原则在法律制度构成和适用中的比重和分量。比如,我们所熟知的允诺禁反言原则、诚信原则、显失公平原则等,都是此种讲究弹性标准和实质推理的新古典契约法理论精神的体现。新古典契约法将契约当事人利益置于交易背景和社会价值中,强调其可能需要与外部的社会政策协调一致。[1] 而原则正是此种使法律制度与社会政策的联结变得容易的最佳方式。这便促成了新古典契约法兼具规则与原则的混合性质。

(三)新古典契约法对社会性命题的倚赖

规则性命题和社会性命题是埃森博格在其名著《普通法的本质》中提出的与普通法判决相关的两种命题。在他看来,规则性命题是指从表述法律规则的文本性法律渊源中容易找到或推断出来的命题。社会性命题是指规则性命题之外的全部其他命题,如道德、政策、经验,普通法的基础就在于道德规范、政策和经验,并将这三者统称为可适用的社会性命题。现代法律和司法关注的问题主要在于如何处理规则性命题与社会性命题之间的互动,以及社会性规则必须符合什么标准才能被用于建立法律规则。埃森博格认为,所有普通法案件都依据一个统一的方法论进行判决,按照这种方法论,社会性命题在法院择定其创立的规则以及这些规则被扩张、限缩和适用方面都具有重要作用;普通法不是由规则性命题构成,而是由通过适用支配着普通法审判的制度性原则而生成的法律规则构成。[2] 正因为如此,古典契约法理论模式下的契约法规则才是不证自明和演绎的,不需要借助规则性命题之外的道

---

[1] Jay M. Feinman, Relational Contract Theory in Context, 94 *Nw. U. L. Rev.* 737, 738.
[2] 〔美〕埃森博格:《普通法的本质》,张曙光等译,法律出版社2004年版,第20页。

德、政策和经验等社会性命题来验证其正当性。而新古典契约法理论则更加正视现实,视野也更加开阔,它意识到了古典契约法及规则性命题的狭隘和偏见,主张从契约法规则外部寻求契约法的正当性,突出了契约法的开放性和对社会性命题的倚赖。

六、新古典契约法的经典制度:保护信赖利益的允诺禁反言原则

在古典英美合同法中,对价原则作为契约法的核心理论原则,是合同得以执行的唯一标准。霍姆斯的以商事交易为基础的对价交易理论设计更符合并促进了自由经济最重要的形式——自由契约的发展,也最大限度地保障了交易的迅捷与安全。对价交易理论也因此在美国构成强制执行允诺的重要基础。[1] 以对价原则为基础,有对价的允诺便是可以强制执行的经过交易的允诺(bargain promise),无对价的允诺便是不能强制执行的赠与或无偿允诺(gift/gratuitous promise)。有对价的商事交易允诺(bargained 和 commercial promise)无疑是社会的常态,而无偿的赠与允诺则是经济社会交往中的例外,因此在传统英美法中属于无法强制执行和较少受到关注的允诺。

然而随着时代的变革,到了20世纪,契约自由被加上了社会义务,法律为求稳定引进了更多的道德因素,基于信赖理论而产生的允诺禁反言规则逐渐在法院审判实践中被确立,并向古典契约法的核心——对价理论发起挑战。传统合同法所强调的"**无合同即无责任**"的命题也因此受到考验,在如下两种情形下,尽管由于缺乏对价支持而导致没有真正的合同存在,但英美法逐渐认可了基于信赖利益的保护应当支持无偿允诺的强制执行:一是受诺人信赖无偿允诺并据以进行行为受到损害的情形;二是缔约阶段信赖对方允诺而出现前合同责任的情形。于是便发展出了英美法的允诺禁反言原则。

当然,处于合同法、财产法、侵权法、证据法交叉之地的允诺禁反言原则尚未完全成熟[2],因为尽管现代允诺禁反言以保护合理信赖为宗旨,在众多判例中被频频引用,但英美法至今尚未形成统一的允诺禁反言制度,也尚未形成一个完整的理论体系,有的只是散见于各部门法中的具体规则,而尚未上升凝练出一般化规则。仅就英国、美国、澳大利亚法上的允诺禁反言而言,

---

[1] Stanley D. Henderson, Promissory Estoppel and Traditional Contract Doctrine, 78 *Yale L. J.* 343,350 (1969).

[2] Randy E. Barnett, *Contract: Cases and Doctrines*, Little & Brown. Ltd. 1995, p.858.

它们在产生原由、确立时间、适用范围、构成要件及法律效果等方面皆存在显著差异。因此,在探讨英美法上的允诺禁反言规则时,绝不可将其脱离于特定的时空维度。①

(一) 概念

允诺禁反言是英文"promissory estoppel"的意译。英文"estoppel"一词首次出现在爱德华·科克公爵于1628年出版的《英国法概要》中。据科克所言,"estoppel"来自于法语词"estoupe"和英语词"stopped",它之所以被称为"estoppel",是因为一方当事人自己的行为或承诺使其难以再开口主张或辩解事实的真实性。② 禁反言直译为被阻却③,其核心在于,禁止曾做出某种表示(无论该表示是明示抑或默示、积极抑或消极)的人在相对人已给予信赖并因此而有所损害的情状下,做出否认表示或不一致的表示,而无论该表示是否与事实相符。由此可见,禁反言有很强的道德伦理色彩,即为保护相对人的信赖而在一定程度上牺牲了事实真相的发现。

英美法中的允诺禁反言原则是指,在适当个案的情形下,使得赠与允诺或其他无偿允诺产生法律约束力,而得以执行的原则。也就是说,当一个人以其言语或行为使得他人相信他会进行某种行为,从而使得他人基于此种确信而进行了其他的行为,如果允许该允诺人就其言语或行为反悔将是不公平、不对等的,所以便禁止该允诺人的反悔行为。丹宁勋爵在《法律的训诫》一书中对禁反言精神最简要的概括是——"My promise is my duty",它的基本内涵是言行须一致,不得出尔反尔④,是保护无偿允诺的受诺人信赖而产生的制度。

(二) 允诺禁反言原则的源头

禁反言发端于证据法上的排除性规则,其后由于适用时往往产生实体法规则的效力从而发展于实体法。衡平法之允诺禁反言规则首先出现于普通法的证据法中。这既是衡平法规则对普通法侵入的合理结果,又是普通法极端注重程序及形式问题的必然反映。按照这一规则,法院禁止当事人一方在诉讼中主张或否认某一事实的存在,即提出某一事实的当事人一方不得依相反的证据否认该事实,从而确认该事实的存在并免除信赖方的举证责任。

---

① 朱广新:《美国法上的允诺禁悔制度研究》,载《环球法律论》2006年第2期。
② *Black's Law Dictionary*, Bryan A. Garner, editor in chief, 7th ed., West Group, 1999, p.570.
③ 沈达明:《英美证据法》,中信出版社1996年版,第72页。
④ Lord Denning, *The Discipline of Law*, Butterworth, 1982, p.223.

根据《朗文法律词典》的划分,禁反言包括四大类:记录在案的事实禁反言、契据禁反言、事实或行为禁反言、衡平法上的禁反言(包含允诺禁反言和财产所有人的禁反言)。前两类和最初使用时的第三类都是属于证据法意义上的禁反言。记录在案的事实禁反言是指判决已经生效,判决及其载明的法律事实即可对抗任何人。这里的判决及其载明的法律事实是指:一是判决本身的禁反言效力,即对审理标的法律关系或法律地位的结论不准否认;二是对有关判决所依据的事实记录禁止反言。

契据禁反言,是指禁止当事人否认契据所载明的事实的真实性,尤其是关于财产所有权的事实说明,但是不阻止当事人出示证据否认契据的有效性或主张契据应予以修正,这类证据包括:表明契据的做成是由于欺诈、胁迫、错误、盖印人欠缺行为能力等。

事实或行为禁反言,是指一方当事人的行为所暗含或表明的意义阻却其对此加以否认。当当事人一方通过其作为或不作为,有意引起另一方当事人相信某一事实存在,另一方当事人基于这种信赖所为行为使其处于客观上不利的情势时,法官以公平之尺度,判定前者或代表其利益的任何人不得否认该事实的存在。

普通法上的禁反言由证据法上的事实或行为禁反言发展而来。主审法官登曼在 *Pickard v. Sears*(1837)案中对其要义描述如下:"……当一方以其言辞或行为故意使对方相信存在一个确定的事实状态,并引诱对方依对该事实的信任行事,以至于改变了他自己先前的地位时,前者不得向后者主张同时存在一种不同的事实状态。"至 19 世纪初期,禁反言不再是契据中陈述的自动结果,或是一些正式诉讼的自动结果,它已演化成一种非常广义的观念:在任何情况下,只要某人的言辞或行为已对其他人产生影响,禁反言就成为该言辞或行为的结果。此时的表示禁反言实际上已不同于事实或行为禁反言,它不再是一条有关证据和举证责任的规则,而是实体法上的正义和公平规则。①

(三) 美国普通法对允诺禁反言原则的认可

传统美国法不承认无偿赠与允诺的执行力,除非允诺人的允诺有对价支持,否则该无偿允诺因为缺乏对价而无约束力,比如 *Devecmon v. Shaw*(1888)案。但美国 1898 年发生的 *Ricketts v. Scothorn* 案②却第一次在美国普

---

① 柳兴为:《论美国法上的允诺禁反言》,中国政法大学 2009 年硕士论文,第 10 页。
② 51,77 N.W. 365(1898).

通法中认可了允诺禁反言的规则,即承认无偿允诺因为受诺人的信赖损害而具有执行力。

Ricketts v. Scothorn 的案情如下:祖父为使其孙女免于工作劳累之苦,让她能够独立生活而不受任何限制,便签发一张 2000 美元的本票给其孙女,上面写到:"本人承诺,支付给 Scothorn 2000 美元,包括每年 6% 的利息。1891 年 5 月 1 日"。祖父的允诺并不以孙女必须辞掉在 Mayer Bros. 公司担任的会计工作为条件。祖父曾说过"他的其他孙子女都没有工作,她也不必工作了",她相信祖父会支付这笔钱(及相应的利息),所以辞职了。在之后大约一年的时间内,孙女也没有去应聘其他的工作。在 1892 年的秋天,祖父跟他的女儿说如果他能够卖掉他在俄亥俄州的农场,他将用收益来履行这个允诺,也就是说他从来没有想反悔的意思。并且到 1894 年 6 月 8 日祖父去世的时候,他已经支付了一年的利息。之后,祖父的遗嘱执行人 Andrew D. Ricketts 不愿继续履行允诺,双方发生争议,孙女向提起诉讼,要求法院强制执行其祖父的允诺。法院判决:原告孙女胜诉,祖父的允诺应当执行。

法院在审理过程中认为,祖父的这个允诺是一个无偿赠与,并不希望从孙女那里获得任何回报,他唯一的目的就在于使孙女能够独立生活而不受任何限制。孙女放弃她在 Mayer Bros. 公司的会计工作完全是基于自愿的,不负担任何合同法上的义务。法院又认为,基于对价交易理论,无对价支持的金钱赠与允诺是没有强制执行力的。① 但是有一点可以明确,即教堂、大学或者其他慈善机构作为受诺方时,由于信赖某个允诺而担负了某种义务或者履行了某种行为的话,就不能以无对价为由拒绝履行这个允诺。② 在这类情况下,承担的义务或履行的行为就构成了一个实质的、足够的对价。③

在祖父允诺应否执行的关键问题上,法院认为,在受诺方基于对允诺方的信赖而履行了某种义务之后,允诺方就不能以无对价为由拒绝履行,这就是基于衡平法原理而来的禁反言规则。④法院接着引用了波默罗伊(J. Pomeroy)先生给允诺禁反言(Equitable estoppel)下的定义:如果受诺方基于对允诺方善意的信赖,而改变了他的状况(变得更糟),那么受诺方应当享有对应的财产、合同或者请求损害赔偿的权利。允诺禁反言的法律效果恰恰在于从普通法和衡平法上禁止允诺方否认这项事先已经存在的权利。允诺

---

① Kirkpatrick v. Taylor, 43 Ill. 207; Phelps v. Phelps, 28 Barb. 121; Johnston v. Griest, 85 Ind. 503; Fink v. Cox, 18 Johns. 145.

② Barnes v. Perine, 12 N. Y. 18.

③ Thompson v. Board, 40 Ill. 379; Irwin v. Lombard University, 56 Ohio St. 9, 46 N. E. 63.

④ Simpson Centenary College v. Tuttle, 71 Iowa, 596, 33 N. W. 74.

禁反言来自衡平禁反言中发展而来,衡平禁反言适用于一方虚假陈述导致对方合理信赖遭受损害的情形,允诺禁反言适用于真实的允诺意思表示导致信赖损害的情形。

法院最后认为,孙女基于对她祖父的良好信赖,辞掉了她原来每个礼拜10美元薪水的工作,因此她的处境变得更糟,如果允许她的祖父或者遗产管理人以无对价为由不履行该允诺,将会产生莫大的不公平(grossly inequitable)。

自 Ricketts v. Scothorn 案之后,允诺禁反言原则在美国法中得到确立,并成为对价原则的重要补充或替代。当然,其范围仍然有限。在《合同法重述》出台之前,允诺禁反言主要适用于:转移不动产的无偿允诺、寄托、慈善捐赠、家庭成员之间作出的允诺、作为代理人行使代理权限时所作出的允诺,而后又扩展至雇主对雇员就养老金所作的允诺、建筑合同中分包商投标的性质。

(四)允诺禁反言原则在英国普通法中的确立

英国最早确立"允诺禁反言"原则的典型判例是著名法官丹宁勋爵(Lord Denning)所作的高树案(High Trees)判决。① 高树案影响巨大,是丹宁初任法官时的成名代表判决之一。该判例之所以有名,在一定程度上是因为 High Trees 案是早期(1947)能体现丹宁法官推行创新性司法推理方法的著名案例。对于丹宁,我们也有必要简要说上两句。丹宁勋爵(1899—1999),活了100岁,是英国20世纪最伟大、最有争议的法官,最后一位有权利终身任职的法官(但83岁时自愿退休),最著名的司法激进主义者和创新者,英国法律界公认他是"第二次世界大战以后英国最伟大的法律改革家"。丹宁的法律贡献主要体现在如下几个方面:创建被抛弃的妻子的衡平权利问题,小字印刷体的免责条款问题,交易能力不对问题,过失虚假陈述问题,公权力的法律责任问题,合同解释问题,等等。其退休后所著《法律的训诫》《法律的界碑》《法律的正当程序》和《法律的未来》套书更是思想深刻、脍炙人口。

高树案的内容是,原告于1937年将其公寓整幢租给被告,租期99年,每年租金2500英镑;在该租约下,被告再将此公寓分租出去。1939年"二战"爆发,伦敦人去楼空,被告承租的公寓大部分无人问津,因此在1940年,原告同意被告的请求将租金减至一半即1250英镑,溯及至契约签订时生效。1945年"二战"结束,伦敦人民自乡间返回,被告承租的公寓亦告客满,原告

---

① Central London Property Trust Ltd. V. High Trees House Ltd., (1947) K. B. 130.

因此要求1945年后两季度租金仍以每年2500英镑计算,并补交削减的租金。法院判决原告胜诉,但对于原告补交1939年至1945年的少付租金的请求不予支持。在判决中,丹宁勋爵说:"如债权人对债务人已表示接受少数数目以清偿较大数目之债务,经债务人业已依约履行,纵债务人未给予债权人其他的酬劳或对价,此项约定即生效力,禁止债权人再违反先前之允诺。"由此修正了平奈尔(Pinnel)规则,并确立了允诺禁反言原则。允诺禁反言原则旨在保护那些信赖他人允诺的人,即使他们对允诺没有提供过对价。按对价原则,对价相互性是允诺能申请强制执行的唯一正统依据,本案判例则说明,信赖同样可以是允诺得以强制执行的根据。

(五) 美国《合同法重述》对允诺禁反言原则的吸收及变迁

我们也可以从作为古典契约法和新古典契约法经典文本的合同法重述的自身变迁中看出允诺禁反言原则的变迁与演化进程。《第一次合同法重述》主要受威灵斯顿教授思想的影响,所以"允诺禁反言"(promissory estoppel)的字眼并没有出现在一次重述中。但科宾派的主张并非没有产生任何的效果,科宾提出的诸多有关问题是威灵斯顿所无法回答的。因此,一次合同法重述在实质上还是承认"允诺禁反言原则"的。《第一次合同法重述》第90条就规定:"允诺人对因其允诺所引致的作为或不作为是可合理预见,且只有强制执行其允诺才能避免不公平结果发生时,该允诺有约束力。"

《第二次合同法重述》于第90条明确规定了允诺禁反言原则原则及其适用条件:"允诺人对其允诺所引致允诺相对人或第三人的作为或不作为是可合理预见,且只有强制执行其允诺才能避免不公平结果的发生时,该允诺有约束力。且其违反允诺的救济方式,以达到公平者为限。"

《第二次合同法重述》对第90条的修正也是对理论界关于信赖理论的研究成果的回应。就美国合同法而言,在《重述》第一次和第二次之间,没有哪一部学术作品对合同法产生了富勒发表于1936—1937年的《合同损害赔偿中的信赖利益》那样的影响力。法恩思沃斯评价其"引起了对合同救济问题的广泛的再检讨",阿蒂亚则认为,富勒的关于信赖利益的伟大著作是许多现代信赖理论的起点,它拉开了讨论对价原则与合同上各种类型的可判给的赔偿之间的关系的大幕。自17世纪以来,第一次有人深刻地主张,合同上的债务可被认为主要建立在承诺者的实际的或可能的信赖之上。①

---

① P.S. Atiyah, *Essays on Contract*, Clarendon Press, 1986, pp.79—80。朱广新:《美国法上的允诺禁反悔制度研究》,载《环球法律论》2006年第2期。

《合同损害赔偿中的信赖利益》一文,从判予合同损害赔偿所追求的目的着眼,第一次系统阐释了法律保护期待利益的缘由,对法院之所以惩罚违反允诺之当事人的动机作了分析,合理区分了三类合同"利益",同时对期待利益应否成为赔偿的最高限额、损害项目重复等问题进行了仔细考察,并以此为基础对《合同法重述》关涉的合同利益进行了系统性的检讨。在此基础上,富勒和帕杜综合了一系列将司法介入限定于保护信赖利益的情形(包括以期待利益计算损害赔偿被"确定性"要件排除的情形、会给允诺人施不当负担的情形以及合同履行受到外部情况干扰的情形)进行了比较研究,较为全面地就期待利益损害赔偿涉及的司法技术问题进行了探讨。它不仅建构了当代契约法合同损害赔偿的基本理论体系,也引起了世界范围内在合同立法中对期待利益的保护。

我们应当注意的是,《第一次合同法重述》第 90 条到《第二次合同法重述》第 90 条的重要转变,主要包括如下几点:

(1) 不仅放宽了对信赖保护的条件(删除了允诺相对人的信赖必须达到确定和确实之程度的要求,如赠与以买车或只是赠与之区分);

(2) 扩大了信赖保护的范围(其适用对象不光包括允诺相对人,还扩大到了有关系的第三人);

(3) 将信赖利益作为救济或回复的标准,即救济以"达到公平"的信赖损害为限,而非全部契约赔偿请求;

(4) 增加了第 90 条第(2)项内容,即慈善捐助或婚姻和解协议(charitable subscription or a marriage settlement)中,即使无证据证明信赖损害也有执行力。这一项内容与中国《合同法》第 186 条关于"救灾、扶贫等社会公益和道德义务性质赠与,不能随意撤销"本质上相同,有着共同的法律效果。

(六) 允诺禁反言原则的构成要件

"允诺禁反言"原则的适用条件包括以下四方面:

第一,须有无对价支持的允诺存在。根据传统的对价理论,合同责任是这样确定的,有对价就有合同,有合同才有合同责任,即对价—合同—责任。而"允诺禁反言"原则却提出了不同的确定合同责任的方式:允诺招致了信赖损害就可产生契约责任,即允诺—信赖损害—责任。可见,"允诺禁反言"原则仍然是以允诺为中心的合同责任制度,没有允诺就没有责任是其核心内涵。

第二,须允诺人有理由预见其允诺将会导致受诺人产生依赖。在合同订立或履行过程中,当允诺人作出赠与的或其他无偿的允诺时,他应当能够预见到其允诺可能使受诺人产生依赖。如果他应当能够预见而没有预见,则说明他有过错而应承担责任。所谓"有理由预见",可依"多事的旁观者"原则来判断,即一个通情达理的第三人处在当时的情况下会预见到这种结果发生,就是"有理由预见"。

第三,须受诺人对允诺发生了实际的依赖。"允诺禁反言"原则旨在保护没有作出对价的受诺人而创设。但如果对受诺人不加任何限制,该原则的适用就可能对允诺人造成不公正的损害。这一要件就是出于公平正义的相互性考虑而对受诺人作出的一种限制。如果受诺人本来就打算采取允诺人请求他采取的行动,就不能认为这一行动是基于对允诺的依赖而采取的。因而,该原则就不能适用。

第四,须受诺人因对允诺发生依赖而遭受损害或损失。如前所述,"允诺禁反言"是法律上伸张公平正义的原则,如果受诺人因对允诺发生依赖而遭受损害,是为实质意义上的不公平,就应当援用该原则对受诺人的损害在公正的范围内予以补偿。

美国《第二次合同法重述》第90条也明确规定了允诺禁反言原则及其适用条件:"允诺人对其允诺所引致允诺相对人或第三人的作为或不作为是可合理预见,且只有执行其允诺才能避免不公平结果的发生时,该允诺有约束力。且其违反允诺的救济方式,以达到公平者为限。"[①]本规定在确定对价原则之例外的同时,也对这种新型的例外进行了一定的规制,要求其必须符合特定的条件才能支持允诺或合同的执行,从而更好地与传统的对价原则相协调。

当然,允诺禁反言可以是执行一个慈善捐助的根据,该慈善捐助最多是在信赖事实上存在疑问。我们可以从这些案例中得出这样的结论,即支持慈善捐助执行的政策因素非常强大,以至于最低限度或最细微的信赖也足以支持允诺人允诺的执行。也有案例表明,结婚行为也被认为是对无偿的婚前允诺存在信赖的充分证据。《第二次合同法重述》第90条第(2)款采取如下立场,即在慈善捐助和婚姻上的财产和解的案例中,存在信赖的证据并非必要。

(七) 允诺禁反言原则适用范围的拓展:历史阶段与现今发展

从总体上来说,允诺禁反言原则经历了四个历史阶段:衡平法的阶段、作为合同对价原则替代的阶段、侵权法中独立请求信赖损害的阶段和重回衡平

---

① Restatement of Contracts, Second, §90.

权利、义务与救济的阶段。① 当然,从具体内容上来说,由于允诺禁反言道德伦理的浓重色彩,法院起先认为允诺禁反言原则应当只适用于非商事领域,唯一的例外是建筑合同的招投标场合,后来又逐渐扩展到雇员权益和养老金领域。历史上的某些判决将允诺禁反言原则的适用限制在这些情形:家庭内部的交易;向教育、慈善或宗教机构所做出的慈善捐助;和受托人所作出的与受托的货物相关并被委托人信赖的允诺。这些判决表明其不愿意将基于允诺信赖的执行扩张到其他关系中,尤其不愿意将其扩张至商业关系中。②

时至今日,美国法院已将保护商事领域的允诺作为其关注点。允诺禁反言原则也已经超越了其初始的目的,即作为对价之替代以执行赠与允诺。③ 今日已经广泛适用于受诺人对于有偿商业允诺的信赖之保护。实践中,法院开始承认,一个在商业情境下所做出的要约可以引起受要约人的信赖,如果在受要约人能够承诺之前撤销该要约将是相当不公平的。这方面的首要经典案例是 Drennan v. Star Paving Co. 案。

Drennan 案涉及一个合同总承包人为政府的一项建设工程准备投标的问题。总合同承包人给各个合同分包人打电话让给他们来获得做各种工作的投标(要约)。这些分包人知道,如果他们的投标价格较低的话,就会被总承包人用来计算进对政府工程的投标的价格中。被告是一个从事铺路工作的合同分包人,它并没有作出明确的允诺表示不会撤销它的投标,但是不会撤销自己投标的这样一个允诺是可以合理地从当事人的行为中默示出来的。总承包人通过利用该分包人的投标价格来计算自己对一个学校建设的投标,从而对该分包人不撤销自己投标的默示允诺产生了信赖。法院发现,总承包人基于对该分包人不会撤销自己要约的默示允诺的信赖所遭受的损害足以使该默示允诺得到执行。因此,该分包人一直都会受到其不会撤销自己要约的默示允诺的约束,直到对学校建设项目的投标变成对社会开放并且总承包人有合理的时间和机会来对该分包人的要约进行承诺。简单来说,对于一个表示不会撤销自己要约的合理而可预见的信赖是创设一个选择权合同的充分条件。当然,此要约不可撤销的期间可能是短暂的。如果总承包人在总投标获胜并获得合同之后没有及时对分包人的投标作出承诺,那么分包人就不再受到约束。总承包人所进行的任何进一步的磋商或反要约都应当允许分

---

① Eric Mills Holmes, The Four Phases of Promissory Estoppel, *20 Seattle Univ. L. R. 45, 51 (1996)*.
② Mckendrick, p.82.
③ 如 Ricketts v. Scothorn 51,77 N.W. 365(1898)案。

包人撤销自己的投标。有了此种限制,Drennan 一案中的立场便获得了人们实质的赞同。Drennan 案的结果被《合同法重述》第 87 条第(2)款所采纳,并且可能被该条所扩张:"要约人合理地预见会引致受要约人实质性的作为或不作为并且也确实引致了该作为或不作为的要约,在避免不公平的必要范围内发生选择权合同的效力。"应当注意,该条的语言预先假定存在一个要约,所以所考虑的是一个议价交换的承诺,并且可预见和实际信赖的程度必须具有"实质性"。①

此外,即使缔约双方的合同并未成立,但商业环境下的缔约接触过程所为之允诺,也可根据允诺禁反言原则来要求当事人承担前合同义务和责任。比如 *Hoffman v. Red Owl Stores*(1965)案。在这样的案例中,可能在磋商的过程中,一方当事人所作出的允诺并不充分确定以至于不能构成一个有约束力交易的根据,或者当事人在作出这些允诺时没有所要求的愿意立即受到法律约束的意思表示。然而,这些允诺却足以引致对方当事人因其合理信赖而改变自己的地位。当这一可预见的信赖发生时,就会出现一个诉讼和执行的权利。此种缔约接触过程中的信赖保护至少分为以下三个明确的种类②:

(1)交易的一方当事人反复地阻止一个有约束力的合同成立,但却鼓励对方当事人从事有助于达成协议的各种行为。如果预期交易不能完成的话,产生信赖的一方当事人可能因此会去购买财产、重新选址、借钱或从事高度受损的行为。此种交易的特点是,当事人从没作出过确定的允诺。既然这些允诺太过不确定以至于不能成为一个有效协议的根据,那么对受诺人可以提供的救济就有必要限定在信赖损害而非未履行允诺的价值损失上。

(2)交易的一方当事人,通常是一个大公司,利用一个级别较低的员工作为其谈判人,同时在谈判中声明:只有经过本公司较高级别的工作人员的批准,该谈判的协议才会对其有约束力。而这些较高级别的工作人员一般都在别的城市工作或者根本就联系不上。该交易的对方当事人知道,交易必须经过对方外地"上级"的批准,但所有的交易却都是与本地在场的谈判人员进行的。这些案例通常会涉及这样的事实,即交易的对方当事人逐渐会越来越信赖该交易会被完成。也会涉及如下关键点,即本地的谈判人会告诉该对方当事人说,该交易被接受了。那"只是一个橡皮图章"。或者,"不要问任

---

① Mckendrick,p.82.
② Ibid,p.83.

何问题,否则你会搞砸这一交易"。但当该对方当事人突然对该交易丧失兴趣时,"上级"就只说"不"就行了。在这样的案件中,很多司法判决正在以允诺禁反言原则为根据来对受害人加以救济。①

(3) 双方当事人订立了一个正式的书面文件,可能会被称作"意向书",该文件可能会包含关于将来交易的大多数甚至全部条款,但该文件明确表示,在出现进一步的批准程序之前,任何一方当事人都不希望受到法律约束。此后,一方当事人信赖该交易会继续进行,而另一方当事人却放弃了谈判磋商。在 *Channel Home Ctrs. v. Grossman*(3d cir. 1986)一案中,一个意向书包含有否定任何既存债务的清楚的语言,并且指出,因信赖而产生的任何风险和费用都由信赖方自己负责。该意向书是由原告所起草的。然而,法院发现,通过签署一个意向书,当事人便承担了一个以诚实信用进行谈判磋商以努力完成该交易的义务。既然被告只是终止了该谈判并与原告的竞争者订立了一个协议,那么原告就可以获得信赖损害的救济。

值得注意的是,学者有时将允诺禁反言原则看做是美国所独有的概念。这主要是因为,曾有只有丹宁的一个英国案例[中央伦敦财产信托公司诉高树房屋公司案,*Central London Property Trust v. High Trees House*,KBD(1947)]认可了允诺禁反言这一概念,但该案却将允诺禁反言的应用局限于提供一种抗辩上,该原理具体被阐述为:允诺禁反言可以被用作盾,不能被用作剑。而美国则没有此种限制,并且出现了诸多的支持信赖利益保护的案例。

(八) 允诺禁反言原则的法律效果:信赖利益和机会损失赔偿

《第二次合同法重述》第 90 条给出的规定是:对于违反无偿允诺的救济以达到公正为限(The remedy granted for breach may be limited as justice requires)。但这样的规定还是过于抽象。实践中的处理主要是在履行利益和信赖利益之间划定一条界限,认为履行利益是违约责任的法律效果,而信赖利益则是允诺禁反言原则或者大陆法所谓的缔约过失责任的法律效果,这一点在法学家富勒 1936 年的那篇经典的《契约损害赔偿中的信赖利益》论文中也有详细的阐述。

在 *D and G Stout, inc. v. Bacardi Imports, inc.* 案中,也曾经提到过一个有价值的判例,即 *Eby v. York* 案。该判例中提到因信赖对方的允诺而放弃现有工作并从印第安纳跑到佛罗里达,但最终被告却违反诺言从而导致自己

---

① 比如 *Mahony v. Delaware McDonald's Corp.* 8th Cir. 1985 案。

遭受了信赖利益而非期待利益的损失,法院应当支持的原告的损失便是原告的实际花费(out of pocket expenses)和丧失的机会损失(old job's wages),而不包括被告允诺的工资(future wages)这部分期待利益。

再举一个很简单的例子,比如:被告向原告许诺说,给你 30 万美元,过个好日子,其后受诺人把旧房子拆了,而允诺人反悔。受诺人的损害赔偿并非全部的 30 万履行利益,而是其所受到的实际信赖损害数额,比如建一所同等条件和同等生活水平的替代房子花费 20 万美元,则可执行的就是 20 万。

无偿允诺的执行,并非执行全部,而是以达到公平救济为限(重述第 90 条的规定),非违约责任之履行利益救济,而是缔约过失之信赖利益救济,信赖利益通常不超过履行利益,因为履行利益即合同有效履行后的期待利益是当事人所能获得的最高利益期待。合同无效或不成立后当然不能超过此种最高的利益。

(九) 允诺禁反言原则与对价原则的关系

英国著名的合同法学者特莱特尔教授曾经向笔者指出:英国对价原则的未来发展可能会与允诺禁反言等各种禁反言形态纠缠在一起。① 一语道破二者紧密关系背后所暗藏的玄机。当然,即使主张以允诺禁反言原则来改造传统对价原则的学者也存在不同的学术立场,有认为允诺禁反言原则是对价原则的替代(substitute)者②,主张二者的相互对立。例如,学者吉尔莫就认为,对价与允诺信赖就像"物质与反物质(matter and anti-matter)"一样,是截然对立的,并且有一点是非常清楚的:即二者是不能友好相处的,最终一方必定会吞噬另一方。③ 吉尔莫甚至认为,允诺执行的首要根据是信赖而非对价。④ 另有学者认为允诺禁反言原则只是对价原则的补充(complement)而已,二者本质上相容并服务于共同的目标。⑤ 尽管上述两者主张都承认将允诺禁反言原则视为一种新的允诺执行或合同约束力的根据,但作为对价原则的替代和作为对价原则的补充完全是两个截然不同的概念,并在一定程度上关系到对价原则的未来命运,所以有必要厘清二者的关系,揭示出允诺禁反

---

① 笔者特别在此向英国牛津大学的 Treitel 先生表示感谢。
② Claude D. Rohwer, Gordon D. Schaber, Contracts,法律出版社 1999 年版,第 2 页。
③ James Gordley, Enforcing Promises, 83 *Calif. L. Rev. 547*, March, 1995, 561.
④ Grant Gilmore, The Death of Contract, 1974, p.77.
⑤ 例如 Melvin Eisenberg。当然,还有学者如高德利认为,从历史上来看,允诺禁反言原则既不是作为对价原则的反叛,也不是作为对价原则的逻辑补充而出现的,它是在 19 世纪和 20 世纪初被用来解释那些法院所执行的无对价允诺的案例而出现的。See James Gordley, Enforcing Promises, *83 Calif. L. Rev. 547*, March, 1995, 563.

言原则在现代合同法中的真实地位。

笔者认为,允诺禁反言原则是对价原则的重要补充,是对价原则弊端的外部修补方式,而绝非是对价原则的一种完全替代品,它不仅没有带来对价原则的死亡,却以外部改革的方式造就了对价原则的再生。允诺禁反言原则之所以只是对价原则的补充而不是其替代的原因如下:

第一,允诺禁反言原则所涉之无偿交易行为及其执行只是社会生活中的一种例外,并非社会的常态,所以允诺禁反言原则也就不可能替代对价原则而成为当代社会中核心的允诺执行的根据。商业有偿交易行为始终是现代社会的主要行为模式,因此对价原则等古典合同法的制度和理论设计便得以成为当代社会的中心交易规则模式。尽管允诺禁反言原则也有着类似于对价原则那样的决定允诺执行的功能,但由于它只针对使受诺人产生信赖行为的无偿允诺,所以就无法像对价原则那样成为核心的允诺执行根据,而只能起到补充对价原则、纠正对价原则过分狭隘等弊端的功能。

第二,对价原则和允诺禁反言原则有着明确的适用边界、不同的适用范围和适用效果,只能相互补充,不能相互涵盖、相互替代。首先,按照英国学者阿蒂亚的观点,对价原则和允诺禁反言原则的适用边界(borderline)是明确的,即要看受诺人从事的行为是否为允诺人所要求①:在受诺人的遭受损害的行为或容忍是基于允诺人的要求做出时,该造成损害的行为或容忍就是对价;但如果受诺人造成自己损害的行为或容忍并没有经过允诺人的明确要求,而是受诺人基于对允诺人的允诺的信赖进而做出的行为,那么该行为或容忍造成的损害就是信赖损害,该案例也就适用允诺禁反言原则而使得该允诺可得执行。其次,从二者的不同适用范围来看,对价原则和允诺禁反言原则是互补关系,而非替代关系。现实中英国和美国关于对价原则与允诺禁反言原则适用范围的大小为我们进一步理解二者的具体关系开启了思路。英国传统的获益受损理论的范围相对较广,规定只要当事人存在获益或受损的事实,便构成支持允诺执行的对价。而当法院遇到执行难题时,它还可以通过扩张或发明对价原则的内涵来解决新的问题,但这种方法在一定程度上使得对价原则泛化。于是,立足于弥补对价原则缺陷的允诺禁反言原则便少有适用空间。在该问题上,美国则恰好相反。由于美国的对价交易理论在产生之初就是为了限制资本家等允诺人的责任,所以其对价原则内涵较为狭窄,构成较为严格。这样,美国的对价原则便为允诺禁反言原则留足了适用空间

---

① 阿蒂亚合同法文集对此讨论非常详细,See P. S. Atiyah, *Essays on Contract*, Clarendon Press, 1986;也参见〔英〕P. S. 阿蒂亚:《合同法导论》,赵旭东等译,法律出版社 2002 年版,第 141 页后。

和发挥余地,现代英美法的允诺禁反言原则的发展和创新就主要是在美国出现的。① 从一定程度上说,允诺禁反言原则是美国的一个独有概念(unique concept),英国只有一个案例认可了这一概念。② 所以,特莱特尔才会说,由于美国存在一个范围广泛的允诺禁反言原则,所以它根本用不着通过像英国一样的"发明对价(invented consideration)"去增强对价原则的正当性和现实应用的灵活性。③ 由此可见,对价原则的范围越大,允诺禁反言原则的范围就越小;反之,对价原则的范围越小,允诺禁反言原则的范围就越大。这一点足以证明,允诺禁反言原则是对价原则的补充。再次,二者在具体的法律效果上还是有所差别的,不能互相取代。尽管人们通常都将允诺禁反言原则视为与对价原则一样的一种独立的允诺执行根据,但它们在具体执行的法律效果上有时的确存在一定的差别。所以,便有学者认为,允诺禁反言原则的功能不是使允诺有约束力或保护人们的期待利益,相反却在于"避免基于允诺人的允诺而引致的信赖损害"④。举一个简单的例子来说明二者效果上的区别。假设某人允诺将支付给我 500 元钱,我基于对其允诺的信赖而提前花掉了 300 元,但若不是对他的允诺的信赖和期待,我是决不会轻易地花掉这 300 元钱的。执行允诺人的允诺将会是把其所允诺的 500 元支付给我(这样便保护了我的期待利益),然而"避免损害"则将只给我 300 元(保护我的信赖利益)。前者是合同法的领地,因此便要求对价原则。后者则是禁反言的领地,因此并不要求对价原则。以这种方式保护我的信赖利益并不会破坏对价原则。⑤ 可见,允诺禁反言原则和对价原则在具体功能上也存在一定的差别,这使得它们更不可能相互取代,而只能相互补充。

　　第三,从历史渊源上来看,对价原则与允诺禁反言原则有着共同的理论基础,二者的本质并无冲突之处,将允诺禁反言原则说成是对价原则的替代,抹杀了二者之间的历史和现实关联,明显不妥。允诺禁反言原则的理论前提是信赖损害(detrimental reliance)的产生,而传统对价原则的获益受损理论也同样是讲究允诺人的获益、受诺人的受损。更为重要的是,霍兹沃斯(Holdsworth)等人甚至认为"对价的本质并不在于允诺人或被告所获得的利益,而在于受诺人或原告所受到的损害"⑥。并且,法恩思沃斯也通过历史考察

---

① Ewan Mckendrick, *Contract Law*, 4th ed., Palgrave MacMillan Publishers Ltd., 2000, p.106。
② Claude D. Rohwer, Gordon D. Schaber, *Contracts*,法律出版社(影印)1999 年版,第 120 页。
③ G. H. Treitel, *The Law of Contract*, Sweet & Maxwell, 1995, 9th ed., p.67, note 42.
④ Ewan Mckendrick, *Contract Law*, 4th ed., Palgrave MacMillan Publishers Ltd., 2000, p.118.
⑤ Ibid.
⑥ Sir William Holdsworth, *A History of English Law* (Volume VIII), Methuen & Co. Ltd. and Sweet & Maxwell Ltd., 1937, p.11.

证实,对价原则的损害要素更是起源于所谓的信赖:即对价原则的受诺人的损害要素是从特别违诺赔偿之诉(special assumpsit,指较早期的违诺赔偿之诉——引者注)的信赖中发展而来。① 可见,历史上的对价原则就是包容信赖问题的,而基于信赖而发掘出来的新的允诺禁反言原则则并没有违背传统对价的本旨内涵。科宾也同样指出这一问题,认为重述第 90 条关于禁反言的规定其实早在对价之初就有了端倪,其规定与对价原则并无冲突。② 对价原则和允诺禁反言原则就是在保护受诺人的信赖、期待等问题上相互补充、紧密协作的,后者不是前者的替代或终结者。

第四,从实践角度看,罗伯特·希尔曼(Robert A. Hillman)于 1998 年发表了一篇文章,公布了他对于"美国从 1994 年 6 月 1 日到 1996 年 6 月 30 日所有讨论到允诺禁反言的公开判决"的调查结果,该文章对于我们的分析有很大启发,他选择了近六百个与"允诺禁反言"相关的案例作为研究对象,得出以下数据:当事人采用"允诺禁反言"作为诉讼依据的案件的胜诉率为 8.01%,成功对抗了对方动议的比率为 15.74%,所以总的胜诉率仅为 23.74%。在联邦地区法院和州初审法院以"允诺禁反言"提起诉求的案件的胜诉率和联邦地区法院以传统契约理论提起诉求的胜诉率相比,后者是前者的 10 倍。而且在调查的案件中占 47% 的雇佣案件中,胜诉率只有 4.23%。初审中以"允诺禁反言"取得了胜利的当事人在上诉审中被推翻的比率达到 42.24%。据此,罗伯特得出的结论是:以"允诺禁反言"为依据的案件的胜诉率很低,这说明该原则在司法实践中并没有吞并或掩盖其他赋予允诺效力的理论。1994 年到 1996 年间的判例汇编显示它在实践中的运用是不成功的。即便案件在低级法院取得了胜利,在上诉程序中也将冒很大的风险。所以,罗伯特认为,理论家们的推测(认为"允诺禁反言"将吞并"对价交易契约理论"并上升为主导性的允诺性责任理论)是不现实的。③

总之,允诺禁反言原则与对价原则价值取向和实现的功能具有相当程度的一致性,通常都是为了使允诺人谨慎作出的允诺得到有力的执行,在对价原则出现解释的困境之时,允诺禁反言原则便应运而生,以实现交易公正之价值。尽管较早的案例将允诺禁反言原则视为对价原则的替代(substitute),

---

① E. Allan Farnsworth, *Contracts*, Aspen Law &Business, 1999, 3rd ed., p.19.
② 〔美〕A. L. 科宾:《科宾论合同》,王卫国等译,中国大百科全书出版社 1997 年版,信赖章。
③ Robert A. Hillman, Questioning the "New Consensus" on Promissory Estoppel: An Empirical and Theoretical Study, 98 *Colum. L. Rev.* 580, 582 (1998).

但它现在却一般被看做是允诺执行的一种可选择的、独立的根据①,与对价原则相并行不悖。允诺禁反言原则并非是对对价原则的反叛或背离,它的诞生并没有宣判对价原则的死刑,相反,它是对对价原则机理的一种自然扩张,是对价原则的有效补充而非完全的替代。

---

① Claude D. Rohwer, Gordon D. Schaber, *Contracts*,法律出版社(影印)1999年版,第2页。

第七章　契约法社会化浪潮与
　　　　　现代契约法的发展

20世纪以来,随着西方国家自由放任主义的削弱,福利国家观念的崛起,国家对经济和社会的干预得到加强,以"法的社会化"为特征的第三法域"社会法"介于公私法之间而崛起。这一法域,主要包括反垄断法、反不正当竞争法、社会保障法、环境保护法、消费者保护法、劳工法等。社会法的出现,主要是随着社会发展,传统个人主义、自由主义的利益达成之理想在现代社会中无法完全实现,对于社会中的弱者,法律需要通过社会化的手段加以切实保护。社会法的蓬勃发展,很大程度上突破了公法、私法分立的传统,使得私法与公法、民法与行政法、契约与法律之间的划分已越来越趋于模糊。①

美国是此种"法社会化"洪流中的典型代表,而法学家庞德是美国社会法学的开创者。从经济社会和政治背景上来说,19世纪末20世纪初,美国经济正处于自由资本主义向垄断资本主义迅速转变的过程中。尽管美国国会于1890年通过了《谢尔曼反托拉斯法》,试图削弱大公司的垄断力量,促进市场竞争,但是联邦最高法院却坚持经济自由主义,抵制反托拉斯法的实施。在最高法院的翼护下,1897年至1904年之间,美国发生了319次公司兼并,资本总额为63亿美元。垄断的急剧发展,激化了各种利益冲突,迫使美国政府逐步介入市场,充当协调各种社会利益的"工程师"。从西方政治局势来看,首先,在资本主义世界,尤其在美国,客观上要求国家对市场的介入、调节。而当时联邦最高法院为保守势力占据,顽固坚持经济自由主义,抵制包括美国国会1890年通过的《谢尔曼法》在内的各级国会的反垄断法。正如庞德所说:"天赋人权曾变得像君权神授一样残暴,这在过去25年中美国宪法已经提供了充分的例证。"这使庞德开始强调法律是一种"社会控制工具",强调法律的社会效果,并与霍姆斯这位"伟大的异议者"(The Dissenter)走到了一起。其次,1929年全球性经济危机导致了长时间的"大萧条",欧洲许多国家,尤其是德、意纳粹势力抬头,并在1939年发动了第二次世界大战,整个

---

① 〔德〕拉德布鲁赫:《法学导论》,米健译,中国大百科全书出版社1997年版,第77页。

西方世界都笼罩在专制、强力的纳粹阴影之下,庞德作为捍卫资产阶级民主、自由的法学家,力图在法学理论上抵消强力、专制的理论,而阐发正义、安全、均衡与文明诸种更高价值。① 正是在这一背景下,庞德建构了他的社会学法理学(Sociological Jurisprudence)。他主张加强政府对包括经济在内的整个社会生活进行调节或控制,强调法律是一种"社会工程",法律的作用就是承认、确定、实现和保障各种利益,尤其是社会利益。从 1908 年到 1923 年间,庞德完成了反映他社会学法理学观的大部分论著。②

此后,法社会学在美国获得了长足的发展,并成为美国 20 世纪法学的核心内容之一。虽然法社会学的主要的奠基人和宏观理论都来自西欧,但是饶有趣味的是这一学科在美国比在其他国家更加繁荣,也获得了更加充分的支持和评价。庞德的"社会学的法理学"曾经风靡一世,P. 诺内特的"法理学的社会学"(Jurisprudential Sociology)的口号也曾经流行一时。对当前美国的司法政策和正义观具有强大的影响力的"法与经济学"和"批判法学"(其实也不妨称之为"法与政治学"),从理论谱系上看都与法社会学运动有着千丝万缕的联系。在某种意义上甚至还可以说,至少是在 20 世纪的美国,通过法制手段改革社会的实践需要已经使得法社会学逐步从边缘向中心渗透,其结果,无论在法律学界还是在社会学界它都俨然成为一门"显学"。③ 并且,在哈佛法学院肯尼迪教授看来,从 1900 到 1968 年这段时间里,社会法学之法律思想更是有席卷全球的趋势。而作为 20 世纪美国法律思想核心的法社会学,一直支配并决定着美国法律发展的方向。也就是在美国这一股社会法学的宏观背景之下,美国才出现了从社会学的视角观察和研究契约法之方法的兴起,我们称之为契约法的社会化运动或契约法社会学。

一、契约社会化与"关系性契约"难题

传统契约法视野中的契约关系为个别性契约,强调契约当事人数量的有限性、交易目的的单一性、意思自由与个人利益最大化、权利义务的可预期和确定性、契约关系的相对性和与第三人的无关性等特征,契约关系简单而清

---

① 朱晓东:《庞德法理学提纲初论——评〈法律的社会控制〉和〈法律史解释〉(上)》,载公法评论网:http://www.gongfa.com/zhuxdpangde.htm,2013 年 1 月 9 日访问。
② 李建国:《庞德〈法理学〉(卷一)导读》,载法天下:http://www.fatianxia.com/review_list.asp?id=272,2013 年 1 月 9 日访问。
③ 季卫东:《从边缘到中心:二十世纪美国的"法与社会"研究运动》,载《北大法律评论》第 2 卷第 2 辑 1999 年。

楚。但随着经济社会组织的大量涌现、社会化大生产的不断扩张以及经济交易的日益复杂化,原来简单清楚的契约关系因契约理念、契约主体、契约内容变动的影响而变得模糊、不确定而复杂,契约的关系性特征愈发明显,契约关系社会化了。具体体现在以下三个方面:

第一,契约理念变动引发的契约社会化。契约自由是传统契约法的核心理念,它讲究契约当事人的人格独立和自由意志,不受对方当事人和第三人的影响和非法干预。但随着社会经济的发展、社会分工和交换的强化,阻碍契约自由的权力、等级和命令也大量出现,格式合同即其著例。格式合同易为当事人所滥用,从而使得"合同自由变成提供格式合同大公司的单方面特权",最终导致我们社会正在经历一个从"契约到身份复归"的过程①,契约自由由此衰落。契约自由的衰落,进而使得契约关系对当事人的束缚开始加强,第三人这种本来完全隐没在契约关系背后的力量也开始走向前台,囊括契约当事人、普通第三人、社会组织乃至国家的契约关系大大复杂化了,"关系性契约"难题随即出现。

第二,契约主体变动引发的契约社会化。现代契约法在维持古典与新古典契约法抽象平等理性人格假设的同时,又从抽象的法人格中,分化出若干具体的法人格。其代表的例子是劳动法上形成劳动者的具体人格,使雇佣契约的主体成为服从团体法理的劳动法的主体。中国合同法中也注意区分经营者之间的关系、经营者与消费者之间的关系。② 上述具体契约法人格的登场在一定程度上解构了抽象理性人格假设,将原来较为简单的契约关系通过具体社会人格或"作为关系性存在物的社会人格"③而复杂化了,引发了契约法适用上的关系性难题,即契约当事人的权利义务会因为主体人格的具体化而发生多大的不同?

第三,契约内容变动引发的契约社会化。现代契约关系不是当事人通过面对面的谈判而缔结的,更多的是在科层组织和官僚体系的结构中组织起来的,其背后是渗透到科层组织和官僚体系之中的众多的利益相关者。但是,组织听命于利益相关者的整体,并不听命于利益相关者个人,就每一个利益相关者来说,他既是制定契约的力量,又是契约的被迫接受者,正是这种共同参与和个别接受的矛盾关系,才使得作为契约内容的当事人权利义务关系社

---

① Friedrich Kessler, Contracts of Adhesion——Some Thoughts About Freedom of Contract, 43 *Colum. L. Rev.* 629 (1943), at 640—41.
② 梁慧星:《从近代民法到现代民法——20世纪民法回顾》,载《中外法学》1997年第2期。
③ 季卫东:《界定法社会学领域的三个标尺以及理论研究的新路径》,载《法律评论报》2005年第10期。

会化倾向明显,对于此种高度社会化的复杂契约关系,传统的民法制度也无所适从。

总之,契约关系已经不单单是当事人交易磋商的结果,合意也不再是其承担法律责任的唯一凭据,契约已经成为包括当事人合意在内的多种社会因素博弈的结果,契约关系已经高度社会化,此时的契约已经具有了承载多重社会关系的能力,传统契约问题在现代也已经转化成与契约相关的"关系性难题"。

之所以称作"难题",是因为传统契约法规则无法有效应对契约关系社会化所带来的挑战,不管是建构期的古典契约法还是调整期的新古典契约法都无力解决契约社会化的法律问题。古典契约法自不必说。新古典契约法尽管以承认例外的方式对古典契约法作了诸多修补,并注重回应社会现实,也初步认识到了契约的关系性特征,但新古典只是古典的一个亚种,它在法律理念、体系结构和核心内容方面都没有超脱出古典契约法的理论范式。它仍然是基于个别性契约交易,不过是对关系作了许多让步,它常常能够适当地处理契约关系中更为个别性的问题。但是,当个别性和关系性原则发生冲突时,新古典契约法就缺乏任何压倒性的关系性基础,也就缺乏解决关系问题所需要的应变能力。[①] 于是,新古典契约法同样不能成为解决关系性契约问题的首选。

二、社会化的契约法理论方案的兴起

既然古典和新古典契约法都无法解决当今契约关系日趋社会化的难题,因此就需要在契约社会化的背景下寻求全新的契约法理论方案和理论模式。传统契约法理论把契约的社会背景关系全部从法的世界中驱逐,致使众多的利益裸露于法律之外,以致最终死亡,因此契约法社会化理论立足于克服古典和新古典契约法的这一病因,主张契约法应是一个开放的体系,力图把曾经被传统契约法所抛弃的社会现实背景重新纳入法的世界。[②] 在契约社会化理论中,契约关系不仅仅是基于当事人允诺和书面约定而建立起来的法律权利义务关系,更是以契约约定和契约社会背景为内容的一种社会关系。自此,契约法理开始发生根本变化,从全面统治两大法系的新旧古典契约法理

[①] 〔美〕麦克尼尔:《新社会契约论——关于现代契约关系的探讨》,雷喜宁、潘勤译,中国政法大学出版社1994年版,第66页。

[②] 马东:《从合意到关系——契约模式的演变》,西南政法大学硕士学位论文,2003年,第10页。

论转向强调契约之社会基础、社会背景和社会根源的社会化契约法理论,以为解决当今社会关系性契约难题提出具体的解决思路和方案。

(一) 吉尔莫的"契约死亡学派"(Death of Contract)

1970年4月,美国法学家格兰特·吉尔莫在俄亥俄州立大学法学院作了一个名为"契约的死亡"的演讲,然后将讲演稿整理出版,这就是使世界法学界震惊的《契约的死亡》一书。吉尔莫开头便说道:"有人对我们说,契约和上帝一样,已经死亡。的确如此,这绝无任何可以怀疑的。契约死亡运动的倡导者们接着说,契约既已死亡,自然也就不再是一个合适的、有价值的研究课题,法学院的学生们也不应再去完成有关对价理论的那些古怪的作业了。死亡事实既已确定,法学家就应当把注意力转向其他方面。据说,他们应该观察当前的景况,并记下自己的观察所得;他们应致力于社会学的分析,而不是历史的或哲学的综合。"[①]从而高调拉起了美国"契约死亡学派"的大旗。

在吉尔莫看来,古典契约法是19世纪发展起来的契约法,其具有高度抽象性,与古典自由市场经济理论有着密切的历史渊源关系。古典契约理论不仅在起源之时就表现为象牙塔般的抽象概念和原则,而且在其整个存续阶段都大致如此,它天生就产生并存在于法学院而非法院中。从美国的实践来看,契约理论——由霍姆斯和威灵斯顿所阐述——似乎从其诞生之日起就已进入其崩溃性的扩张时期。从根本上来说,契约一般理论与放任主义经济理论的衰落,可以看做是对19世纪的个人主义向福利国家与超福利国家的转变所作出的最初反映。[②] 至于契约死亡的表现则主要在于:作为契约这架庞大机器之"平衡轮"的对价原则的衰落、前契约责任的出现、允诺禁反言原则对对价原则的冲击、诚实信用原则和显失公平原则的出现、对损害赔偿责任进行限制的突破,以及所有这一切最终将导致的契约法被侵权法所融合的结果。

因为在19世纪晚期契约一般理论迅速形成之前,侵权一直是引起民事责任的主要因素,在当时,契约之债与侵权之债呈融合趋势。而当"对价"等古典契约法的核心准则走向消亡的时候,这种融合状态就再次重现。吉尔莫认为现代契约法的发展表现为契约责任被侵权责任这一主流融合,契约法为侵权行为法吞并,或者他们二者都被一体的民事责任理论合并,有关契约关系问题的处理也将交由合并后的民事责任理论和制度。古典契约法领域中

---

① 〔美〕格兰特·吉尔莫:《契约的死亡》,曹士兵等译,中国法制出版社2005年版,第1页。
② 同上书,第7、21、77、127页。

的那种纯粹规制当事人之间关系的契约概念开始土崩瓦解,并逐步走向开放和社会化。

(二) 肯尼迪等人的"批判法学运动(CLS)"

自 20 世纪 70 年代末以来,一个通称为"批判法运动(Critical Law Studies Movement,简称 CLS)的思潮在美国法学领域中开始出现,以后不断兴起,至今仍盛行不衰。从 80 年代美国法学刊物的目录来看,在有关法理学、法律哲学、法学理论方面的论文主题中,批判法学占有首位,在同一时期,美国一些著名法学院曾多次召开批判法学的学术讨论会,有的法学院更开设了有关批判法学的课程。据有的评论文章指出,这一思潮的主要代表人物来自某些名牌大学,特别是哈佛大学、斯坦福大学法学院,他们大多较年轻,也多致力于并善于传播自己的学说,因而这一运动不会转瞬即逝。这一思想在美国兴起后已影响其他西方国家的法学。

就政治或理论倾向而论,这些批判法学家大体上可分为三类。第一类是反形式主义的左派法学家,其中包括哈佛大学教授邓肯·肯尼迪(Duncan Kennedy)和罗伯托.昂格尔(Roberto Unger)等人。第二类是新马克思主义者法学家,包括莫顿·霍维茨(Morton Horwitz)、乔治敦大学法律中心教授马克·图什内特(Mark Tushnet)等人。第三类是不属于以上这两类的左派法学家,包括罗伯特·戈登(Robert Gordon)和威廉·西蒙(William Simon)等人。"新马克思主义",或称"西方马克思主义",通常指西方发达国家中马克思主义的一个流派。批判法学家不仅有这三类之分,而且在每一类批判法学家内部,每人又都各有自己的特色。尽管如此,所有批判法学家都具有一些共同特征。第一,正如上面已指出的,他们在政治倾向上属于左派。第二,这一法学是对"正统"法律思想的批判和挑战。它所讲的正统法律思想,是"自由主义"法律思想或"自由法条主义"(liberal legalism)。同时,它认为自由主义法律思想在历史上的代表是英国 17—18 世纪思想家、法学家洛克(Locke)、霍布斯(Hobbes)和布莱克斯通(William Blackstone)等人。但批判法学家真正要批判的是当代美国最有权威的一些法学家,如罗纳德·德沃金(Ronald Dworkin)和里查德·波斯纳(Richard Posner),以及在法学领域中有较大影响的哲学家约翰.罗尔斯(John Rawls)等人。第三,批判法学的批判范围不仅直接有关法律思想、制度,而且更扩展到其他思想领域,特别是社会理论、政治学的问题。[①]

[①] 沈宗灵:《批判法学在美国的兴起》,载《比较法研究》1989 年第 2 期。

批判法学最有影响力的核心人物非肯尼迪莫属,尤其是在私法领域,肯尼迪理论的影响力巨大,至少到最近,几乎所有批判法学的业绩,或是以肯尼迪的理论为基础,或者称之为肯尼迪理论的支流都不为过。肯尼迪首先批判了古典契约法的内在一致性假设。从古典理论来看,私法领域的扩张是以下面的信念为动机的,即私法的逻辑一贯性,通过自身的单纯化、明晰化得以维持的信念,由此而来的便是美国法学上所谓的"形式主义"。然而形式主义登峰造极之时,却产生了非常不好的法律效果。例如,有判决认为,规定面包房的劳动时间和女子最低工资的法律违反契约自由原则,因而是违宪的。[1] 因此,此种以契约自由原则为基础的内在逻辑一贯性的法体系是值得反思和批判的,其已经随着时代的变迁而丧失了其妥当性。[2]

此外,肯尼迪还从自由主义法意识的结构中去探求现代法蕴藏的"根源性矛盾"这一困境,为了把带来"契约之死"的契约法纳入到自由主义思想中来,他不是将关于古典契约法的修正的原理简单拿来,而是试图发现与古典自由主义所不同的法意识的存在。即从肯尼迪的方法论言之,"契约之死"这一现象所反映的现代契约法是现代法意识的表现。因此,带来私法之"不确定性"的、相对立的价值判断,不是单纯的恣意和经济基础的反映,其背后可以设想具有不相容的结构性秩序的法意识之对抗。[3] 总之,肯尼迪以后的批判法学的契约法理论值大部分以迄今为止的古典契约法理论的意识形态批判为主攻目标。在批判法学看来,古典契约法的理论架构完全以自由放任主义支配下的维多利亚时代的法学家言语为当然前提,并忽视了存在于法之外的社会行为规范和制裁力量。[4] 在肯尼迪看来,古典契约法的架构不是恣意和经济基础的反映,而是作为意识形态的法意识的产物,析出这些法意识的结构正是肯尼迪的现代契约法批判的出发点。

从更广的私法领域来看,批判法学的主要目标是构成市场机制的合同和财产制度将所有的法律推理都描述成神话,批判法学努力证明任何合同法的规则、原则或标准以及其他学说都可以被社会所"解构"。至少在"法与社会"的圈子里,批判法学似乎具有更强的感召力——因为它代表了社会进步

---

[1] Lochner v. N. Y. 198 U. S. 45(1905);Morehead v. New York ex rel. Tipaldo 298 U.S. 587 (1936).
[2] 〔日〕内田贵:《契约的再生》,胡宝海译,中国法制出版社2005年版,第156页。
[3] 同上书,第157页。
[4] 〔美〕格兰特·吉尔莫:《契约的死亡》,曹士兵等译,中国法制出版社2005年版,第142、157页。

和改革的要求,以及它的学术话语更容易引起广泛的共鸣。① 但在摧毁了现存制度架构后,批判法学不愿意提出作为替代的制度设计。因此,与契约死亡学派一样,尽管批判法学在法学杂志中被千万次地提及,但在判例法中它几乎完全被忽略了②,在法律实践中也没有取得与其学术名声相称的影响和效果。

(三) 麦考利的合同之经验理论(Empirical Theories)

合同经验研究学派的倡导者为麦考利教授(Stewart Macaulay),是以社会学方法研究合同的典范,他被吉尔莫等人戏称为"合同死亡的高级刽子手"。麦考利教授于1963年发表《企业中的非契约关系的初步研究》一文,宣告了正统契约法的死刑,他从经验素材中发现,在20世纪50年代中,美国的实业活动约近3/4是基于非契约性关系的;契约的详细规定对于市场经济秩序并没有实质影响;契约和契约法大多数情况下是不必要的,因为存在许多有效的非法律制裁措施;当事人对于契约法文本和书面契约也并非像我们想象得那样重视,他们更重视的是长期商业关系的维系;通过诉讼或威胁诉讼来调整交易关系、解决纠纷也会产生很多成本。用麦考利的话来说就是"合同和合同法不仅在很多情况下是不需要的,而且它们的使用可能产生,或者被认为可能产生不可欲的后果。详细协商的合同可能会妨碍商家之间建立良好的交易关系。如果一方坚持制定一份详细的计划,当双方尽力要就一个不太相关且不太可能发生的事件实际发生后如何应对达成一致而进行信函往返时,就会导致拖延"③。麦考利的同事弗里德曼(Lawrence M. Friedman)也曾经探究威斯康星最高法院的合同案件审判工作。他发现,将官司打到法院的合同案件往往在经济上处于商业边缘,或者是家族经济纠纷,而不是重要的商业交易。④ 这同样以社会化的经验研究论证了合同与合同法的实践价值与现实困境。

当然,既然合同并不必要,那么为什么现实中却也存在相当的合同实践呢? 对此,麦考利解释道,首先,从某种程度上说,"契约的死亡"标题是引人误解的。作为一种活生生的制度,合同与我们的生活息息相关。在日常不断的交易中,经常发生大量重要的交换以满足人们的合理需要。人们和团体组

---

① 季卫东:《从边缘到中心:二十世纪美国的"法与社会"研究运动》,载《北大法律评论》2000年第2卷第2期。
② John E Murray. JR., *Contract Theories and The Rise of Neoformalism*, 71 Fordham L. Rev. 869 (2002).
③ Stewart Macaulay, Non-Contractual Relations in Business: A Preliminary Study, 28 *American Sociological Review*, 55—67(1963).
④ Ibid.

织不断进行着交易,它们书写相关文件,避免、抑制和解决争议,几乎不受学术合同法的影响。少数案例被提交到法院并启动了正式的诉讼程序,即使存在法官依据传统合同法而得出的判决,那也是相对罕见的。而且,学院中的"合同"仍然非常活跃。每天早晨,全美国法学院的法科学生们都还在继续努力地学习着要约、承诺、对价。麦考利说,我从未主张过合同法已经死亡了,我更愿意说,学术性的合同法(academic contract law)不管是现在还是以前都不是现实运转的合同制度的一种准确的反映。① 其次,当合同计划满足了致力于商事交易组织(公司)的内部需要时,它还是可能导致这样一种合同应用实践。例如,一份相当具体的合同能在一个大型公司内部起到信息交流的功能。同时,当存在意义重大的问题时,人们会倾向于认为合同的收益大于其成本。一个导致这种判断的因素是长期性的协议履行的复杂性。另一个因素是在不履行义务的情况下所受的伤害的程度是否被认为可能是巨大的。这些因素的存在导致现实中的合同实践仍然并不少见。最后,对于合同与合同法的理解和把握,麦考利给我们的最终建议是,"合同经常会在生意中起着重要的作用,但是其他因素也是重要的。要理解合同的功能,就必须全面探究规范交易行为的整个体系。必须研究更多类型的商业社团,必须分析合同诉讼以考察为什么非法律制裁未能阻止法律制裁的使用,必须对本文所提及的所有变量进行更系统的分类。"②

(四) 波斯纳等人的"法和经济学派"(Law and Economics)

法律经济学是近四十年来发展起来的一门经济学与法学交叉的边缘学科,也是战后当代西方经济学中的一个重要的学术流派。法律经济学在 20 世纪 70—80 年代经历了一个蓬勃发展的时期。在这个时期中涌现出许多优秀的代表人物与研究成果,例如:理查德·A.波斯纳与《法律的经济分析》(1973 年),沃纳·Z.赫希与《法和经济学》(1979 年),A.米契尔·波林斯基与《法和经济学导论》(1983 年),罗伯特·考特和托马斯·尤伦与《法和经济学》(1988 年)。同一时期,有关法律经济学的研究机构和学术刊物也纷纷问世,例如:美国爱默里大学的"法和经济学研究中心"和《法律经济学》杂志、迈阿密大学的"法和经济学研究中心"和《法与政治经济学杂志》、华盛顿大学的《法和经济学研究》杂志以及在纽约出版的《法和经济学国际评论》;

---

① 〔日〕内田贵:《契约的再生》,胡宝海译,中国法制出版社 2005 年版,第 198 页。
② Stewart Macaulay, Non-Contractual Relations in Business: A Preliminary Study, 28 *American Sociological Review*, 55—67(1963).

在英国也成立了"工业法研究会"等机构,仅牛津大学就出版了《工业法杂志》和《法学、经济学与组织研究杂志》。此外,一些著名的大学,例如哈佛大学、芝加哥大学、斯坦福大学、加州大学伯克利分校、牛津大学、约克大学、多伦多大学等,纷纷在法学院、经济学院(系)开设法律经济学课程。一些著名大学的老牌法学杂志,例如《哈佛法学评论》《耶鲁法学评论》《哥伦比亚法学评论》《多伦多大学法律杂志》等,也开始纷纷重视法律经济学的研究,刊登有关法律经济学的研究成果。这一时期,法律经济学由于自身的不断成长,已经开始逐渐从新制度经济学中独立出来,成为一门具有比较完善的理论体系的相对独立的新兴学科。

从法律经济学的研究范围来看,法律经济学对法律制度问题的研究基本上覆盖了整个法律领域,包括:民事、刑事和行政程序;惩罚理论及其实践、立法和管制的理论及其实践;法律的实施和司法管理实践;宪法、海事法、法理学;等等。但是,法律经济学的研究重点是"普通法的中心内容——财产、合同和侵权"。按照波斯纳的说法,经济学家以前对法律的研究基本局限在反托拉斯法和政府对经济实行公开管制的领域,而法律经济学的研究重点则转向了"并不公开管制的法律领域"。从法律经济学的研究方法来看,法律经济学是以"个人理性"及相应的方法论的个人主义作为其研究方法基础,以经济学的"效率"作为核心衡量标准,以"成本—收益"及最大化方法作为基本分析工具,来进行法律问题研究的。W. 赫希曾指出:"尽管并非所有的研究者对法和经济学的研究视角和方法都持有一致的看法,但是,绝大多数的人都认为,新古典主义经济学的分析方法——包括经济理论与计量分析工具——构成了法律和法律制度经济分析的基本特征。"这一点,甚至连法律经济学中的非主流学派的学者也看得十分清楚,R. P. 麦乐怡就一针见血地说:"法律的经济分析通过对法律规则(Doctrine)进行成本和收益分析及经济效益分析,使我们可以就法律实施的结果得出结论,并对特定的法律安排的社会价值作出评价。"

比如,波斯纳用法律经济分析方法和实例举证的方式来阐释合同法中的效率违约规则。效率违约理论直接来自于霍姆斯的契约选择理论。契约只是要求当事人在履行契约和不履行契约赔偿对方损失之间作出选择,如果选择不履行比选择实际履行给国家带来更多的收益,就应该选择违约。法律经济分析学派吸收了霍姆斯的理论并对其加以发展。波斯纳就用一个例子来说明效率违约规则的价值。他说:我签订了一项以每件 10 美分的价格向 A 交付 10 万个定制零件的契约,零件为其锅炉厂所用。在我交付 1 万件后,B 向我解释他很着急地需要 2.5 万个定制零件并愿意每件向我支付 15 美分,因为不然他将被迫关闭其自动钢琴厂而付出很高的成本。我将零件卖给了他,结果没有按时向 A 交货,从而导致他损失 1000 美元利润。由于我已从与 B 的交易中得到了 1250 美元的额外收益,所以即使在赔偿 A 的损失后,我的经济情况仍然得到了改善,而 B 也没有因此而受损。假定 A 的损失得到完全补偿而又没有其他人受违约侵害,那么这种违约就是帕累托较优状态。事实上,如果我拒绝将零件出售给 B,那么他也会去与 A 谈判并将 A 与我签订的契约的一部分零件分配给他。但这就增加了步骤从而也就增加了交易成本,因为这是一项双边垄断的谈判。① 如果能够通过违约而使得所有人和社会的经济效益得到提高和改善,那么何乐而不为呢?

  法律经济学所重点关注的另一个合同法领域是不完全合同及其漏洞补充的问题。我们希望合同是完备的,每一种情况都设想到了,双方的权利义务都作了合理的规定;每一种偶然性也预想到了,而且相关风险也在双方当事人之间有效分配好了;所有有关的信息双方都知道;没有任何事情可能会出错。完备合同是有效率的,每一种资源都分配给了最重视该资源的一方,每一风险都分配给了能以最低成本承受该风险的一方,而且合同条款详尽阐述了合同双方通过合作得到双赢的任何可能性。完备合同的双方当事人需要政府根据合同条款强制履行他们达成的一致,政府不需再做任何事。② 但是,由于人是有限理性的,签订完备合同的成本是很高的,这是交易成本的一部分。特别是大多数合同是延时性的,期间发生的风险很难预测,所以,现实中的合同总是不完备的。合同法通过填充缺口和合理分配风险降低交易成本从而提高效率。因此,尽管我国《合同法》第 12 条规定了合同的一般条款包括:当事人的名称或者姓名和场所、标的、数量、质量、价款或者报酬、履行期限地点和方式、违约责任和解决争议的方法。但实践中的合同却不可能完美无缺,即使要完全具备《合同法》第 12 条的一般条款也并不总是能够落实。于是,在出现不完全合同时,当事人就可以根据《合同法》第 61、62 条的规定进行漏洞补充。第 61 条说,合同生效后,当事人就质量、价款或者报酬、履行地点等内容没有约定或者约定不明确的,可以协议补充;不能达成补充协议的,按照合同有关条款或者交易习惯确定。这一条体现了当事人主义的精神。但是如果合同当事人仍然不能达成一致意见的,《合同法》第 62 条对于质量、价款或者报酬、履行地点、履行期限、履行方式和履行费用的规定进行

---

① 〔美〕波斯纳:《法律的经济分析》(第七版),蒋兆康译,法律出版社 2012 年版,第 170 页。
② 〔美〕考特·尤伦:《法与经济学》(第 3 版),施少华、姜建强等译,张军校审,上海财经大学出版社 2002 年版,第 177 页。

合同的填充基本体现了合同法降低交易成本方面的作用。这是法律经济分析在合同法领域中的另一经典例证。

此外,进入20世纪90年代以后,法律经济学的研究似乎进入了一个比较平和的发展时期,没有出现新一代的"领军人物",也没有出现具有明显"突破性"的新论著,研究领域中具有权威性的文献基本上仍是70—80年代出版,并在90年代经过完善、补充、修订的新版著作。在一些重要的学术期刊上,发表的许多论文所做的工作大多是对已有论题的深入挖掘。例如,在2000年春季号的《法律经济学杂志》上,用极大的篇幅刊登了科斯、弗利兰德、卡莱因等人的一组文章(共5篇),反思12年前由阿尔钦等人提出的有关费希尔兄弟车辆制造公司与通用汽车公司在1926年的兼并故事,以及相关的资产专用性、长期合同与"套牢"(Hold-up)的关系问题。但是,进一步观察仍然可以发现,90年代以来,法律经济学的研究还是呈现出一些值得注意的变化,这些变化可能预示着法律经济学运动在新世纪中的发展趋势。90年代以来,法律经济学的研究领域显示出进一步扩大的趋势,"经济哲学"的色彩有所突出,一些学者试图将经济学、法学、哲学三者结合起来研究,使法律经济学的研究领域扩展到更具根本意义的法律制度框架方面,从而推进了法律经济学研究中的"经济法理学"(Economic Jurisprudence)运动。从目前的文献来看,在法律经济学研究领域扩展的过程中,存在着两种不同的学术倾向。大体上来看,法经济学派的学者在合同法领域主张社会整体会由于某些类型的允诺的作出和履行而获益,合同法应当被设计为可以促进这种社会效益的法律系统,因此效率违约、损害赔偿计算、资产专用性、长期合同等介于法学和经济学之间的理论受到该学派的高度重视和关注。

总之,在解决关系性契约难题的需要下,在法律社会化的浪潮激荡之下,各种法社会学契约理论应运而生,但真正具有划时代意义的契约理论创造却是下文所说的关系契约理论。

三、关系契约理论:契约法社会化运动的最强音

关系契约理论是美国法学家麦克尼尔的毕生杰作。麦克尼尔曾师承美国著名法学家富勒,其所创造的关系契约理论被公认为是自古典契约法"死亡"后有关市场交换之法理建构中最有前途的理论选择。[①] 关系契约理论的

---

① See David Campbell, *The Relational Theory of Contract: Selected Works of Ian Macneil*, Sweet & Maxwell, 2001, Chapter 1.

核心意旨是从社会学的外在视角对契约效力的正当性进行全新的解释和说明,将契约背后的社会关系推向契约效力的前台,为受到批判甚至被判死刑的古典契约法和新古典契约法寻找全新的替代方案和理论模型。

(一)麦克尼尔与关系契约理论的产生

如前所述,美国法学家格兰特·吉尔莫1974年在俄亥俄州立大学法学院作了题为"契约的死亡"的演讲,然后将讲演稿整理出版,这就是使世界法学界震惊的《契约的死亡》一书。这本书的开头写道:有人对我们说,契约和上帝一样,已经死亡。的确如此,这绝无任何可以怀疑的。以这样一种高调的方式宣布了"契约的死亡",引起了法学界一片哗然。其实,在更早一些的1963年,威斯康星法学院的麦考利就通过契约之经验素材的研究最早宣称了正统契约法的死刑,因此学界将麦考利奉为"契约死亡学派的高级刽子手"。"契约死亡学派"也正是在麦考利和吉尔莫的学术思想影响之下正式成为美国契约理论的重要流派之一。

在《契约的死亡》出版十几年后,日本东京大学一位青年学者内田贵到美国康奈尔大学留学,研究契约法的基本理论,回国后于1990年出版了一本书,名为《契约的再生》,引起法学界极大轰动。《契约的再生》的开头就这样写道:"最近,人们经常论及契约的衰落、危机、死亡","尽管契约被宣告死亡却带来了契约法学的文艺复兴。有学者幽默地谈论关于契约法学复兴的原因说,这也许是契约虽死亡但契约法的教授还活着的缘故。"① 吉尔莫等契约死亡学派的"契约的死亡"学说以及麦考利威斯康星学派(Wisconsin Group)关于"契约并不重要"的判断都只能说明契约文本以及契约法的弱化,而并没能彻底宣判契约法的死刑。它们所产生的一个重要的非意图后果是,其对于古典契约法理论的批判带来了契约法理论的文艺复兴,有关契约死亡和再生的问题也自此一直萦绕于整个西方契约法学界,成为契约法学者津津乐道的话题。契约理论的解释模式也由此大大扩张,关系契约理论只是这一历史洪流中最为显著的一支。

关系契约理论是麦考利之后的另一位苏格兰血统的法学家麦克尼尔的毕生杰作。麦克尼尔作为一名富于探索精神和创新意识的学者,其优美的文笔和流畅的演说一贯受到人们的推崇。自哈佛大学法学院毕业后,麦克尼尔一直在各大学担任契约法的教授,他先后任职于弗吉尼亚大学、康奈尔大学

---

① 〔日〕内田贵:《契约的再生》,胡宝海译,中国法制出版社2005年版,第1页。

以及西北大学等,并经常受各界人士邀请去做关于契约法律的讲座。① 尽管还算是上是美国契约法理论的主流理论,并且还存在一些争议,但大多数人们现在几乎普遍承认,麦克尼尔的关系契约理论是自古典契约法"死亡"之后有关市场交换之法理建构中最有前途的理论基础和理论选择。②

在古典契约法理论被许多人指斥为没有发展前途甚至被判处死刑的时候,麦克尼尔却出人意料地扮演了一个反潮流的角色,他没有站在流行的契约死亡学派一边,也没有盲目地去支持传统契约的原则,而是从社会学的角度对契约这一古老的话题给予了新的阐释,以一种社会关系的外在视点去重新解析契约这一法律现象。麦克尼尔在《新社会契约论》开篇就指出:"要理解什么是契约,就必须摆脱自己强加的知识隔绝状态,接受一些基本事实,没有社会创造的共同需求和爱好,契约是不可想象的……契约的基本根源,它的基础,是社会。没有社会,契约过去不会产生,将来也不会产生。把契约同特定的社会割裂开来,就无法理解其功能。"以此为出发点,麦克尼尔认为契约的根源有四个:社会、劳动的专业化和交换、选择、未来意识。他首次将"关系"概念引入到契约法中,给契约下了一个与古典和新古典契约法理论完全不同的定义,他认为契约必然具有面向未来交易的性质,从社会学的角度来看,契约不过是有关规划将来交换过程的当事人之间的各种关系。

在麦克尼尔的契约概念中,"交换"不再仅被视为市场上所进行的个别性交易,而是作为社会学意义上的"交换"。进入这种交换的因素也不仅只是合意,而是包括命令、身份、社会功能、血缘关系、官僚体系、宗教义务、习惯等多种因素。③ 交换中多种因素的渗入使得契约成为涵括多种关系的一种连续性程序。因而,麦克尼尔的契约在时间轴中不再仅是一次性的交易,而是指向未来的长期合作;在空间轴中也不再是"合意"这一个点,而是发散深入至交换得以发生的各种社会关系。在麦克尼尔看来,作为古典契约核心的当事人最初的合意在关系契约中只是启动契约之车行驶的发动器而已,而之后契约之车如何行驶则要依赖于不断变化的各种关系这个方向盘。④

此外,关系本身现在已成为整个法律制度的大背景。关系契约论将各种社会人际关系作为契约研究的切入点,正如麦克尼尔所称"因为关系变得越

---

① 参见何勤华:《二十世纪百位法律家》,法律出版社2001年版,麦克尼尔部分。
② See David Campbell, *The Relational Theory of Contract: Selected Works of Ian Macneil*, Sweet & Maxwell, 2001, Chapter 1.
③ 参见〔美〕麦克尼尔:《新社会契约论——关于现代契约关系的探讨》,雷喜宁、潘勤译,中国政法大学出版社1994年版,第1页后。
④ 资琳:《契约的死亡与再生》,载《检察日报》2005年9月17日。

来越复杂,并且要求只有通过复杂的方式才能实现协作,因而创立行政法和行政法的目的不是为了简单地应付社会经济问题。"并且,与传统实证主义法律体系不同,关系主义法律体系已超越了对国家法、国家司法制度、诉讼程序模式的研究,而将重心转移到了社会范畴的法律现象。麦克尼尔引用大量不同于寻常解决法律事务的实际方法,以一种模糊概念去重新界定合法与非法,立足于社会本位而探讨法本身,从法产生、法律纠纷解决入手追求一种类似生态和谐的法律动态运行,这实际上表明了其对法律所持的社会学立场。不再恪守于僵化的国家与法的伴生以及随之的社会结构的静止性,而提倡社会造法,认为法乃至契约实际是社会关系的一环而最终又造就社会本身,这已是将系统论的精神贯彻于法学研究了。①

因此,如果仅把麦克尼尔的关系契约论当做提供不同契约法源的一种理论②,那么就可能遮掩了其背后的理论渊源。麦克尼尔理论的最发人深省之处在于其强调契约中的相互性和团结,认为完全孤立、追求功利最大化的个人之间的"契约"不是契约而是战争,因而个人的选择与公共的选择之间存在着"相互性的参与",这实际上是共同体主义思潮的体现。也就是说,关系契约理论不仅仅是理论作秀,它切实地改革和超越了古典和新古典契约理论,开创了契约社会化的新方向,克服了古典和新古典契约法理论的弊端,统一了新旧合同法理论,影响了契约法制度的重新构造和司法实务运作③,创立了一种全新的契约法模式和阶段,这才是麦克尼尔关系契约理论最根本的价值和贡献之所在。也正因为如此,麦克尼尔才非常自信地认为,他所谓的"契约"不仅没死,反而健硕无比:"现代的技术世界,尤其是以契约为基础的世界,专业化和交换比比皆是,日常计划的方案是当然的前提。行使选择无论是最直接受影响的人的选择,还是其他人的选择,都根植于我们的社会背景中。权利及其行使也随处可见,契约非但没有死,而且覆盖整个世界。这若是悲观者,也许要说契约简直就是瘟疫。"④

(二) 全新契约概念的提出

麦克尼尔将"关系"概念引入到契约法中,给契约下了一个与古典和新

---

① 参见何勤华:《二十世纪百位法律家》,法律出版社 2001 年版,麦克尼尔部分。
② 〔美〕麦克尼尔:《新社会契约论——关于现代契约关系的探讨》,雷喜宁、潘勤译,中国政法大学出版社 1994 年版,第 4 页。
③ 参见刘承韪:《"关系契约理论":理论内涵与学术贡献》,载梁慧星主编:《民商法论丛》(第 41 卷)。
④ 〔日〕内田贵:《契约的再生》,胡宝海译,中国法制出版社 2005 年版,第 136 页。

古典契约法理论完全不同的定义:契约不过是有关规划将来交换过程的当事人之间的各种关系。在这一全新的概念中,契约已不仅仅是传统契约法所谓的当事人交易的协议或合意,它还包括命令、身份、社会功能、血缘关系、官僚体系、宗教义务、习惯等多种社会因素和社会关系。而"交换"也不仅仅是个别性市场交易,还包括社会学意义上的"交换"。① 交换中多种因素的渗入使得契约成为涵括多种社会关系的一种连续性程序。因而,麦克尼尔的契约在时间轴中不再仅是一次性的交易,而是指向未来的长期合作;在空间轴中也不再是"合意"这一个点,而是发散深入至交换得以发生的各种社会关系。在麦克尼尔看来,作为古典契约核心的当事人最初的合意在关系契约中只是启动契约之车行驶的发动器而已,而之后契约之车如何行驶则要依赖于不断变化的各种社会关系这个方向盘。②

从本质上说,麦克尼尔的契约概念和思想有着典型的法社会学烙印。麦克尼尔将"法律中的契约"——也就是能够被一个法律强制执行的契约——视为现代世界中全部契约之网(total web of contracts)的极小的一部分,包括婚姻、官僚机构和国家。其计划是利用所有契约交换的共通之处来更好地理解可以被一个法律强制执行的契约。他想经此表明,此种法律上可强制执行的契约本身存在于一个连续统一体之上,该连续统一体涵盖了从完全具体的契约到长期存在与发展的关系契约这一范围。③ 在巴奈特看来,法律中的契约或法律上可强制执行的契约仅仅是现实世界契约之一种,除此之外还有大量的契约存在着。古典和新古典契约法理论中的契约讲究其静态性、个别性、即时性,而麦克尼尔的契约内涵则讲究契约关系的动态性、未来性(未来意识)、连续性或关系性。他的契约概念也由此实现了从"允诺或协议"到"关系"的变迁,"作为关系的契约"成为关系契约理论的基本命题。

在1961年的罗森塔尔讲座中,H.哈维格斯特说过,在某些原始社会里,"契约……只不过是习俗的汪洋大海之中的一道涟漪"。相比较而言,《第二次合同法重述》这样的新古典契约法体系则是把习俗和其他非允诺性交换规划者视作"允诺的汪洋大海之中的一道涟漪"。但在现代社会中,这两种情况都不存在,实际存在的是两条深深的洋流,一是允诺性的,一是非允诺性

---

① 参见〔美〕麦克尼尔:《新社会契约论——关于现代契约关系的探讨》,雷喜宁、潘勤译,中国政法大学出版社1994年版,第1页后。
② 资琳:《契约的死亡与再生》,载《检察日报》2005年9月17日。
③ Randy E. Barnett, Conflicting Versions: A Critique of Ian Macneil's Relational Theory of Contract, 78 *Va. L. Rev.* 1175, 1177—1178.

的。当它们相遇的时候,就会激起道道涟漪——不,是波浪,甚至是风暴。①于是,一个生动的、动态的、以关系为核心的全新契约概念便由此而生。麦克尼尔契约概念得到了一些美国主流法学家的支持。例如,理查德·波斯纳(Richard Posner)就认为,"麦克尼尔追求'一个承认所有交易都根植于关系的大纲'。如果这意味着我们应当考虑当各方有一种持续性关系而不仅仅是即时市场上相遇的陌生人而发生的问题和机遇,我很赞同。"②

(三) 全新契约效力范式的创设

麦克尼尔并不满足于仅仅揭示隐藏于交换背后的各种社会关系,而是要力图让被古典契约概念所遮蔽的社会关系走进"法"的大堂中。麦克尼尔将自己的契约概念与以古典契约理论为基础的传统法律上的契约概念作了比较,认为传统法律上的契约概念没有反映社会事实,把一些特定的关系排斥在外,传统契约法理论将合意作为契约效力的根源,但在现代社会,仅仅通过合意这一范畴已经不能适当解说契约效力的正当性,也不能有效把握当事人之间契约关系的整体结构。他进一步认为,实在法只是契约的一部分,而非全部。因而麦克尼尔有关契约的"法"不限于作为实在法的契约法,而是从更广的视点理解为对契约现象现实地加以规律、或应该加以规律的规范(称之为契约规范)。为了更好地诠释和把握契约约束力的正当性,麦克尼尔将契约规范分为两个不同的层次:一为契约的内在规范,一为契约的外在规范。契约的外在规范为社会对契约所规定的各种形式的措施,包括但不限于作为实证法的契约法;契约的内在规范为在契约实践中产生的规范,是契约实践中的"活法"。因而当发生契约纠纷时,裁定契约当事人权利义务的依据不再只是当事人的意思和具体的实证法,而是要到存在于契约背后的社会关系和共同体的规范中去寻求依据。③ 内部规范和外部规范的二元划分之所以重要,是因为此种划分以最为鲜明的姿态阐释了麦克尼尔契约效力理论的社会性和开放性。并且,只有将非法律的社会制裁之存在考虑进去,才有可能真正理解麦克尼尔关系契约理论和契约效力理论的功能。

(四) 全新契约理念的阐释:契约团结和权力相互性

古典契约法的一个特征是把交换发生之前的契约当事人的权力现状当

---

① 参见〔美〕麦克尼尔:《新社会契约论——关于现代契约关系的探讨》,雷喜宁、潘勤译,中国政法大学出版社 1994 年版,第 9 页。
② 〔美〕理查德·A. 波斯纳:《超越法律》,苏力译,中国政法大学出版社 2001 年版,第 504 页。
③ 资琳:《契约的死亡与再生》,载《检察日报》2005 年 9 月 17 日。

做给定的来接受。① 并不认为古典契约当事人之间存在什么权力相互性问题。因此,古典契约法在面对契约案件时,所得出的结论就是一种典型的古典主义式的。以著名的 Batsakis v. Demotsis 案为例进行说明。② 在该案中,一项总值 500 万德拉客马(希腊货币),应以 2000 美元偿还的借贷得到维持,尽管法院认定这笔 500 万德拉客马的钱只值 750 美元,而被告声称仅值 25 美元。这笔借款,或者如法院所称的销售,发生在战时的希腊,当时原告显然处境窘迫,家庭生活难以为继。双方之间最初的权力地位是否悬殊,案件没有反映出来。从公布的事实来看,我们也不能推断原告在讨价还价方面具有明显的优势。因为,我们对原告在出借这笔款项时所承担的风险没有足够的了解。我们不知道这些事情的理由是,在包括德克萨斯州契约法在内的所有的古典契约法中,都不承认缔约之前当事人不平衡交涉权力的相关性。正如德夫林所说,普通律师几乎不承认公平交易原则就是需要独立支持的原则。他们认为,自由交易就是公平交易。只要没有诈欺和欺骗,各方当事人要靠自己的努力在讨价还价中得到最满意的结果;公平努力指的是由公平交易所产生的努力。③ 也就是说,古典契约法对于契约当事人的权力相互性或交涉权力对等与否的问题漠不关心,他只关心契约之形式正义的问题,即当事人的形式意义上的契约自由有没有得到保障。随着新古典主义契约法的出现,尤其是《统一商法典》第二编,诸如胁迫和不公正这些销蚀这种漠不关心的概念才在更大范围上、在衡平法之外被发现。④ 例如,新古典契约法中的胁迫规则、不当影响制度、显失公平原则等内容即其明证。这表明古典契约法理论已经开始注意契约当事人交换的实质正义问题,尽量用一种较为灵活的形式来平衡契约双方的利益。但新古典契约法的做法并不彻底,它并没有将当事人的契约关系放置于更广的社会范围内加以思考,仍主张契约纠纷只在契约法内部加以解决。

而关系契约法的视野是更为开放性的。在麦克尼尔看来,关系涉及一系列的、或者常常是多系列的、以复杂的方式同时发生并且不能够被区分为个别性阶段的社会交换。因此,关系契约法必须在交换前、交换过程中以及交

---

① 〔美〕麦克尼尔:《新社会契约论——关于现代契约关系的探讨》,雷喜宁、潘勤译,中国政法大学出版社 1994 年版,第 78 页。
② 226 S. W. 2d 673 (Tex Civ. App. El Paso, 1949).
③ 〔美〕麦克尼尔:《新社会契约论——关于现代契约关系的探讨》,雷喜宁、潘勤译,中国政法大学出版社 1994 年版,第 78 页。
④ 同上书,第 79 页。

换后解决与契约相关的社会问题。① 新古典实用主义者倾向于把契约交易理解为仅仅是增进个人效用的工具,其对社会团结毫无价值,有时还会损害社会团结。正是此种对交换的狭隘理解把契约团结和权力相互性这两个契约法中最为重要的内容当成了"不太重要的琐屑之事"。但在麦克尼尔看来,契约团结和权力相互性则是如此重要,以至于被他称作"契约中激发人性欲的领域"。② 在麦克尼尔看来,以人利己性为基础的完全孤立、追求功利最大化的个人之间的"契约"不是契约而是战争,此种片面的契约理念不利于社会合作和社会团结的增进。但以人的利他性为基础的强调契约团结和权力相互性的关系契约理念则为人与人之间的合作、社会团结的增进和社会规范(social norm)的施行提供了可能性,也符合美国现实社会发展的需要。因为在麦克尼尔理论提出之时的美国,存在极端个人主义和自治共同体这二者相互依托的社会现实状况,麦氏的关系契约理论不仅是对古典契约法的一个冲击,也是对美国整体社会现实问题的一种回应。③ 可见,麦克尼尔的关系契约论不仅仅是一种提供不同契约法源和契约效力根源的理论,其承载着实现社会有机团结和和谐发展的更高理论追求。

(五) 关系性契约实践与关系性契约法的建构

为了有效说明其关系契约理论的科学性,麦克尼尔将契约区分为个别性契约与关系性契约,个别性契约是古典契约法的契约模型,而关系性契约是关系性契约法的契约模型。麦克尼尔解析到,个别性契约是当事人之间除了单纯的物品交换外不存在任何关系,它的范式是新古典微观经济学的交易。④ 经济学家威廉姆森(Oliver Williamson)曾举过个别性交易的极端例子:在外国某一偏僻的地方,从店主那里购买一瓶当地出产的烈酒。对于这一地方,买主从来没有想到还会再去,也不会向他的朋友推荐。使得该交易更具个别性的是,买方没有说店主所用的语言,而是用手势;没有用当地货币而用随身携带的物品换来这瓶烈酒。⑤ 麦克尼尔自己所举的个别性契约的极端例子则是:一个汽车司机会预期加油站有汽油可买,加油站会预期停下加油的司

---

① 参见〔美〕麦克尼尔:《新社会契约论——关于现代契约关系的探讨》,雷喜宁、潘勤译,中国政法大学出版社1994年版,第79页。
② 同上书,第83页。
③ 资琳:《契约的死亡与再生》,载《检察日报》2005年9月17日。
④ 〔美〕麦克尼尔:《新社会契约论——关于现代契约关系的探讨》,雷喜宁、潘勤译,中国政法大学出版社1994年版,第10页。
⑤ Paul J. Gudel, Relational Contract Theory and the Concept of Exchange, 46 *Buffalo L. Rev.* 763,764 (1998).

机有支付手段,购买汽油是一个过去没有发生的交易事件。当事人在此之前不存在任何关系,当事人之间将来也不会存在任何关系。就目前的而言,该交易有两个主要特点:时间短;范围有限。持续时间不过几分钟,就算最爱社交的人在这种情况下也不会发展出人际关系。在这个交换中,关键的是可度量的交换,加仑/美元。离开了它,幽默诙谐、一点额外的服务和礼貌没有实际意义;有了它,那些不可度量的将是额外的小意思,不过如此。

上述极端案例在实践中是非常少见的。因此,麦克尼尔才会一直强调"关系存在于所有现实交易",纯粹个别性交易是不可能的,关系性契约是现实社会中契约的常态。也就是说,当事人更倾向于将他们之间的契约关系视为一种长期交易关系(关系契约),而非陌生人之间的个别性或一次性交易(个别性契约)。当事人之间的债务产生于他们对对方当事人作出的允诺以及交易团体为这些许诺所建立的惯例。他们之间的债务并非一直固定在许诺作出之时的内容,而是随着情境的变化而变化。订立契约的目的主要不是为了分配风险,而是作出一个合作的许诺。在困难的时候,当事人会相互支持一把,而非袖手旁观。任何人如果要坚持单纯按照契约文义履行的话,都会被对方当事人视为有意阻挠契约之延续。如果发生意外的情势而导致严重损失的话,当事人会寻求合理分担损失的公平方法。而对于过分恶劣的行为的制裁,当然就是,拒绝继续跟他交易。① 在麦克尼尔看来,仅靠个别性契约难以满足现代工业社会的需要。现代工业社会依赖于大规模的资本投资,既需要长远规划所提供的稳定性,也需要灵活性以处理持续不断变化的形势。其结果是,关系性契约占了主导地位;甚至是最个别性的交易也被嵌入在非常关系性的模式中。②

尽管交易实践中是关系性契约占据主导地位,个别性交易只是例外情形,但不可否认的事实是,古典契约法和新古典契约法皆以个别性契约为其模型,并且对古典契约法改良过的新古典主义的契约法,还是长久以来在契约法学界占统治地位的契约法形式。但新古典契约法的问题在于:新古典契约法在理论上和组织上是基于个别性交易,不过对关系作了许多让步。它常常能够适当地处理契约关系中更为个别性的问题。但是,当个别性和关系性

---

① Robert W. Gordon, Macaulay, Macneil, and the Discovery of Solidarity and Power in Contract law, 1985 *Wis. L. Rev.* 565, 569.

② Macneil, Relational Contract: What We Do Know and Do Not Know, 1985 *Wis. L. Rev.* 483, 485—491.

的原则相冲突时,新古典主义法就缺乏任何压倒性的关系性基础。① 也就是说,新古典主义的契约法继承并发扬了古典主义契约法对个别性交易的有力的指导作用,并且具备了处理少数关系性契约的能力,但是在个别性原则和关系性原则的冲突的解决中仍然乏术,在本质上没有摆脱古典主义的模式。这就需要一种新的契约法形式专门化地处理关系性契约(尤其是在个别性原则和关系性原则的冲突的情况下的关系性契约),而这种新形式的契约法,就是关系性契约法。总之,在一个以关系性契约和关系性交易为主的现代社会中,我们需要一种区别于古典契约法和新古典契约法的关系性契约法。

总之,与吉尔莫的合同死亡学派、肯尼迪的批判法学派、麦考利的经验研究学派和阿蒂亚的信赖学说等学派不同,麦克尼尔的贡献不仅仅是去宣布古典契约法的死刑或揭露古典法在商业正式救济中的"无用性(non-use)"。② 麦克尼尔说,"契约不仅远未死亡,而且已经横扫世界——正如悲观主义者可能说的那样——像瘟疫一样"。③ 这实际上是对于以麦考利和吉尔莫为代表的契约死亡论者的正面反击。"只有一些孤立的抵抗区认真地但是方式有限地试图减少劳动的分工。中国是其中最著名的例子……但是,自毛泽东去世以后,也已经选择减少这种抵抗了。"④麦克尼尔此话无非想告诉我们:契约是社会分工的必然产物,除非回到简单的公社生活方式,否则契约不会死亡。因此,我们可以清楚地看到,麦克尼尔实际上是在试图从外部社会的视角来解释古典法所表达哲学的不足造成了契约理论的不连贯和经验的不相关,并试图建构一个连贯的、相关的、具有革命意义的全新契约理论替代方案,这便是被季卫东先生戏称作"为陷入困境的古典契约法之起死回生而走关系的后门"的关系契约理论。

四、关系契约理论的困境

麦克尼尔的关系契约理论出现后,受到人们越来越多的关注。当然,作为一种试图超越和取代古典和新古典契约理论的新型契约理论模式,在引起

---

① 〔美〕麦克尼尔:《新社会契约论——关于现代契约关系的探讨》,雷喜宁、潘勤译,中国政法大学出版社1994年版,第66页。
② David Campbell, *The Relational Theory of Contract: Selected Works of Ian Macneil*, Sweet & Maxwell, 2001, Chapter 1.
③ 〔美〕麦克尼尔:《新社会契约论——关于现代契约关系的探讨》,雷喜宁、潘勤译,中国政法大学出版社1994年版,第65页。
④ 同上。

人们关注的同时,受到人们的批评和指责也在所难免。比较有代表性的声音主要有:Hugh Collins 认为,个别性——关系性契约作为契约行为的分析工具被证明是没有益处的。① Richard Posner 认为:"麦克尼尔的合约理论并没有什么实质内容。"②Melvin Aron Eisenberg 认为:"关系契约理论没有做的,以及不能做的,是创造关系契约法。因为在作为一门课程的契约和关系契约之间没有重要的差异,关系契约必须受契约法的一般原则规范,无论它们应当是什么。……关系契约不是一个特殊类型的契约,因为所有或几乎所有的契约都是关系性的。这就是我们为什么没有,而且不应当有关系契约法的原因。"③尽管这些批判出发点和视角并不相同,但却并非没有道理,它们在一定程度上揭示了关系契约理论这样一种全新的契约理论模型仍然存在这样那样的不足和困境,值得进一步的研究和反思。

(一) 关系契约理论的方法论困境

由于关系契约理论从理论资源上来说是源自法社会学和法律社会化运动和思潮,并且美国的法社会学中的社会学色彩更为浓厚④,因此关系契约理论的观念和方法也必然带有法社会学的明显印记,其中既包括吸收了法社会学方法的开放视野、群体关系思维和语境化风格,也承继了法社会学研究方法的两个致命弱点。

关系契约理论所承继的法社会学方法的第一个致命弱点是,"重视社会事实大于重视法律规则"。

原柏林自由大学法律社会学研究所所长 Hirsch 教授认为法律社会学是"描写与解释法律的社会事实,亦即研究藏在法条、法律公式、技巧、符号、价值心像与目的心像背后的社会因素;并研究此类因素对价值与目的心像的产生、存在与消失的决定关系;他方面因为法律的适用而导致社会因素的变化,

---

① See Hugh Collins, Regulating Contracts, Oxford University Press 1999, p.143.
② 〔美〕理查德·A.波斯纳:《超越法律》,苏力译,中国政法大学出版社 2001 年版,第504页。
③ Melvin A. Eisenberg, Why There is no Law of Relational Contracts, 94 Northwestern University Law Review(2000), 821.
④ 这是因为,根据20世纪70年代初期的统计,美国的法社会学研究者中法律科班出身的人数占总数的39%,而社会学专业的出身者的比率是60%;但是其他国家的构成则颠倒过来,法律学者占52%、社会学者占29%。这样不同的构成直到今天也没有改变。因此,美国的法社会学与欧洲、日本的法社会学在整体风格上的确表现出明显的差异,前者的主流是"关于法律学的社会学",美国之外的学界主流则接近"基于社会学的法律学"——例如日本川岛武宜的市民社会实用法学理论以及意大利卡培勒迪(Mauro Cappelletti,现在美国斯坦福大学执教)关于审判和纠纷处理的比较研究。参见季卫东:《界定法社会学领域的三个标尺以及理论研究的新路径》,载《法律评论报》2005年第10期。

法律社会学也研究此类变化的情形"①。可以说,法社会学的重要使命之一便是强调研究社会事实,研究法律的实际运行。由此可见,相对于古典传统法律更重视法律规则而言,法社会学更加重视对法律背后的社会事实和社会因素的发掘以及其对于法律发展和法律秩序的作用。

作为美国法社会学运动重要一支的法律现实主义的核心主张便是:法律和法律原因在合理性上是不确定的,因此,对于为什么法官如此审判的最佳解释必须在法律之外寻找。并且,在审判案件时,法官主要对案件事实的刺激作出反应,而不是对法律规则和原因作出反应。现实主义者批评指出,法院和学者阐述的"法律规则"变得过于概括和抽象(法律形式主义方法),忽视了纠纷产生的事实背景。② 而事实背景和社会背景才是法律和判决合理性的最为重要的因素。人们通常会将 Llewellyn 的现实主义描述为反形式主义的,因为根据现实主义者的观点,契约义务不是来源于交易中使用的语言,而是来源于分散的经验事实。Llewellyn 坚持认为,契约文本不应当再是契约义务的唯一来源。日常生活的动态事实结构提供了一种"固有法",当事人的义务就来自于"固有法"。③ 基于这样一种认识,普通法系的法官在面临选择时,常倾向于把视野拓展至广阔的社会事实和社会背景、倾重于社会现实和社会背景的妥当性,注重对法律背后的社会事实和社会背景的发掘。

但是,虽然社会事实和社会背景在关系契约理论以及其他法社会学理论中占据重要的位置,也起着重要的作用,但只有社会事实和外部背景是不够的。这是因为,社会事实虽然很关键,但事实本身并不指出答案。将自己置于某一情形的事实之中并得出这些事实固有的答案是不可能的。④ 重视社会事实的法社会学虽然为法律的发展和改革带来开阔的思路和方法,但也因为过于注重社会事实而忽略法律规则而受到法律界内部人士的批判。于是,这也成为关系契约理论的一大弱点。

关系契约理论所承继的法社会学方法的第二个致命弱点是,包括关系契约理论在内的法社会学研究方法都存在"解构大于建构"的倾向。

通常来说,"解构"一词大致意指瓦解法学"中心主义"等级观念和颠覆

---

① 王勇:《法律社会学及其中国研究进路的初步思考——一般理论与本土问题的知识建构》,载《法制与社会发展》2007 年第 2 期。
② See Brian Leiter, *American Legal Realism*, *From the Blackwell Guide to the Philosophy of Law and Legal Theory*, edited by Martin p. golding & william A Edmin Blackwell Publishing, 2005.
③ See John E Murray. JR., Contract Theories and The Rise of Neoformalism, 71 *Fordham L. Rev.* 869 (2002).
④ Jay M. Feinman, Relational Contract Theory in Context, 94 *Nw. U. L. Rev.* 737, 742.

法学"二元对立"观念①、并在"瓦解"和"颠覆"的基础上拆卸法学中任何"宏大话语"的理论策略。② 法学"中心主义"等级观念的主要表现是：确立法律中或法学中的一个可以产生聚焦作用的核心支点概念，围绕这一核心支点概念，或以其作为出发点，建构法律或法学的等级推论层次。比如，首先，主张法律文本（text）亦即立法机构的立法文本（statutes, legislation）或法院判决的前例文本（precedents, decided cases）存在着准确的唯一含义，这一含义，或者展现为制定者的意思，或者展现为语言本身固有的语意，或者展现为由统一性质的原则、政策、法理作为基础的意义系统。其次，从主张存在着准确的唯一含义这一核心支点概念出发，进而主张法律文本在法律整体运作中具有核心指导的功能作用，所有法律活动，应该而且必须要以法律文本作为一个轴心。无论是行政机构的行政，还是审判机构的裁决，公民的守法，乃至立法机构本身的修改、补充和废止法律，都要以法律文本的准确意义作为基点。③

由于法社会学取法于社会学这一法律外部资源的倾向和注重社会事实大于法律规则的倾向，从而使得法社会学具有很强的解构和批判倾向，而对于法律规则的规范和建构，则既不是古典或传统社会学的目标，更不是现代社会学的欲求。于是，法社会学解构大于建构的思想倾向昭然若揭。在合同法领域，古典合同法的中心主义观念应该是以合同自由为核心理念的讲究静态性和个别性的逻辑法律体系。因此，对于合同法的解构就是对该形式理性化的古典契约法理论和核心观念的解构。以社会学为其理论根源的麦克尼尔的关系契约理论自然也承继了法社会学解构大于建构的倾向，其更加关注的似乎是对于古典契约法理论上述中心观念的批判和解构，其所建构出来的关系契约理论也不过是一种开放的社会秩序的一般原理，而不是完全可以替代古典契约法的法律制度和法律规则系统。可见，与法社会学方法一脉相承，关系契约理论重在破而非立。

总之，关系契约理论承继了美国法社会学和法律现实主义等传统对于传统法学原理的解构和批判倾向，而继法社会学和法律现实主义之后，批判主义法学、种族主义和女权主义法学乃至经济分析法学等都在一定程度上延续了其解构性、批判性传统。其中，批判法学是此种强调解构大于建构之方法进路的极端表现。正如一位教授所言，批判法学的主要目标是构成市场缺席

---

① 参见 Jack Balkin, Deconstructive Paractice and Legal Theory, in 96 *Yale Law Journal* (1987), p. 746 以下。
② 刘星:《西方法学中的"解构"运动》，载《中外法学》2001 年第 5 期。
③ 同上。

机制的合同和财产制度将所有的法律推理都描述成神话,批判法学努力证明任何合同法的规则、原则或标准以及其他学说都可以被"解构"。——在摧毁了现存制度架构后,批判法学不愿意提出作为替代的制度设计。① 关系契约理论虽然没有批判这么极端和偏执,但在理论资源和脉络上还是一脉相承的。

(二) 关系契约理论的理论困境

关系契约理论虽然从法社会学的视角出发统一了合同理论,但似乎并没有超越古典契约法理论的体系和框架,并成为一个完全独立于古典契约法的理论体系,关系契约理论似乎主要是一种契约法理论分析和解释方法上的革命,而非契约法理论实体上的革命。具体说来,关系契约的理论困境主要体现在如下三个方面:

1. 麦克尼尔关系契约理论影响有限

尽管麦克尼尔的关系契约理论在美国契约法学界掀起了轩然大波并成为人们热烈讨论的焦点问题,但它并没有完全取代古典契约理论和新古典契约法理论,其对于美国契约法理论学界影响仍然有限。

首先,麦克尼尔发明了过多的新术语来解释他的关系契约理论和观念,从而影响了其可读性和影响力。在其整个著作中,像"团结"或"权力"("solidarity" or "power")这些词语以非常显著不同的方式被使用,麦克尼尔仔细地定义了这些词语的使用方式。用非传统的方式使用语言总会使得一篇文章更难阅读,因此应尽可能加以避免。但是,麦克尼尔的关系契约理论对允诺既是所有契约规范的开始也是其来源的观念提出了挑战。因为这一观念构成了传统契约法和大部分契约学术研究的基础,不应当令人吃惊的是,麦克尼尔发现契约学术研究的一般词汇不足以描述他认为对关系契约分析来说重要的范畴。如此长的时间以来,传统词汇被用来描述构成以允诺为基础的合同概念基础的概念,像要约、承诺等这些词语有可能在读者的脑海中产生传统观念的印象。虽然如此,麦克尼尔也会用通常语言描述其分析范畴,并在适当的场合对这些语言小心地加以限定。但是,如果这些限定冗长的话,决定创造新术语比不创造新术语可能让他的文章更容易被读懂。唯一真正的问题是,和有效地解释他看待事物的新方式所需要的相比,麦克尼尔是否发明了过多的新术语,从而影响了学术的可读性和传播度。当然,有心人

---

① John E Murray. JR., Contract Theories and the Rise of Neoformalism, 71 *Fordham L. Rev.* 869 (2002).

也会看出,尽管麦克尼尔的著作难以读懂是因为他发明了过多的与契约理论相关的新术语,但重要的是要认识到新术语和难读懂并不简单地是一个文风问题。在很大程度上,它是麦克尼尔对深深嵌入在传统契约理论中的基本概念和理论提出挑战的必然伴随物。①

其次,麦克尼尔关于关系契约理论的著作太过复杂,以至于很难被全部契约法学界所接受。有时这被认为是因为麦克尼尔的写作风格使然,因为他描述的关系契约的不同特点超过了我们能轻易理解和掌握的程度。并且,他的著作因为其"丰富的分类工具"而受到了含蓄的批评。稍加反思就会显示出,这不是针对写作风格而提出的批评。问题是,麦克尼尔众多的描述关系契约特征的分类是有用的还是为了某种观点上的目的而必需的。② 此种复杂的理论建构和过多的分类工具也限制了麦克尼尔关系契约理论的接受程度和影响力。

再次,关系契约理论的发散性思维存在弊端。尽管关系契约理论因为其法社会学思维而具有相当开放性和广泛性特征,但此种特点也同时伴随着不利的影响,那就是使得关系契约相对于古典契约法理论而言具有发散性而非聚合性的思维,这就在一定程度上影响了关系契约理论的逻辑化构造以及后文所说的操作性问题。

2. 关系契约范围过宽的问题:未能对法律上可否强制执行的契约作出明确区分

既然与古典和新古典契约法中的契约存在一定的差别,那首要的差别便是:麦克尼尔关系契约理论中所涉及的契约和契约法的范围要比大部分学者眼中的契约和契约法要宽泛得多。麦克尼尔的关系契约理论包括了所有的交换,并且因为他认为交换几乎在每个地方都会发生,他的理论实际上便成为关于社会秩序的一般原理。③

首先从关系契约的范围来看。与新古典契约法相比,关系契约自动地极大地拓宽了契约法的范围,也极大地使契约法的范围变得支离破碎。麦克尼尔从"契约的初始根源"开始,这个开头使得他对"契约"和"交换"下了宽泛的定义,即:"契约包括所有人类的行动,其中,经济交换是一个重要的因素。"相应地,"交换"不限于确定的可折算为金钱的交换,而且也包括其他互

---

① See William C. Whitford, Ian Macneil's Contribution to Contracts Scholarship, *Wis. L. Rev.* 545, 555(1985).
② Ibid., 545, 556(1985).
③ Ibid., 545, 546(1985).

动行为,其中互惠是一个占主导地位的成分。相应地,关系契约的范围是非常宽泛的,在某些方面,甚至比古典契约法更宽泛。它将那些在新古典契约法发展中脱离出去的一些主题重新带回到契约法领域,劳动关系就是一个突出的例子。通过潜在地将侵权法和财产法置于契约定义之中,它进一步摧毁了学说上的边界。此外,它还将那些某些方面是经济的但主要不是经济的关系,像家庭关系置于契约关系的范围。因此,关系契约想要将非常广泛范围的所有交易置于同一理论的调整之下。① 成为规范社会秩序的一般原理也就在所难免了。

其次,麦克尼尔的关系契约理论包罗范围过宽的特点还体现在:由于麦克尼尔认为,将法律上可强制执行的交换和不可强制执行的交换区别开来是不可能的(或者更准确地说,不愿意将二者区别开来),反倒倾向于关注于所有交换的共同特征和功能。②

尽管他明确拒绝将受法律约束的同意(consent-to-be-legally-bound)作为契约强制执行的标准,在他另外地为了拓宽我们的契约概念的有益努力中,在值得法律保护的麦克尼尔式的契约交换和不值得法律保护的交换之间,麦克尼尔坚决拒绝提出他自己的原则的、或至少可识别的区别。但是,这是契约理论试图提出的独特的问题之一,从而与交换的一般社会理论形成对照。尽管麦克尼尔清楚地将法律强制执行视为"强化(reinforcing)"契约交换,但他却几乎没有说明什么时候这种强化是或不是恰当的。就这样,从法律理论的目的来看,他的契约概念过于宽泛。一个规定"以明确的协议快进,以明确的履行快出"的正确无误的规则是站不住脚的。这一判断并未取消在两个领域之间作出原则区分的社会需要。③

当然,或许会有人对此提出异议,认为传统契约法中那种将法律上可强制执行的契约限定在已经存在一个将受法律约束同意的协议之上的原则(巴奈特坚决支持此种关于契约执行的同意原则),不过是一个原则而已,而原则都会存在适用和解释上的模糊性和困难。因此就与所有的原则、概念或区分一样,包括那些麦克尼尔为其目的而使用的原则、概念或区分,其适用不是没有困难的。然而,即使该原则或者任何其他法律原则只是提供了不充分的信息,但也总比没有任何指导要强(is preferable to no guidance whatsoever)——特别是当该原则具体体现在(is instantiated)更加具体的规则中时,

---

① Jay M. Feinman, Relational Contract Theory in Context, 94 *Nw. U. L. Rev.* 737, 741.
② Randy E. Barnett, Conflicting Visions: A Critique of Ian Macneil's Relational Theory of Contract, 78 *Va. L. Rev.* 1175, 1181(1992).
③ Ibid., 1175, 1190—1191(1992).

这些规则更容易适用于具体的事实,如对价交易理论。① 也就是说,尽管根据同意理论所确立的契约执行标准过于原则化并存在适用上的困难,但也总比麦克尼尔的理论更具现实适用价值,因为麦克尼尔毕竟不愿对法律上可强制执行的交易和不可强制执行的交易进行区分,这让那些有意遵循麦克尼尔之关系契约理论的人在现实适用领域会变得无所适从。

麦克尼尔的分类工具在以原则的方式区分可强制执行交换和不可强制执行交换方面的无能,有时以令人吃惊的方式呈现出来。例如,在麦克尼尔的一篇文章中,他列出了许多种交换的例子,其中包括以下这样例子:

A. 在一个有多个卖主的市场中,从一个陌生人那里现场购买(spot purchase)500 吨煤,卖方的代理人通过卡车将煤送到冶炼厂的院中,货款在每批煤运到时支付。

B. 和例 A 一样,所不同的是冶炼厂经常从销售者那里买煤,在付款期限上给了买方三十天的信用,而且卖方能够接受一段合理时间的拖延。②

麦克尼尔随后指出:"例 B 中信用的延长使得卖方有权力用法律程序收回债务,如果冶炼厂未能支付货款的话。"为什么一个法律权力能够从这个交换中产生,该交换与任何其他麦克尼尔式的契约交换相对立,几乎从未被清楚地解释过。在同一篇文章的后面,麦克尼尔作了同样未加解释的声明:"由赊销煤产生的单方权力……看起来是非常具体和清楚的,那就是强制执行契约债务的权利。"③我们根本未被告知为什么这些交易在法律上是可以强制执行的,更无从了解法律上可以强制执行的交易和不可强制执行的交易之区分标准是什么这些首要的问题。

在巴奈特教授看来,麦克尼尔之所以不愿意指出法律上的强制执行何时会从交换活动中产生,并对此问题存在相当的反感,可能产生于他对在私人的和公共的权力之间进行任何区分的反感。④ 例如,在西北大学召开的一个讨论 Texaco, Inc. v. Short 案⑤的教员研讨会上,对于 Richard Epstein 倾向于在国家权力、具体来说就是印第安那州的权力和 Texaco 公司的权力之间作原则性区分的想法提出了批评。麦克尼尔极力认为两个权力都是利维坦式

---

① Randy E. Barnett, Conflicting Visions: A Critique of Ian Macneil's Relational Theory of Contract, 78 *Va. L. Rev.* 1175, 1191(1992).
② Ian R. Macneil, Economic Analysis of Contractual Relations: Its Shortfalls and the Need for a "Rich Classificatory Apparatus," 75 *Nw. U. L. Rev.* 1018, 1025 (1981).
③ Ibid., 1018, 1052 (1981).
④ Randy E. Barnett, Conflicting Visions: A Critique of Ian Macneil's Relational Theory of Contract, 78 *Va. L. Rev.* 1175, 1193(1992).
⑤ *454 U. S. 516 (1982).*

的(Leviathan,即公权力)。"印第安那州一方有实证法,并且在1981年有55亿美元的年收入。……Texaco公司有财产法授予的权力,在1981年也有570亿美元的年毛收入,是印第安那州的十倍。"①可见,麦克尼尔极其反对在公权力和私权力之间作出明确的界分,这当然符合他的超越实证法的法社会学进路,但也毫无疑问不可避免地带来了关系契约理论的困境。

总之,正是因为麦克尼尔对以原则的方式事先将法律上可强制执行的义务和不可强制执行的义务区别开来没有足够的兴趣,所以法律上的可执行和不可执行的区分也当然不会在他关系契约的社会理论中发挥什么作用。结果,关于应当如何区分法律上可以执行的契约和不可执行的契约这一问题,他的方法几乎没有提供什么明确的指南。因此,麦克尼尔关系契约理论中的关系契约是社会中的契约和社会强制执行(socially-enforced)的契约,而非法律中的契约(contract-in-law)和法律强制执行的契约,其范围要远远大于我们通常所谓的契约内涵和范畴。

3. 关系契约涵盖范围过窄:未能纳入财产概念和理论②

麦克尼尔关系契约理论涵盖范围过窄的缺陷主要体现在,麦克尼尔的理论描述在某些方面缺乏足够的广度,因为它未能完全将其契约概念充分融入其所预设(presupposes)的一整套社会规范中。③ 这方面最为典型的例子是,麦克尼尔关系契约理论对于财产概念和财产理论的忽视。

尽管人们对于麦克尼尔关系契约理论的通常反应是,关系契约理论涵盖范围广泛,并且包含有丰富的分类工具(Oliver Williamson语)。但在Barnett等人看来,麦克尼尔关系契约理论的分析工具不是足够得丰富。特别是,由于未能提出一个与其交换社会理论相对应的财产社会理论,因此,Williamson等人就试图将麦克尼尔式的契约交换——以及法律上可强制执行的契约——与自由主义式的专有财产理论所扮演的作用区分开来。④ 也就是说,尽管麦克尼尔承认所有关系性交换或契约的背后是一个社会强制执行的财产制度,但麦克尼尔却从未将这样的财产概念和理论融入自己的法社会分析中去。由此所导致的结果是,麦克尼尔的契约社会理论基本上没有受到类似

---

① Ian R. Macneil, Bureaucracy, Liberalism, and Community—American Style, 79 *Nw. U. L. Rev.* 900, 918 n.65 (1984—85).

② Randy E. Barnett, Conflicting Visions: A Critique of Ian Macneil's Relational Theory of Contract, 78 *Va. L. Rev.* 1175, 1195(1992).

③ Ibid., 1175, 1181(1992).

④ Ibid., 1175, 1195(1992).

财产的社会理论的影响,如果不是完全没有受到影响的话。① 麦克尼尔的关系契约理论所涵盖的范围也就相对狭窄。

麦克尼尔并非不重视财产理论和制度。其实,从其最早的文章到现在,麦克尼尔一直都声称契约的概念或实践以财产概念为先决条件。在 1974 年,他说道:"财产权利不仅从交易当事人那里得到社会经济支持之外,还应从他人那里得到社会经济支持,只有在这种情况下,交换交易才能有效地发生。"他后来的文章也充满了类似的观察和评价。② 并且,麦克尼尔还不止一次地强调财产概念和理论对于将交换与盗窃区分开来的重要意义,尤其是在批评经济分析时更是如此。麦克尼尔认识到需有一系列权利(a set of entitlements)作为社会背景在概念上将交换和偷盗区分开。正如他说的那样,"免费获得希望获得的东西在实践上的不可能,这一不可能是由于财产权利和制裁的存在,导致了交换而非偷盗的出现。……当事人知道这些权利,而且将他们作为一个社会规范加以遵守。……"③

但遗憾的是,尽管麦克尼尔认识到了财产概念和财产理论对于法律制度的重要影响,如上述区分交换与盗窃,但他在认识上仍存在过分狭隘和武断的情形。例如,他坚持认为:"进入交换关系事实上是为了防止偷盗,等等,但是(财产权利)对于交换的内容没有任何影响。如果这是不正常的,那么它就是不正常的。"④也就是说,在麦克尼尔看来,契约交换(内容)的具体理论和实践并不受财产概念和财产理论的任何影响。在多数人看来,这肯定是一个疏忽。更具体地说,认为财产概念、制度和契约概念、制度,特别是和可强制执行的契约和不可强制执行的契约之间的区分没有任何功能上的关系,这可能是一个错误。麦克尼尔关系理论中的这一错误和漏洞,和他归罪于古典契约理论家对关系因素和关系规范的忽略以及一门心思地追求现时化一样,都具有潜在的重要意义。⑤

麦克尼尔关系契约理论忽略财产理论且未能将契约和财产融为一体的重要后果体现在,一是孤立了契约理论,割裂了契约与财产理论和制度的重要关联,不符合契约社会学的开放视野之本旨;二是影响了麦克尼尔对于契约自由这一古典契约法核心问题的对待和处理,忽略了契约自由所扮演的重

---

① Randy E. Barnett, Conflicting Visions: A Critique of Ian Macneil's Relational Theory of Contract, 78 *Va. L. Rev.* 1175, 1181(1992).
② Ibid., 1175, 1195(1992).
③ Ibid.
④ Ibid.
⑤ Ibid.

要社会功能,也进而忽略了财产和契约之间的功能关系。对于一个试图创造一个内外开放而广泛融通的法社会学视角下一般关系契约理论的麦克尼尔来说,这似乎并不是一个无关紧要的失误。

对于麦克尼尔的关系契约理论存在的这样那样的理论困境的原因,巴奈特教授的总结一针尖血:麦克尼尔文章中的这些各种各样的矛盾之处(ambivalences)和模糊之处(ambiguities)可能并非无意的疏忽。相反,它们可能是麦克尼尔试图将相互冲突的社会想象,特别是他所称作的"社群观念(community vision)"和"自由主义观念(liberal vision)",包容在一起的产物。这样,造成麦克尼尔和巴奈特之间差异的一个本质上的原因是巴奈特的方法是自由主义的,而麦克尼尔的方法是社群主义的。① 关系契约理论的理论困境就是此种相互冲突的价值观念尚不能完全融通的一种必然反映。

(三) 关系契约理论的实践困境

正如日本法学家内田贵所说,作为一个全新的契约法理论,关系契约理论意义重大。② 不过,问题在于具有强烈社会学理论色彩的关系契约理论究竟能否成为实定法上有意义的规范理论,即能否对现实的契约法现象和不断扩大的契约责任加以说明,并成为使之正当化的原理,能否代替历来的旧有理论。③ 这才是关系契约理论的规范价值和实践意义之所在。但遗憾的是,关系契约理论有着自己难以克服的实践困境。

1. 契约理论不等于契约规则:为什么没有一般性的关系契约法?

尽管麦考利和吉尔莫等法学家宣判了传统契约法的死刑,但契约概念、契约理论和契约法却没有完全死亡,并且带来了契约理论的勃兴。契约学者也因此有机会参与到对已经生病和可能病得不轻的古典契约法和新古典契约法的改革和再生的过程中去。在多数契约法学者看来,传统契约法虽然病了,但并非无药可救。并且,以《统一商法典》和第二次合同法重述为代表的新古典契约法似乎仍然是美国契约法的主流。尽管我们也已经认可了麦克尼尔关系契约理论的重大革命性意义,但契约理论并不等于契约规则。关系契约理论并没有提供一个完全替代古典契约法的完善的理论模型和规则系

---

① Randy E. Barnett, Conflicting Visions: A Critique of Ian Macneil's Relational Theory of Contract, 78 Va. L. Rev. 1175, 1182(1992).
② 在笔者看来,关系契约理论无疑是世界契约理论的一场革命,现在已经与古典和新古典契约理论并称为契约理论的三大流派和阶段。
③ 〔日〕内田贵:《契约的再生》,载梁慧星:《为权利而斗争》,中国法制出版社2006年版,第251页。

统。因此,在与古典契约法和新古典契约法的争斗中,麦克尼尔关系契约法只是赢得了务虚的名声,并没有赢得务实的实效。

首先,麦克尼尔并没有创造出一个一般性的关系契约法。关系契约理论对于古典契约法基本方法和假设的拒绝无疑是好的。但是,构建一批一般性的关系契约法所要求的不仅仅是对古典契约法方法和假设的拒绝。它还要求形成一批新的法律规则,这些规则建立在这样的方法的假设基础上,这些方法和假设的正当性来自伦理、政策和经验。这是关系契约理论没有涉足也未能涉足的领域。首先,在关系契约文献中,找到一个能够以一种法律上能操作的方式充分区分开关系契约和非关系契约的定义是不可能的。也就是说,以某种方式设计出一套特殊的和特定化的关系契约,这些契约受到一批特殊的特定化的规则的调整,这是不可能的。[1] 当然,我们并不是不承认现实世界中关系契约法的存在。由于我们都已普遍认可麦克尼尔的"世界上充满了关系性契约"的判断,因此也就认可这个世界上也必然充满了关系契约法的说法。在麦克尼尔看来,关系契约法是如此普遍,以至于举出关系契约法的例子让人觉得有些傻气。仅从就业这一类契约关系举出一些例子就可以了:工人们的不畅、为数众多的反歧视的法律、社会保障税收和补助、雇员退休收入保障法、职业安全与健康标准、其他有关工作场所的规定、关于工作和工作小时数的立法。所有这些都是关系契约法。而且,所有这些都是几乎所有美国就业关系的一部分。在存在集体谈判的场所,还需要加上全国劳工关系法、劳动管理关系法,以及大量有关工会和其他集体谈判的立法。[2]但遗憾的是,这些关系契约法都是关于某一特定领域的关系契约法,而非一般性的关系契约法。而如上文所述,麦克尼尔所要发展和建构的关系契约理论毫无疑问是一个统摄整个契约法领域的像"一望无际的平原"一样的总体性和一般性的关系契约理论。与此一般性关系契约理论相对应的一般性关系契约法显然是付之阙如的。

其次,关系契约法并不能完全独立于古典契约法。麦克尼尔关系契约理论和关系契约法的前提是对于个别性契约和关系性契约的区分。在《新社会契约论》中,麦克尼尔这样定义个别性契约的:"在该契约中,除了简单的货物交换外,当事人之间不存在任何关系。"这样的一个定义不仅可以在实践中加以运用,而且还反映了"关系性"一词的通常含义。所谓关系性契约

---

[1] Melvin A. Eisenberg, Why There is No Law of Relational Contracts, 94 *Northwestern University Law Review* (2000), 813.

[2] Ian R. Macneil, Relational Contract Theory: Challenges and Queries, 2000, 94 *Nw. U. L. Rev.* 877, 897.

就是不仅仅涉及契约当事人之间的交易,而且涉及当事人之间的关系的契约。但是,我们将会发现这种个别性契约几乎不存在,因为事实上所有的契约要么创造了关系要么反映了关系。个别性契约——非关系性契约——几乎和独角兽一样是虚构的。建造像篱笆一样简单东西的契约创造了关系。销售差不多任何商品的契约可能要么创造了一个关系要么反映了一个关系。消费者契约一般涉及持续进行的关系,即使这些契约是与巨大的官僚机构达成的:大多数曾在Macy's购物的购物者会再次光临。不管是Macy's还是购物者,都不会将每次个别的交换视为孤立的非关系性的交易。① 就是说,几乎所有的契约都是关系性契约,根本就不存在个别性契约和关系性契约的截然区分,而依此进一步区分个别性契约法(古典契约法)和关系契约法的想法也就是虚幻的概念,因为根本就没有区分的基础。

再比方说,我们在某些关系契约文章中看到学者们为关系性契约提出的那些特殊规则。具体包括:(1) 在关系契约情况下,将会软化或改变古典契约法僵硬的要约—承诺程式造成的严苛性,以及相应的古典契约法对不确定性、对同意的协议,以及进行诚信谈判的协议的拒绝的规则;(2) 强加关系契约当事人诚信履约的广泛义务的规则;(3) 拓宽情势变更(不可能、不实际及契约落空)的种类,为不能履行关系契约提供正当理由的规则;(4) 赋予存在于关系性契约中的特定种类的契约条款(如最大努力条款或任意终止契约的单方权利条款)以意义的规则;(5) 在这类契约由于涉及相互努力因而应当据此加以解释的意义上处理像合伙这样的关系性契约的规则;(6) 保持关系性契约的条款;(7) 向关系契约当事人强加情势变更效力时,为作出公平的价格调整而进行诚信谈判的义务的规则,以及向优势一方强加接受处于劣势的一方诚信提出的公平的价格调整建议义务的条款;(8) 允许法院调整或修改持续的关系性契约的调整,使否则将会由一方当事人承担的意外损失通过减少另一方的收益而让双方当事人分担的规则。② 这些法律规则的确具有关系契约理论的特质,对于社会现实有着灵活和富有弹性的法律规制作用,但这些法律规则并非与古典契约法完全对立,相反,在笔者看来,应该是对古典契约法很好的补充。不管是上述要约承诺规则、诚信履约原则、情势变更原则、最大努力条款还是其他法律规则,都是以古典契约法的基本法律原则和学说为基础的,没有了古典契约法和理论的支撑,关系契约法律规则

---

① Melvin A. Eisenberg, Why There is No Law of Relational Contracts, 94 *Northwestern University Law Review* (2000), 816.

② Ibid., 818.

和理论根本就无从谈起。无论是关系契约理论还是关系契约法都无法完全独立于古典契约法理论。

因此,埃森博格认为:"关系契约理论没有做的,以及不能做的,是创造关系契约法。因为在作为一门课程的契约和关系契约之间没有重要的差异,关系契约必须受契约法的一般原则规范,无论它们应当是什么。……关系契约不是一个特殊类型的契约,因为所有或几乎所有的契约都是关系性的。这就是我们为什么没有,而且不应当有关系契约法的原因。"①

那么,关系契约理论能否重塑古典或传统契约学说的核心——传统的关于契约成立、履行等的规则和原则的学说架构呢?麦克尼尔的核心主张之一是,"中间(intermediate)契约规范———般的、关系的以及个别的——与那些更不具体但更为人熟知的概念,如诚信、实质性的显失公平、公平等相比,提供了更有效的对契约关系进行社会和法律分析的工具"。尽管这可能是真的,而且我一度对此表示乐观,但现在我相信,关系性规范在近期将不会取代那些更为人熟知的学说,更不用说取代向不确定性(indefiniteness)、条件或口头证据规则等更为根本性的学说。② 总之,不管人们喜欢或不喜欢某一特定的关系契约法,对受该法调整范围内契约的分析不能忽略该法的存在。但不是说,关系性契约不可以用相对个别性的契约法来调整。确实,契约关系中个别性成分倾向于确保他们(关系性契约)将会由个别性的契约法调整。但是,这一观察确实意味着个别性的契约法决不能成为可适用于关系契约的法律的全部。这一观察也不意味着可以应用的关系契约法就必然应当始终紧密追随有关交换关系的行为和规范。③

再次,关系契约理论创始人的出发点或目的或许也并不在于创设一部关系契约法规范。例如,麦克尼尔和另一位合同法学家巴奈特都一致认为,理论的作用不是决定法律规则,而是评价法律规则。如此,法律理论就提供了一系列原则(principles)——麦克尼尔常常称这些原则为"规范(norms)",有些时候又称作"规范性原则(normative principles)"——这些原则可以被用来批判学说,即使一套具体的学说不能合乎逻辑地从这些原则推导出来。"规范",他写道,"提供了检验具体法律规则的原则"。通常能够被发现最多的

---

① Melvin A. Eisenberg, Why There is No Law of Relational Contracts, 94 *Northwestern University Law Review* (2000), 821.

② Jay M. Feinman, Relational Contract Theory in Context, 94 *Nw. U. L. Rev.* 737, 748.

③ Ian R. Macneil, Relational Contract Theory: Challenges and Queries, 2000, 94 *Nw. U. L. Rev.* 877, 899.

是一套学说和这些规范不一致或者一致。① 正如麦克尼尔解释的那样,契约交换的规范原则"能够,我相信,起到作为构架更为具体的法律原则基础的作用。……而且,他们能够作为检验那些更为确切的规则在完成他们潜在目的中的功效的试金石"②。创造一部完整的完全取代古典契约法的一般性关系契约法或许并非麦克尼尔的目的所在。

总之,如埃森博格教授所说,关系契约理论让我们明白了古典契约法的两个根本性弱点——其静态特征以及有缺陷的潜在经验前提,即大部分契约是个别性的;关系契约理论也详尽地阐述了缔约经济学和社会学;最后,关系契约理论在处理像特许协议这样具体种类的契约,以及像最大努力条款这样明示或暗示的契约条款方面有自己优势。可见,关系契约的理论和现实贡献无与伦比。也由于这些贡献,关系契约理论成为现代契约法形成过程中的重要因素。但是,关系契约理论未做到和不能做的,就是创造一部关系契约法。因为作为一大类的契约和关系契约之间没有显著区别,关系契约必须受契约法的一般原则规范,而不管这些原则是什么。当然,某些种类的契约带来了特殊种类的问题。但是,这些问题不是由于这些契约是关系性的而产生的,而是产生于更为具体的特征。长期契约、规范亲密关系的契约、既特别生动又特别不具体的契约,以及其他种类的契约,每一个都会由于其特殊特点而带来特殊的问题。即使在这些情况下,通过形成适用于所有契约的原则而不是对特定案例的特殊情况进行规制,大部分契约法都应当能解决这些问题。但这样的关系性契约不是契约的特殊类别,因为所有或几乎所有的契约都是关系性的。这就是为什么我们没有、也不应当有一部关系契约法的原因。③

2. 契约理论不等于契约实务:关系契约理论在司法实务中价值不大

正如关系主义者发现说明静态的或个别性的交易非常困难一样,经验主义者在描述他们的理论如何能被应用于实际的诉讼背景中时,表现出难以克服的困难,经验主义者的工作成果尚未在合同审判中得到具体运用。④ 麦克尼尔自己就曾经说过,他的关系契约理论并非契约法律规则或契约诉讼:"本书处理的是合同,而标准的教科书主要处理的是法律。该法律由合同诉

---

① Randy E. Barnett, Conflicting Visions: A Critique of Ian Macneil's Relational Theory of Contract, 78 *Va. L. Rev.* 1175, 1179(1992).
② Ian R. Macneil, The Many Futures of Contracts, 47 *S. Cal. L. Rev.* 691, 810(1974).
③ Melvin A. Eisenberg, Why There is No Law of Relational Contracts, 94 *Northwestern University Law Review* (2000), 805.
④ John E Murray. JR., Contract Theories and the Rise of Neaformalism, 71 *Fordham L. Rev.* 869 (2002).

讼(以及成文法)的结果来确定。或者更准确地说,标准的教科书所处理的主要是合同诉讼中上诉判决的结果。合同和合同诉讼不是一回事儿。"①于是,关系契约理论能否有效的连接契约理论与契约实务,并切实地影响或指导契约诉讼实务就成为一个很大疑问。

尽管围绕关系契约这一题目已经有了大量不同的论文,但是在学者之间,关于如何将一个关系契约与其他契约区别开,以及现代契约法能够或应当做些什么以对之作出回应,意见并不一致。而且,尽管法院经常处理带有关系特征的契约,关于关系契约理论的文章甚至还未搔到司法决定过程的痒处,更不用说对其产生影响。因此,解释和强制执行真正关系性契约中的挑战是在"现代"契约法下得到解决的,或者根本没有解决。② 也就是说,尽管麦克尼尔为契约理论的改变和发展作出了巨大的贡献,也尽管他的著作和理论被广泛引用和评论,但对其著作进行详细研究的水平与其贡献不相称,而且其著作经常被学者们误读。更为关键的是,麦克尼尔的关系契约理论对于由法庭和立法者决定的契约法只有有限的直接影响。③

并且,麦克尼尔本人很少陈述他对实证法合适内容的具体观点。当然,麦克尼尔相信,法律制度需要采取与其传统(方法)迥异的关系契约方法。在处理纠纷方面,他赞成更多地依赖于以调解为主导的程序,而对寻求司法裁决这一对立的程序强调较少。在调整合同方面,他劝告更多地依赖行为主动的行政部门,这些部门能考虑许多存在利害关系的第三方当事人的利益,并劝告较少地依赖法院,只有在处于不利地位的当事人启动了法院程序时,法院才能适用规制规则(regulatory rules)。但是,缺乏如此巨大的变化,麦克尼尔很少指出法院应当如何裁决所面临的特定案件,也很少表达对合理的独特的(particularistic)立法的支持。毫无疑问,由于受到麦考利和法和社会学派其他人士的影响,他深刻认识到立法或司法决定的目的和其对当事人的实际影响之间有问题的相互关系。麦克尼尔的小心谨慎也许是正当的。④ 但不管怎么说,他的此种很少针对具体个案如何裁决而发表观点的倾向还是反映了关系契约理论对于契约司法实务的影响是十分微弱的。

麦克尼尔对于其关系契约理论向契约实务和实定契约法的转换缺乏兴

---

① David Campbell, *The Relational Theory of Contract: Selected Works of Ian Macneil*, Sweet & Maxwell, 2001, Chapter 1.
② Richard E. Speidel, The Characteristics and Challenges of Relational Contracts, 94 *Nw. U. L. Rev.* 823, 824.
③ Jay M. Feinman, Relational Contract Theory in Context, 94 *Nw. U. L. Rev.* 737, 748.
④ Whitford, William C., Ian Macneil's Contribution to Contracts Scholarship, *Wis. L. Rev.* 545, 551—552 (1985).

趣和自信,这无疑是关系契约理论的一大缺陷。但麦克尼尔的无为并没有导致对这一问题深入研究的停滞。日本法学家内田贵在其名篇《契约的再生》一文中,进一步发展了关系契约理论向契约实务和实定契约法靠近的方法,指出了关系契约这一宏大理论如何转化为在现实的纷争中作为实定契约法的解释指明特定解决方案理论的进路。他认为,关系契约理论要成为国家制定法意义上的实定法,必须具备两个条件:其一,作为理论,它不但说明契约法上出现的新现象,并将作为内在的契约规范提升到实定法的水平,还主张修订实定契约法;其二,需要正当化的契约论。① 古典契约法存在着对个别性契约合理归结的思想(约定原理和意思自治思想),并存在规定国家作用的国家理论。同样,关系契约的理论上也必须存在使关系契约法正当化的思想。只有获得这种正当化的思想,关系契约理论才能成为实定契约法理论。而检验关系契约理论能否作为实定法的一个简单的方式就是站在法院的角度上思考一下,将关系契约理论作为裁判实际纠纷的实定纠纷的实定规范究竟有多大可能。内田贵认为,身为关系契约规范的内在的契约规范在实定法上的案例各种各样。其中最为典型的场合是在实定法的契约法自身上具备了提升内在规范的管道,那就是一般条款,其代表就是"诚信原则"。这一原则的衡平功能及其他功能将关系契约的许多因素导入实定法。②

总之,正如季卫东先生所说,麦克尼尔的关系契约理论完成度并不高,关系法学还是一种发展中的、有潜力的研究领域。在目前这个阶段,关系主义的契约观能否在实证法学体系中登堂入室并进而改变西方的司法实践,还不可能立即给出明确的结论。在中国着手对关系性交易施行矫枉过正的场合,关系契约论当然也未必是对症下药的妙方。③ 但可以肯定的是,关系契约理论在批判、提升和改进古典或新古典契约法理论与实践方面发挥着并且将来会发挥更为重要的作用。已故教授勒夫(Arthur Leff)将法经济学视为沙漠(desert),而将法社会学视为泥沼(swamp)。④ 但是,我们希望合同法学者和法官都能够从沙漠和泥沼走出来,并迈向一个更加广阔的天地、更加美好的未来。

---

① 〔日〕内田贵:《契约的再生》,胡宝海译,载梁慧星:《为权利而斗争》,中国法制出版社 2002 年版,第 261 页。

② 参见同上。

③ 季卫东:《关系契约论的启示(代译序)》,载〔美〕麦克尼尔:《新社会契约论——关于现代契约关系的探讨》,雷喜宁、潘勤译,中国政法大学出版社 1994 年版,第 IX 页。

④ Steward Macaulay, Relational Contracts Floating on a Sea of Custom? Thoughts about The Ideas of Ian Macneil and Lisa Bernstein, 94 *Nw. U. L. Rev.* 775, 783(2000).

第八章　英国契约法与美国契约法之比较

美国法是英国普通法的美国化,它的形成始于殖民地时期,完成于19世纪70年代。其间,美国法从最初对英国普通法的排斥逐步转为对其加以吸收和改造,并最终形成了适应美国社会发展的法律形式和观念。因此,从总体上讲,美国法并未游离出普通法的框架之外,而是保留了普通法的精髓,成为普通法系的重要组成部分。尽管英国和美国在法律传统的秉持、法律理论的创新和法律制度的改造上存在有目共睹的分道扬镳的趋势,但实际上,相对于公法领域和私法的其他领域来说,英国和美国等普通法国家的合同法还是差别最小的法律制度,它们基本上相同(basically similar)。在笔者看来,英美两国在契约法领域的差别主要体现在以下几个方面:

一、法律体系的差别:英国法的形式性 vs 美国法的实质性

英国法学家阿蒂亚和美国法学家萨默斯在名著《英美法的形式与实质》一书中指出,英国和美国的法律体系尽管在表面上存在着种种相似性,实则有着深刻的差异——英国法律体系是高度"形式的",而美国法律体系是高度"实质的"。阿蒂亚教授和萨默斯教授通过比较的方法对英、美两国的法律推理、法律理论、法律制度和法律体系进行了细致分析,并深入到两国的历史传统、政治文化及民众心理的层面,从中追寻两国在法律推理、法律理论和法律制度方面差异的深刻根源。此种形式与实质的差异主要体现在两个方面:第一,在作出判决或采取其他法律行动时,实质推理在美国法律体系中的运用远比形式推理广泛,而在英国法律体系中,情形恰好相反。第二,这种法律推理方法的差异,反映了流行于两国的法律风格、法律文化的深层差异,更笼统地说,反映了主流法律观(legal vision)的深层差异。具体说来:在两国法律体系在决定规则和其他事实的权威性标准上,英国更依赖于形式渊源取向的有效性标准,美国更依赖于实质内容取向的有效性标准;就规则在两国法律体系中的相应地位来看,规则在英国法律体系中往往具有较高的内容上

之形式性,较高的解释上之形式性,以及较高的强制的形式性;就制定法来说,英国法律体系对制定法的倚重程度要比美国大得多,英国的制定法解释方法也同样比美国更为形式化;在对待先例方面,遵循先例原则在美国要受到诸多限制,而在英国这些限制并不存在,或者只是以一种较轻的程度存在,并且美国在法律和社会制度方面与英国存在重大差别,这些差别使得美国不大乐意不折不扣地实施遵循先例原则;而就审判过程来说,美国排斥英国不信任人民和赔偿团的精英主义的立场,更为广泛地采用民事陪审团的做法,是美国法比英国法更趋向于实质化的一个表征;在法律的司法实施方面,美国法律体系倾向于容许一些尚未整合入法律的实质性因素去影响事实认定和执法过程,就此而言,它所具有的"事实确认之形式性"低于英国法律体系。同时,英国法院判决高速、有效和终局性合在一起,使得英国法律体系较之美国法律体系而言,在形式上更具效率,并因而具有较高程度的"实施上之形式性"。① 或许正是因为这些原因,所以在波斯纳看来,英国法在很多方面(与美国法有所区别)还具有很强的大陆法特征,比如在对社会科学的接受等方面,英国人与德国人一样抵触。② 从更深层次上来讲,导致英国法的形式性和美国法的实质性的根源在于其不同的法律传统,在英国主导的是分析实证主义——一种趋于高度形式化的法律理论;而美国则深受高度实质化的自然法学理论和其后的工具主义法律理论的影响。③ 当然,英国法律体系比美国法律体系更为集中化、同质化和一体化,而美国法律体系及政治体系的多样化远为丰富得多,对美国进行概括的难度更高,这也是我们在考察英国法律体系与美国法律体系差别时应该注意的重要内容。

二、法律传统的差别:英国法的保守
vs 美国法的开放

在法律传统上,英国法比较保守,而美国法比较开放;英国一直细心地维护着自己伟大的传统,而美国则对传统的英国法进行大胆的改进和创新。实际上,随着时间的流逝,以英国普通法为根基的其他普通法各国的法律制度

---

① 〔英〕P.S.阿蒂亚、R.S.萨默斯:《英美法中的形式与实质——法律推理、法律理论和法律制度的比较研究》,金敏、陈林林、王笑红译,中国政法大学出版社 2003 年版,第 1、28 页。
② 〔美〕理查德·A.波斯纳:《英国和美国的法律及法学理论》,郝倩译,北京大学出版社 2010 年版,第 21 页。
③ 〔英〕P.S.阿蒂亚、R.S.萨默斯:《英美法中的形式与实质——法律推理、法律理论和法律制度的比较研究》,金敏、陈林林、王笑红译,中国政法大学出版社 2003 年版,第 344 页。

已经与其母国法(指英国法)秩序产生了如此大的分歧,以至于普通法国家之间的法律制度和法律方法的差别就像它们与大陆法国家的差别一样的明显。而且,英国与美国的法律也因为具有如此众多的差别,以致这两个国家有时被形容为"被一个普通法分开的两个不同的国家"。最惊人的差别体现在公法领域:英国没有书面宪法,也没有司法审查制度,然而美国的每一个法院都拥有判断立法或其他官方行为是否符合宪法条文的权力。但在民事陪审团制度的衰落、防止欺诈法等法律的废除等方面,英国也有时会走在美国的前面,所以此种法律传统的差别也不是绝对的。此外,我们也可以从下述具体制度中看到英国法的保守与美国法的激进的法律传统的此种差别。

三、核心法律制度的差别

英国法与美国法的上述法律传统的分立也直接影响到了各自的合同法制度与理论,英国的保守和美国的激进在合同法众多制度和问题上一览无余。比起英国,美国关于合同和侵权的普通法包括了较多的灵活规则。数十年来,美国法律制度中明示的自由裁量权已渐渐取代了相对严格的规则,合同领域中有关义务的基本理论的发展尤其显著。现在,在重述和判例法中,主导允诺禁反言、损害赔偿请求权和对价请求权的规则的表述直接包含了"公平"与"不公平"这样的词语,明确指出需避免不公的结果。

1. 作为核心理论的对价原则的差别

对价原则是英美契约法的中心规则和理论,英国法与美国法关于对价原则的分立最为主要体现在对价原则的不同理论内涵上。英国法的对价理论注重合同当事人所获得的利益和遭受的损失,是一种静态的对价理论,被称为对价的"获益受损理论"。但美国法中的对价理论更为注重交易(交换)的过程(process),利益和损害并不是构成对价的有效因素,这种理论被称为对价"交易理论",它是由霍姆斯发展出来的超越英国传统的动态的对价理论。与英国相比,美国把契约理论的原则性陈述推到了更为极端的地步。比如,在英国,波洛克的契约对价理论和威灵斯顿的契约对价理论相比,在互惠对价理论上走得并不远,因而英国法院也就不必像美国的法院那样为规避互惠对价理论而不得不再行创制一个允诺禁反言原则。[①]

---

① 〔美〕格兰特·吉尔莫:《契约的死亡》,曹士兵等译,中国法制出版社2005年版,第132—133页。

2. 作为对价原则之替代的"允诺禁反言原则"的差别

允诺禁反言原则是处理因为缺乏对价而不能执行、但基于对受诺人信赖行为进行保护的必要而使其足以执行的那些无偿允诺,是在对价原则之外创设的一种原则和制度,是对价原则最重要的例外或替代制度。它是第二次世界大战之后的全新理论和制度产物,但至少从合同约束力根据的角度来说,允诺禁反言原则算是带来了英美合同法与对价原则的重大革命。

尽管"允诺禁反言原则"的案例首先由英国的丹宁法官最早提出,但现代英美法的允诺禁反言原则的发展和创新就主要是在美国出现的。①从一定程度上说,允诺禁反言原则是美国的一个独有概念,英国只有一个案例(即 1943 年丹宁审理的"高树案(*High Trees*)"——引者注)认可了这一概念。② 而且这一案件也是美国的改革在英格兰的发展。所以,特莱特尔才会说,由于美国存在一个范围广泛的允诺禁反言原则,所以它根本用不着通过像英国一样的"发明对价"去增强对价原则的正当性和现实应用的灵活性。③ 允诺禁反言原则在英国只是"防御之盾而不是进攻之矛",不能作为单独的诉因,只能作为抗辩的理由,而在美国则没有这样的限制。这一点更加体现了英国契约法的保守和美国契约法的开放。

3. 合同相对性原则的差别

英国契约法与美国契约法的另一个重大差别是对于合同相对性原则的态度。合同相对性原则被英国视为与对价原则同样重要的合同法的基石性规则,在英国一直得到严格的遵守,除了制定法有特殊规定外,普通法不能擅自突破合同相对性的规则。尽管英国在 1999 年通过了《1999 合同相对性(第三人权利)法》,但其对于合同相对性原则的一般性坚守并未根本改变,合同相对性原则在英国仍然是一个非常严格的一般性规则。但由于美国所具有的强烈反传统的观念,早在 1859 年的 *Lawrence v. Fox* 案中,纽约上诉法院就慷慨地承认了第三人对合同的诉权,明确突破了英国法坚守的合同相对性原则。在后来的判例和美国两次合同法重述中,第三人应享有合同权利和利益的规则一直得到维持。英美两国在此方面的差异也是一个非常有意思的法律现象。

4. 合同书面形式要求的差别

英国契约法仍然要求赠与等无偿合同(gratuitous contract)必须盖印才能

---

① Ewan Mckendrick, *Contract Law*, 4th ed., Palgrave MacMillan Publishers Ltd., 2000, p.106。
② Claude D. Rohwer, Gordon D. Schaber, *Contracts*,法律出版社 1999 年影印版,第 120 页。
③ G. H. Treitel, *The Law of Contract*, Sweet & Maxwell, 1995, 9th ed., p.67, note 42.

执行,但却基本上废除了那些要求普通合同必须要有书面形式和书面证据的法律(1677年的反欺诈法)。而在美国,1677年反欺诈法得到继承,并没有被废止,特殊类型合同的书面形式和书面证据仍然十分必要。反欺诈法的第四条就明确列举了五种合同,对这五种合同,"除非有书面的协议或者备忘录或者记录,并有被告或者被告合法授权的人签名,否则不能提起诉讼"。这五种合同是:(1)约定遗产执行人或者管理人对他自己的职权范围以外的损失负责的合同(遗产执行人及管理人规定);(2)约定被告对他人的债务、债务不履行以及不当履行行为负责的合同(保证责任规定);(3)以婚姻为约因的合同(婚姻规定);(4)出卖土地、房屋等不动产,或者任何相关利益的合同(不动产合同规定);(5)约定履行日期自签订之日起超过一年的合同(一年规定)。此外,美国《统一商法典》还对超过500美元的货物买卖、有价证券的买卖应当采取书面形式作出了明确的规定,这也是英国法所没有的。

四、法律渊源形式的差别

英国国会不断颁布具体立法法案,在合同法领域也有很多这样的国会立法,比如《合同相对性(第三人权力)法1999》《不公平合同条款法1977》《虚假陈述法1967》《合同强制执行法1947》《货物买卖法1893》等,但这些合同法领域的国会立法有一个鲜明的特点,即都是对合同法某一特定领域的立法,而非统一合同立法。在制定法的渊源形式上,美国统一的制定法和法典已经成为其区别于英国的一个重要特征。美国的许多州都有今天所谓的法典;绝大多数这类法典都获得了与制定法同样的对待。在契约法领域最为典型的就是《统一商法典》和《合同法重述》这几个在世界范围内有重大影响的契约法律文本。此外,美国的制定法的影响还表现在诸多特殊合同的领域,比如房屋租赁、雇佣、土地买卖和代理等,原本一致的普通法法律规则也因为大量的地方和部门立法而变得非常的不同。

尽管如此,但非常清楚的一点是,较之于美国而言,制定法在英国发挥的作用要比判例法和其他不成文法大得多,这不仅因为英国采取议会中心主义的政治架构,更因为上文曾提及的英国法形式性与美国法实质性的重大差异。英国制定法制定得更为精确化、更为专断化,因而也具有更高的内容上的形式性,其解释方法上也采取严格的形式主义进路,大体上仍坚持"通常含义"或字面意义的解释进路,其解释很少会径直探究政策和原理,而美国遵循的是一种远为实质化的进路,美国的制定法也在诸多意义上都比英国法更倾向于一个实质性的法律渊源。同时,较之于英国制定法的真实情况,美国制定法往往具有较低的强制形式性和较高的灵活性,美国制定法经常会公然受到在适用之际出现的实质性衡平因素的限制。比如,最引人注目的例子是《统一商法典》,其整部法律都受制于实质衡平因素,大大削弱了法典条文表面的强制形式性。①

此外,我们还应看到英美两国在判例法渊源上的重要区别,即美国实行的是联邦制,合同法是州法。所以各州在合同法判决中也有很大的差别,而细究这些差别就必须查阅各州的大量判例和法律报告等,这几乎是一件不可能完成的工作。而英国则是一个单一制的国家,判例有着相对统一的基础,与美国有所根本不同。而且,从某种意义上说,英国判例法的确比美国的判例法显得更为和谐。英国判例不多,因为长期以来,英国人坚持这条明智的惯例,即仅公布部分案例,而不像美国自19世纪80年代West出版公司营业以来所做的那样去公布所有的案例,且案例都来源于统一的法院系统,该系统又依赖于一个终身法院。英国的判例法易于操作,而美国的判例法始终未能达到这一水平。②

最后,英国和美国在对待遵循先例原则这一普通法司法原则的态度上存在一定的差别。英国法院较为保守,适用遵循先例原则的态度也较为强硬。一般说来,英国下级法院任何情况下无权推翻上级法院的判例,即使下级法院认为判决明显有误或者未能正确表述法律原则;创设判例的上级法院也不能随意推翻由其自己创设的司法判例;作为英国最高司法机关的上议院甚至也要受自己判例的拘束。尽管后来英国法院有所缓和,但仍延续其保守传统。

不可否认,遵循先例的司法原则具有诸多优势:可以确保行为的一致性,可以使法律更为确定和更具可预测性,可以使司法裁判更富弹性也更加经济。正如庞德所说,作为一种法律渊源,普通法遵循先例原则之所以取得成功,主要在于它糅合了确定性与进化力之双重功能。③ 但遵循先例也会有诸多的弊端,比如先例的矛盾与冲突,遵循先例导致一错再错。实用主义方式通常会导致对最坏规则的机械适用,会导致法官无意识地、盲目地适用先例规则(哪怕是坏的先例),根本不考虑什么是法律的理性基础,法律的目的是什么,以及法律的整体结构是什么。

---

① 〔英〕P.S.阿蒂亚、R.S.萨默斯:《英美法中的形式与实质——法律推理、法律理论和法律制度的比较研究》,金敏、陈林林、王笑红译,中国政法大学出版社2003年版,第81、93页。
② 〔美〕格兰特·吉尔莫:《契约的死亡》,曹士兵等译,中国法制出版社2005年版,第75页。
③ 〔美〕罗斯科·庞德:《普通法的精神》,唐前宏、廖湘文、高雪原译,法律出版社2001年版,第128页。

正因为如此,更强调实质推理和更具变通精神的美国法院对于遵循先例原则的适用并不像在英国那样僵硬。美国联邦最高法院和几个州的最高法院在发现自己先前的一些决定明显有错时,都曾经推翻这些决定,因为美国法官认为"应使先例从属于正义"。① 据统计,从 1946 年至 1992 年,单单美国联邦最高法院就在 130 个案件中推翻过其先前的判例。美国联邦最高法院也曾为其灵活的司法风格作如下解释:"当确信的确存在错误,本院从未觉得必须遵循先例。"② 可见,英美两国在此普通法核心原则的适用上存在较为明显的差别,当然此种差别与两国法律文化传统密不可分。

---

① 刘作翔:《遵循先例:原则、规则和例外——卡多佐的司法哲学观》(下),载《判例与研究》2001 年第 2 期。

②. Smith v. Allwright, 321 U. S. 649,665(1944).

第九章 中国契约法治现代化的思考

一、英美契约法变迁阶段的启示：以共时性发展完成历时性任务

从古典契约法到新古典契约法再到关系契约理论的三阶段现代化过程，是契约法为了适应不断发展的经济、社会需要而作出的调整和改变，三个阶段并非对立或完全取代关系，古典规则、新古典规则和关系契约规则完全可能共存在现代契约法的体系中，新古典契约法和关系契约理论为现代社会契约纠纷的解决提供更为开阔和多元的理论基础和制度选择。当然本书集中关注的英美契约法三阶段演化之路可清楚地展现出契约法发展的宏观路向和进化规律，有助于中国契约法治现代化方向和进路的选择。也正是由于契约法每个理论阶段的内涵、取向和规则设置有很大的差别，中国契约法治才可以从西方契约法理论的历史变迁和现代发展中吸取大量的知识营养和制度资源，其中最首要的价值是可以为中国契约法治改造提供如下有益的宏观理念：(1) 现代契约法以一个具有建构功能的高度形式理性化的古典契约法规则为基础；(2) 以关系契约理论为代表的契约法的社会化是现代社会无法回避的现实，我们迫切需要根据社会现实对古典契约法进行调整和适应；(3) 古典契约法与关系契约等现代契约法理论虽有矛盾，但逻辑层次不同，因此并不是完全对立和相互排斥的。西方契约也是在不同阶段契约思想的叠加和包容中实现渐进式发展的。

因此，中国要实现契约法治的现代化就必须既要有古典契约法基础的支撑，又要紧跟时代潮流，直面社会新发的现实问题。但需要注意的是，由于历史和现实因素的制约，中国契约法治的现代化之路必定与西方有着很大的不同。西方契约法从古典契约理论到新古典契约理论再到关系契约理论的历史发展，是一条历经一二百年的、自生自发的、常规的、循序渐进的历史进化之路，以不同的契约法理论来解决不同社会阶段的任务。而中国真正意义上的契约法治从20世纪80年代才得以开始，我们既需要从零补课、以《合同法》和《民法典》来建构古典契约法规则、打好现代契约法治的基础，又需要

开拓创新,应对社会新问题并及时跟上西方契约法治的最新发展潮流,用短短三十年来完成西方一两百年完成的任务,其任务之艰、难度之大自不待言。不管是建构一个完备的古典契约法制度体系和理论观念、应对契约社会化的挑战、理顺身份与契约的现代关系,还是在民商合一的背景下有效区分商事合同与消费合同、克服契约法解释和适用中的过度商化和商化不足的固有弊病等突出问题,都在相当程度上设定了中国契约法治现代化的难度。因此,与西方诸国不同,中国契约法治现代化的出路是,以中国契约法共时性发展道路(在建构古典契约法规则的同时也注意契约法的社会化取向)来吸收和借鉴西方契约法一百多年历时性发展的所有有益成果,并解决西方历时性发展中的所有难题,完成相应的法治发展的任务。

二、新古典契约法对于中国民法典编纂的意义

中国当前仍在制定新中国成立后的第一部民法典,围绕民法典的论争已成为学术界的热门话题之一。[①] 虽然,从历史经验看来,新中国的民法法典化来得有点迟,但这丝毫不会贬损民法典制定的重大意义。民法法典化的思维和实践将在未来很多年内影响中国的法学教育、法学研究和法律实践。但是,对于民法典的起草和制定始终存在不同的声音,我们应当保持警惕的是两种极端的论调:即法典万能论和法典无能论。

法典万能论者认为,中国民法典的出台会自然而然地解决中国现实中的诸多棘手的问题:人格权和财产权的保护问题、农民们的土地权利保护等问题。然而,

> "成文法典只是具有一种有限的合理性:如果对法典抱有过分的期望,以为可以一劳永逸地解决所有问题,这或许从根本上就是一个错误;而要想保持民法典真正具备包容一切'私的生活'的'自然理性',就必须对现代社会中私人生活进行更为深入的理论抽象和准备。"[②]

民法法典化带来的私法规则的完善并不能彻底地解决中国特殊体制所遗留的深层次问题,法典万能论只能算是一种不切实际的、永动机式的幻想。

其实,本书所涉之美国《第二次合同法重述》是英美新古典契约法的典

[①] 当然,中国的民法法典化与其说是大陆法系法典化浪潮的延续,还不如说是法学或法律的重建,甚或补课。

[②] 易继明:《私法精神与制度选择——大陆法私法古典模式的历史含义》,中国政法大学出版社 2003 年版,第 268 页。

型代表,其诞生就是美国对普通法法典化和法典万能论的拒斥和抛弃。虽然自20世纪以来,美国法一直在法典化思潮的激荡之下,在寻求法律确定性的道路上执著地前行,但真正的法典化终究成为一种泡影,私法法典化的最终成果只是一种介于法典法和判例法之间性质的《合同法重述》等多种重述(商法的法典化向来是一种例外)。究其原因,想必除了美国所承继的判例法传统的强大惯性之外,还应当包括美国法律界对法典弊端的深刻洞察。对于法典化,美国并没有顶礼膜拜的历史传统,因此,他们完全可以对法典化的取舍进行冷静而客观的分析。在认识到普通法法典化具有牺牲法律的弹性和灵活性,并进而使法律丧失社会回应性等巨大缺陷之后,那种被大陆法国家信奉的法典万能的神话便被务实的英美法律人的怀疑和不信任所打破。在英美法律家看来,通过"软法实现私法秩序"①不仅可以较大程度上实现法律的确定性,更能够保留英美法固有的灵活性和开放性特质,是一种可取的选择。

  美国合同法等私法制度选择"重述"而排斥"法典"的做法,或许对中国民法典的制定有所启发。至少,它会提示我们在制定民法典的道路上应当注重回应社会生活的变迁和要求,即实现法律的灵活性诉求。也就是说,要注重现实生活世界和情境的变化,制定回应性强、观照中国现实的民法典。我们应当在吸收大陆法民法典的成就基础上,发掘中国的独特历史与现实中的文化、物质等传统基因,解决中国的现实困惑。例如,典权制度的独特性,中国土地制度的独特性及其相应的变革,中国的亲属家庭制度等。当然,我们不应当在"中国特色"的幌子下进行脱离实际而毫无疑义的创新,如人格权独立成编(耗费了我们太多的心智和精力,人格权既非法定、亦无法穷尽列举)、所谓的信用权、"绿色民法典"②。其实,历来各国民法典制定的"创新"都主要是对其传统文化的反映和观照,因此"创新"也就主要体现在各国传统上差异比较大的制度上,即主要是土地(不动产)物权制度和身份法律制度而非其他。而同时我们无须也不可能要求制定一部在21世纪的引领全球思潮的民法典,因为我们根本没有如此厚实的法学知识和营养的积累,我们努力要做、而且应当做好的是如何在最大限度内制定一部符合中国国情、能

---

  ① Melvin Eisenberg, *The Architecture of American Corporate Law*: *Facilitation and Regulation*, 2 Berkeley Bus. L. J. 167,182(2005).

  ② 由徐国栋教授主持编写的《绿色民法典》,主要特色在于其"强调人与自然关系的和谐,提出了'可持续的生存'观念,强调尊重下一代的权利、动物的权利"。但将体现环境保护的零星物权规则扩张为整部民法典的宗旨,似乎勉为其难。其实,"绿色"是环境法典要做的事,至少不是民法典所关注的重心。

有利于中国社会进步的中国自己的民法典。

与法典万能论相反,法典无能论者则认为,中国当前的问题主要是一个政治和社会问题,民法典的通过对人的保护和社会进步并无意义或没有太大的意义,却徒增立法和找法成本。虽然,现实中持这种极端观点的人少之又少,但法典无能论却在无形中影响了一大批学者。如北京大学法学院刘凯湘教授曾表达过中国应积蓄若干年之后再考虑独立制定民法典这样的观点;著名学者季卫东先生也认为:

> "既然经济体制的变革还有待深化,有些社会构成原理依然难以确定,宪法秩序也还在变动之中,法典调查研究方面还存在着明显的不足,何必在民法典编纂史留下一个欲速不达的新话柄呢?"①

尽管他们并非主张不要民法典,且其建议也有相当道理,但他们的这种类似"问题搁置"的法典化主张,至少是暗含民法典对现实世界秩序无能的思想:即在现实的经济体制不断变革、社会构成难以确定和宪法秩序尚在变动的情势下,出台民法典不是一个好的选择。但事实上,民法典可以在相当大的程度上影响甚至左右那"不断变革的经济体制、难以确定的社会构成和尚在变动的宪法秩序",使它们沿着一个科学、有利的方向和谐发展,促进社会的进步。未来的经济制度和社会秩序恰好需要民法典来建构。

笔者认为,民法典的详细规则和制度将引导人们的行为,型塑社会事实和人们的思维习惯,并方便人们对法律规则和法律制度的学习,促进法学教育的发展。例如类似的民法法典化的积极影响在历史上也曾出现过:在民法典颁布之后,"就将大学里对于罗马法的理论讲授转向了生活中活的法律,这甚至可以说是民法史上的一个重要分界线"。② 我相信,同样的效果也将会在中国的法律版图中出现。因此,我们应当重视民法典这种规则对民法事实的建构,认清中国自借鉴西法以来就"不得不以规则委屈事实"③的现实,以开放和热情的姿态迎接中国民法典的降生。

三、关系契约理论的启示与反思

美国的关系契约理论曾一度掀起西方契约法研究的热潮。麦克尼尔以

---

① 参见季卫东:《旁观民法典编纂的得与失——兼论宪政与私法秩序的关系》,摘自法律思想网"季卫东文集",2013 年 1 月 9 日访问。
② 易继明:《私法精神与制度选择——大陆法私法古典模式的历史含义》,中国政法大学出版社 2003 年版,第 255 页。
③ 许章润:《法意阑珊,不得不然》,载《读书》2001 年第 10 期。

法社会学的实证研究等方法证明了现代西方法治社会存在关系性契约这样的重要阵地,主张应当紧密结合社会经济交往的现实对古典合同法和古典合同理论进行反思和构造,以更好地回应社会交易现实,促进市场社会的改革和完善,这无疑具有重要的理论价值和现实意义。同样,关系契约论对中国当代的法治建设当然也有重要启示,它提醒我们要注重社会经济交往和法治秩序的联动变革趋向,不能一味陷入只注重纯粹逻辑演绎的概念法学、法教义学、法律形式主义的迷魂阵。

但在美国关系契约理论介绍到中国之后,却也出现了一种不良的思想倾向,即认为即使美国这样的法治现代化国家也开始更加讲究社会关系和人情关系在法律和社会行为中的作用,所以中国的经济建设和社会改革是否可以不以法治为核心的手段,而更应当注重发掘中国传统文化中的关系理论和道德因素。这甚至为某些人反对法治社会找到了恰当的借口和理由。

其实,西方的关系契约等法律和社会理论的出现并不是对法治社会理论的一种否定,而恰恰相反,它是在完备的法治理论的基础上发展出来的对其回应社会现实交易情境不足方面的一种补充。中国现在要做的还是第一步工作,即建立完备的法治社会,实现中国社会的普遍化的现代化洗礼,说简单点就是进行现代化。中国连起码的社会制度的现代化都没有实现,还有什么资格谈带有一定"后现代"意味"关系契约理论"和关系契约型社会的建构改造呢?

说到这一点,我又想起了多年以前,国内法学界存在的关于"经济法"的争论和"加强国家宏观调控"的论调。经济法学科和加强宏观调控的鼓吹者最为有力的论点就是认为即使是代表西方自由主义市场和社会的美国等国家也越来越重视对国家经济和社会的调节和干预,所以中国对经济和社会的干预代表了当今世界的一种潮流,不仅不能放弃,而且应该加强。殊不知,美国等国家的经济和社会干预是建立在其完备的自由主义市场体制和法律体制的基础之上的调整和补充,其基调仍然是一种自由主义和法治的市场经济环境;而中国的市场和社会并没有经过这种根本性的变迁,没有经过现代化的变革,没有走出计划经济的阴影,其基调是一种计划经济和人治的社会环境,在此基础上再强调干预和调控,岂不是大错特错?

总之,西方的关系契约论给我们的有益的启示对于当下的中国社会来说,不应当是望文生义,更应当结合各自具体的情形来加以理解,我们不应当加强对非法治的"关系"的倚重,而更应当加快中国法治社会的现代化进程,因为此"关系"非彼"关系"。

四、英美契约法精神的启示：合同法是市场交易基本法

随着现代社会经济和社会的发展，至少存在两点原因使得对合同法的需要变得极为迫切。首先是劳动分工，作为现代社会的一个基本特征，它使得相互转让财产和提供服务成为必要，而其得以实施的主要依据就是合同法。其次是交易，合同法在很大程度上可以说是交易法，即调整个人之间为获取金钱而交换货物和服务的方式的法律。当然，交易的形式是多种多样的。合同法所涉及的内容主要是经济交易，即市场中发生的交易，如买卖、租赁、雇佣、借贷等，很少涉及非市场交易（Atiyah）。[①] 在英美国家，合同法的此种市场交易法的特质更为明显。因为英美契约法有着较浓的商业情趣（Fifoot），甚至被法学家称作"是商人的法律，而非农民的法律"。我们也因此可以断言，英美契约法是市场交易基本法，这正是其主旨精神之所在。英美契约法是市场交易基本法的此种精神气质主要体现在以下几个方面：

（一）从主观主义到客观主义

尽管英国曾在18世纪末和19世纪初的合同法中出现过主观的意思理论模式（will model），但该模式对于普通法的影响很快便告衰亡。因为，与大陆法理性主义哲学所不同，英美经验哲学更重视的是人的言语、行为等外在的可感知、可认识、可触摸、可察觉的客观现象[②]，只有这样的东西才是可以把握的，也才可以被信任的，而大陆理性哲学所信仰的人的理性思维，在英美看来是捉摸不定的、无法把握的。尤其是到了19世纪之后，经验主义哲学所支撑的客观主义法律传统在英美法中开始更为系统化。因为当时的社会需要强调法律的确定性、可预测性而支撑推动初期资本主义的蓬勃发展，法院也拒绝去探求个人主观真实的意图是什么，以最大程度减少商业风险和增强交易安全。英美合同法中的强调形式的盖印文书、对价原则、口头证据规则、合同成立中的客观理论、合同解释中的客观理论等都是此种客观主义传统的代表。用Holmes的话来说就是，"合同与当事人的主观意志毫无关系，

[①] 〔英〕P. S. 阿蒂亚：《合同法导论》，赵旭东等译，法律出版社2002年版，第3页。
[②] Melvin A. Eisenberg, The Responsive Model of Contract Law, 36 *Stan. L. Rev.* 1107, 1107 (1984).

我们只能通过当事人的外部行为来判断合同的约束力问题"。① 现实主义法学家 Frank 甚至指出,当事人主观意思难以把握,走得太远了,弊端多多,有时法院甚至会将合同当事人连想都未想过的法律效果施加给当事人。这简直就是罪过。总体来说,在 19 世纪末 20 世纪初,英国主要在 Anson 和 Pollock 两位法学家的设计带领下、美国主要在 Langdell、Holmes 和 Williston 三位法学家的设计努力下建立起了英美较为系统的古典合同法体系,当然也是一个具有明显客观主义色彩的合同法系统。客观主义合同法大大加强了法律的确定性,减少了当事人的商业风险和运用法律的成本,增强了交易的安全,提高了交易的效率,助推了市场经济的快速、安全和健康发展,这在不强调违约方过错的严格违约责任制度上体现明显。

(二) 从规则到标准

以大陆法系法典为代表的古典契约法是以法律规则(rules)为其根基的。所谓"规则"是作为要件的事实一经认定即可机械地适用的规范。但随着社会生活和经济交往的不断发展,具有灵活开放特质的英美契约法将其关注点投向社会经济生活的需要,进而将当事人未约定的"社会标准(standard)"引入契约关系中来。与规则不同,此处所谓的"标准"就是直接表现其法律目的的规范。古典契约法中并不得见的显失公平原则、诚实信用原则以及信赖原则等原则标准都是此种引入社会标准以因应社会变迁的重要步骤。不管是诚信原则抑或显失公平等其他原则都是采取了内涵不可明确为单一意义的"标准"的形式,从而与将严格定义的"规则"作为核心理念的形式主义古典契约法相区别。因此,以标准为核心的英美现代契约法的意义非经在其中体现的目的、社会价值的关联上加以评价的实践则无法明确。在法学家肯尼迪看来,传统法学家认为法的判断只是建立于大前提与事实以及联系两者的逻辑,这样的观念现在已经彻底崩溃,"政策性判断"正在融入。② 这同样也符合阿蒂亚和萨默斯的"英国法强调形式推理、美国法强调实质推理"的基本判断。例如,关于由于导致他人信赖损害而负担契约责任的问题,法官出于保护消费者的动机和理想而思考其理论构成,搬出诚信原则(在美国为允诺禁反言)来肯定契约责任。并且,其结果产生对某一群体进行财富再分配的效果。这里的动机和目的就是"政策性判断",法的构成和规则就成

---

① O. W. Holmes, The Path of Law, *Harv. L. Rev.* 4(1897).
② 〔日〕内田贵:《契约的再生》,胡宝海译,中国法制出版社 2005 年版,第 163 页。

为实现这一目的的手段。① 相对于法官从既存的法律规则中机械地得出结论的形式主义方法来说,上述政策性判断和实质化推理的分析方法充分展现出了现代美国契约法所具有的高度灵活和富有弹性的回应社会现实价值、服务市场交易实践的特色和优势。此外,美国契约法中的包产出合同与包需求合同的内容不确定合同,"合理确定性""合理期限""合理努力""最大努力"等合理性条款,诚实信用原则与显失公平原则等弹性原则,强调合同纳入履约过程、交易习惯、贸易惯例等开放契约关系等,都是美国契约法从传统形式主义契约法的规则中心向现代实质主义的标准中心进行转换的典型代表。

(三) 从社会伦理到市场伦理

由于将合同法视为市场交易的法律,英美法中对于合同本质的界定也与大陆法系有根本不同,并非像大陆法系那样将合同视为针对法定侵权之债的约定之债,而是将合同认定为一项交易(bargain),而交易通常则是需要有对价的支持,如果没有对价那就是无偿的允诺或协议。无偿允诺或协议在英美法上是赠与(gift),它并不是合同,没有法律约束力。因此,英美合同法中的合同和合同交易更重视的是等价有偿、交易效率、风险分配、交易安全等市场商业价值和市场伦理,对于违约有无过错等社会道德可责难性不仅很少关注,而且一般认为违约并不是什么过错,"合同当事人只是或者履行合同,或者支付由此造成的损失,因此他选择由此造成的损失,他就没有过错。他只是在两种方式中选择一种来履行他的义务"②(Holmes)。这便是霍姆斯的契约选择理论。

霍姆斯大法官首先提出合同的履行乃是一种预测,而非法律上的义务,"所谓的法律义务仅仅是一种预测,即如果一个人为或者不为一定的行为,那么他将会以这样或者那样的方式受到法院判决的处罚;——对于法律权利而言,也是如此"③。履行合同的预测没有实现与违反法律义务相比,自然是违反义务时会受到道德上的谴责,但霍姆斯多次强调了道德与法律分离的必要性,"我认为,立刻指出并驱除道德与法律之间的混淆,是恰当的。""如果你签订了一项契约,那么你就得承担支付一笔补偿性金额的责任,除非承诺事项得以履行,而这就是所有的区别之处。""在普通法中,遵守契约的义务意味着这样一种预测,即如果你不遵守契约,那么你就必须支付损害赔

---

① 〔日〕内田贵:《契约的再生》,胡宝海译,中国法制出版社2005年版,第164页。
② 〔美〕E.艾伦·范斯沃斯:《美国合同法》,葛云松、丁春艳译,中国政法大学出版社2004年版,第750页。
③ 〔美〕霍姆斯:《法律的生命在于经验—霍姆斯法学文集》,明辉译,清华大学出版社2006年版,第208页。

偿——仅此而已。"①非常明显,在他看来,合同的不履行只会产生损害赔偿责任,而且不会有道德上的非难。他通过排除道德因素在合同中的相关性后,基于缔约自由以及合同的履行仅是一种预测的前提下,建设性地提出了与之相对应的违约自由,"在普通法上,合同一方当事人在合同履行期限到来之前,是不受任何干涉的,因此他有选择违约的自由"②。也就说,在市场经济条件下,违约有时不仅不是过错,还是一种自由。合同法目的并非通过对允诺人的强制来阻止违约的发生,相反它的目的在于对受诺人提供救济以弥补违约。合同法所关心的并非这个问题:允诺人怎样才能够信守其允诺?它所关心的是一个不同的问题:怎样才能够激励人们去和允诺人打交道?有的时候,答案是应当强迫允诺人履行允诺,但是这一结果仅仅是一套设计来服务于其他目的的法律制度的附带效果而已。通过鼓励受诺人信赖他人所作的允诺(而非通过强迫允诺人履行其允诺)来促进对合同的利用,这也许和自由企业制度更加一致。无论如何,与著名的订约自由一样,也应当有相当程度的违约自由(Farnsworth)③。既然违约是种自由,那就更谈不上是违法行为或过错行为了。

与此不同的是,大陆国家合同法主要是指民法典中的合同法,主要都是民事法律,具有较强的道德性,更重视社会伦理,因此对于违约行为也比较容易通过过错进行相应的道德评价。中国法虽属大陆法系,但我们实行民商合一的立法体例,因此合同法规则在司法实践中也经常面临民商不分或民商难分的解释困境。我个人更倾向于支持合同法主要是市场交易的规则、应更多关注市场价值和经济伦理的观点,当然主张市场规则并非说每个人都是商人,市场只是资源分配的一种方式,一如计划一样,通过市场每个人都可以使得自己的利益最大化,不管是作为商人、消费者还是劳动者。同时,中国《合同法》第2条也明确将婚姻、收养、监护等民事色彩浓厚的身份关系协议排除在外,也体现了我们合同法的经济性。此外,合同法涉及过错的分则规则多数涉及赠与、保管、委托等无偿合同和民事合同,也在一定程度上印证了民事合同与商事合同在关注过错与否问题上的差别:无偿民事合同可更多关注过错等社会伦理价值,有偿商事合同应更多关注交易效率、交易安全、风险分配

---

① 〔美〕霍姆斯:《法律的生命在于经验——霍姆斯法学文集》,明辉译,清华大学出版社2006年版,第209、213页。

② O.W. Holmes, Jr., *The Common Law*, ed. M. Howe Boston: Little Brown, [1881] (1963), p.301.

③ 〔美〕E.艾伦·范斯沃斯:《美国合同法》,葛云松、丁春艳译,中国政法大学出版社2004年版,第750页。

等市场伦理价值,现代合同法主流应该是关注后者的市场交易基本法。

五、英美现代契约法的规范意义:微观制度价值

契约法理论并非只是空洞而抽象的文字游戏,它对于契约法的建构和发展有着重要的制度价值和实践意义。作为现代契约法社会化运动之最重要成果的关系契约理论,同样也不例外,其制度价值和规范意义主要体现在以下几个方面:

(一) 为长期关系性合同提供适用范式

个别性合同(discrete contract)与关系性合同(relational contract)是麦克尼尔对于合同的基本分类,其关系契约理论就是建立于关系性合同概念的基础之上。在麦克尼尔看来,个别性合同是指当事人之间除了单纯的物品交换外不存在任何关系的合同,是古典契约法的契约原型。比如麦克尼尔和经济学家威廉姆森都曾提到过的个别性合同的极端例子[1],因旅游而跑到一个很远偏僻地方的加油站去加油或到商店去买一瓶当地烈酒的交易,都是典型的个别性合同或一锤子买卖,当事人之前没有任何关系,此后这辈子也不会再发生任何关系。个别性合同交易的特点是时间短、范围有限,当事人甚至连一句话都没说过。但现实中,这种极端案例非常少见。并且仅靠个别性合同也难以满足现代工业社会的需要。现代工业社会依赖于大规模的资本投资,既需要长远规划所提供的稳定性,也需要灵活性以处理持续不断变化的形势。其结果是,强调长期合作性、当事人关系复杂性和社会背景的嵌入性等特征的关系性合同占据了合同交易的主导地位。[2] 为此,麦克尼尔特别进行了实例说明:

  一个冶炼厂和煤矿签订这样的一个(关系)契约。合同约定,冶炼厂向煤矿购买一年中所需的所有煤;具体价格按季度根据伸缩条款(escalator clause)进行调整。该伸缩条款是根据指定的市场确定的;除了伸缩条款外,还有这样的一个规定:如果一方当事人对价格不满意,当事人同意商量确定一个新的价格,在达不成协议的情况下,交由 X 作为仲裁人确定一个公平合理的价格;双方订立的契约期限是 20 年而非 1 年;契约要求煤矿定期地向冶

---

[1] Paul J. Gudel, Relational Contract Theory and the Concept of Exchange, 46 *Buffalo L. Rev.* 763,764 (1998).

[2] Ian Macneil, Relational Contract: What We Do Know and Do Not Know, 1985 *Wis. L. Rev.* 483, 485—91.

炼厂提供大量的各种成本信息；允许冶炼厂专家监督采煤活动；在购置新设备、改进管理方法等方面，接受来自冶炼厂的建议。煤矿和冶炼厂也一致同意建立一条从矿场到冶炼车间的输送带系统，平均分担成本并共同运营输送带系统。作为交易的一部分，冶炼厂提供给煤矿 5 年的贷款用来支付煤矿应当承担的建造输送带的部分成本，而且，为了满足其他贷款人的要求，为煤矿为了建造输送带而借的 20 年抵押贷款提供一半的担保；冶炼厂向煤矿的支付是换取煤矿 20% 的股份而不是贷款；冶炼厂被保证在煤矿的董事会中有两个席位。①

从上述实例可以看出，冶炼厂和煤矿之间的关系交易包含了数量和价格都不确定、时间是长期持续性、并共同建设煤炭运送系统的买卖合同，包含了冶炼厂向煤矿的贷款合同、为煤矿其他贷款提供的担保合同，包含了冶炼厂想通过对煤矿持股和获得两个董事席位的关系而控制煤矿的交易目的等。实践中大量存在此种时间很长、关系复杂、目的多元的关系性合同，合同关系的复杂化也进而影响了当事人之间的信赖、合作和责任关系。这一点与古典契约法所依托的个别性合同截然不同。

古典契约法强调合同内容和合同法规则的确定性，不管是合同的成立、合同的生效还是合同的责任都严格依照合同约定或合同法规定进行。比如，在大陆法系的合同法中，一项要约或合同要有效，其内容必须要具体确定。通常所说的要约或合同内容的具体确定，是指要约或合同条款的确定性，这些条款通常包括标的、数量、质量、价格等核心内容。在古典契约法看来，如果一个合同中的上述条款是不确定的，那么该合同对于当事人的约束力就值得怀疑。但关系契约理论却突破了传统契约法的效力规则模式，合同数量、质量、价款、期限等传统合同核心要素和必备条款的模糊与不确定并不会导致合同效力的缺失。古典契约法不愿承认合同中开放条款的效力，对于包产出合同（output contract）、包需求合同（requirement contract）、尽最大努力条款（best effort term）、无固定期限合同（employment at will）等高度不确定的条款，不承认其效力。而这恰恰是关系契约理论对于传统古典契约法的突破和超越，也是关系契约理论重要的规范价值和制度贡献点。关系契约理论对合同开放条款的承认，不仅丰富了合同成立与合同效力的弹性，更重要的是"为社会政策、公法规定、道德规范等社会命题进入合同关系预留了切口"②。

---

① Ian Macneil, Economic Analysis of Contractual Relations: Its Shortfalls and the Need for a Rich Classificatory Apparatus, *Nw. U. L. Rev.*, 1981, 1025—6.
② 孙良国：《关系契约理论导论》，吉林大学博士学位论文，2006 年，第 42 页。

尽管中国缺乏关系契约理论的系统介绍评论,中国 1999 年合同法鼓励交易之宗旨却也与关系契约理论的内核相暗合。毋庸置疑的是,美国的关系契约理论在上述几个方面可为中国长期关系性合同的法律适用提供一种合理的范式。

(二) 为一般合同法与特殊合同法之关系提供平衡范式

关系契约理论的另一重要制度贡献在于它拓宽了合同与合同法的范围,把经典的现代合同法理论中无法容纳的或者已经排挤出去的合同形态——例如公司法、劳动法、婚姻法中的合同关系——再找回来,在动态的层次上给予统一的说明和规范,这也是麦克尼尔试图将其关系契约理论建构成一个全新的一般化合同法理论的成果。当然,关系契约理论与过分抽象、形式化的古典契约法不同,其一般化并没有丧失对特殊合同法的关注,在以关系契约统摄各领域特殊合同的同时,也非常注重对这些具体特殊合同关系动态的说明和规范。比如,对"集体谈判协议、雇佣合同、家庭经济关系、公司合同、养老金协议、区分所有权协议、建筑工程合同、电脑租赁合同、租佃合同、特许经营权协议,以及消费者合同等具体合同领域"①的分类和统摄,就是想通过对契约问题实行"碎片化"(或者说是发展出一般合同法的次领域(subfield),Feinman 教授语)②和具体化的处理方式,让相对统一的关系契约理论在合同法领域取得更有规范意义或制度意义的进展与贡献。因此,关系契约理论为一般合同法与特殊合同法关系之处理提供了一个优秀的平衡范式:即要兼顾合同法的共通原理和特殊类型的合同关系的结合应用。

当然,在一般合同法与特殊合同法现实应用关系的处理上,麦克尼尔之所以还要去建构一个一般化的关系契约理论,其原因主要在于,受实用主义哲学思想和判例法传统的影响,英美契约法并没有完全陷入过分抽象和教条主义的泥潭,契约理论的系统化和一般化工程甚至尚有不足,以至于我们经常会听到那些教授广义合同之(货物买卖)、广义合同之(票据)、广义合同之(债权人权利)、广义合同之(劳动法)、广义合同之(公司)以及广义合同之(贸易规制)课程的美国教授说:存在合同这种东西吗? 回答是,不存在。他们说,有的只是货物买卖、票据、担保和破产、集体谈判、保险、不动产交易以及众多其他特殊合同种类,但不存在一般意义上的合同。③ 因此,建构一般

---

① Ian Macneil, Relational Contract: What We Do Know and Do Not Know, 1985 *Wis. L. Rev.* 483.
② Jay M. Feinman, Relational Contract Theory in Context, 94 *Nw. U. L. Rev.* 737, 748.
③ Ian Macneil, Whither Contracts? 21 *Journal of Legal Education* 403(1969).

化的关系契约理论其实符合了美国合同法特殊形势的需要,因为其商事合同、消费合同、建筑合同、土地合同等历来都保持着自己的独有规则和制度系统。

当下中国的情况则完全不同。过分强调理性主义的立法思想和民商合一的特殊法律体例,导致中国合同法的形式化、教条化和空洞化日益严重。简单来说,中国合同法存在"抽象有余、具体不足"的严重弊端,大大影响了合同法规则和制度的应用范围和实践效果。因此,去一般化,强调特殊化、具体化和类型化似乎应当是中国合同法治现代化的首要任务。在这方面已有学者作出过富有意义的研究探索,比如张谷教授在其文章中提出过"中国统一合同法由于不区分民事合同与商事合同,存在'过度商化和商化不足'的问题"①,薛军教授也在充分研究欧洲正在经历的民事特别法兴起和"解法典化"趋势之后,提出过"企业合同"的概念②。他们都主张应当对中国统一化的合同法进行特殊化、具体化和类型化的处理,以解决具体适用中的针对性和恰当性问题。受益于他们的分析,笔者主张通过如下大纲性的合同类型区分方法,实现中国统一合同法在现实适用中的特殊化和具体化:

(1) 区分商事合同与消费合同(非商事合同的典型)。因为二者在主体理性程度及交易的假设、过错责任负担、格式条款解释适用、合同效力的稳定性、违约金调整、惩罚性赔偿责任等几个方面都有重大差别。

(2) 区分动产交易合同与不动产交易合同。因为二者在所有权变动方式、合同有否实质履行(substantial performance)的判断以及违约责任的承担方式(比如强制履行规则能否适用)等方面都也有很大不同,需要区分适用。

(3) 即使是同一类型的合同,也要区分具体情形。比如,在房屋租赁合同中,一般的民事租赁与租房从事营利活动的商事租赁,在承租人能否享有优先购买权等特殊权利保护问题上,就有很大不同,值得注意和区分;同样,在提供劳动的合同中,现代劳动合同与一般雇佣合同在雇佣方违约解除合同的赔偿标准、受雇人可否享有一些特殊权利(如要求签订无固定期限合同)、雇佣方有无义务提供最低工资标准、劳动条件和社会保障等方面,也存在根本的差别,因此有区分的必要。

(三) 为合同的司法裁判提供语境主义的方法论范式

除了上面两项实体方面的制度价值外,关系契约理论引入语境主义方法

---

① 张谷:《商法,这只寄居蟹——兼论商法的独立性及其特点》,载高鸿钧主编:《清华法治论衡——法治与法学何处去(下)》2005 年第 6 辑,清华大学出版社 2005 年版。
② 薛军:《"民法—宪法"关系的演变与民法的转型》,载《中国法学》2010 年第 1 期。

论,为现实司法裁判带来了一种实质主义的方法论,从而与古典和新古典合同法的法律形式主义方法论相区分。此种"实质主义方法论"既打破了经由设计适用于特定群体的法律规则的一般性,也挑战了强迫法院在解释法律过程中采取形式主义法律推理的封闭性。① 同时,也为法官们提供了解决合同法难题的全新法律价值导向。从以前单纯的法律形式主义逻辑推理到现在注重法律背后的社会事实和社会价值的语境主义和现实主义方法,并将纠纷的处理过程也纳入到了实体法的视野,这些做法和内容不仅拓宽了合同法律实务的思路,还提高了合同法的妥当性和社会适应性。

经由关系契约理论带来的语境主义方法论已经时常出现在美国合同案件的司法裁判中。比如在 *Foley v. Interactive Data Corp.* 案中,Broussard 法官就论证道:"男人或女人不只是为了金钱而雇用;工作是身份,是名誉,是一种界定自身价值和社群价值的方式……简言之,在现代工业化的经济中,雇佣对个人的存在和尊严至关重要。"Kaufman 法官也指出:事实上,我想不到任何关系还比雇主和雇员之间的关系中一方更信赖另一方、更依赖于另一方、一方更易于受到另一方滥用权利的侵害。而且,具有讽刺意味的是,随着雇佣期的延长,雇主和雇员之间经济权力的不平衡会更加严重。雇佣时雇员所具有的任何谈判力量和可交易资本随后都会减少。市场? 对于被解雇了的在同一工厂工作了 25 年的工人或在同一公司工作了 25 年的中年主管人员来说,哪还有什么市场存在? 财政保证? 任何人都不会对如下观点产生争议,即雇佣只是部分为了财政保证以及其所意味着的餐桌上的食物、遮风避雨的场所、衣服、医疗照顾、孩子的教育……内心的宁静? 非常明显的是,人的工作不仅仅是为了谋生。对很多人来说,工作说明了他们的身份,他们的自尊,他们的所有。非常确定的是,不当的和恶意的破坏雇佣会产生十分严重的精神悲痛。②

总之,关系契约理论带来了司法方法论上的革命,法官们开始注意将语境、道德与法律的主张紧密结合在一起,抛弃了古典合同法严格根据规则和案件事实演绎推理得出结论的方法论,法律实用主义和语境主义的推理模式已经在很多法院得到应用。③ 经常陷入教条化和形式主义困境的中国民商事审判,又何尝不需要此种讲究实质推理、注重与社会现实结合的语境主义方法呢?

---

① Hugh Collins, *The Law of Contract*, LexisNexis, 2003, p.38.
② Paul J. Gudel, Relational Contract Theory and the Concept of Exchange, 46 *Buffalo L. Rev.* 763,791 (1998).
③ 也参见孙良国:《关系契约理论导论》,吉林大学博士学位论文,2006 年,第 40 页。

结　　语

　　作为英美法精髓的契约法值得中国认真研究和充分借鉴。不仅因为英美法对于现代合同法重大理论的创造发展以及国际商务契约法游戏规则的构建有着十分重大的贡献，也因为中国自1985年的《涉外经济合同法》和1999年的统一《合同法》以来，受到了英美契约法理论和制度的深刻影响，以合同法为代表的中国商事法律具有十分浓重的英美法色彩，要充分理解和有效解释中国合同法并时刻把握世界合同法发展的形势和潮流，就必须熟悉英美契约法历史变迁的阶段、规律和现代发展趋势。

　　从内容上来说，英美契约法包括规则、制度和理论等多个层面的宏大而庞杂的内容，看看美国法学家科宾合同法（八卷本）和法恩思沃斯几千页的合同法体系书著作，我们就无法否认英美契约法的宏大与浩繁。国内关于英美契约法的系统介绍主要是翻译著作，只有台湾杨桢教授的《英美契约法论》、何宝玉教授的《英国合同法》和王军教授的《美国合同法》算是中文著作，中文专著创作较少的情况也在一定程度上说明了系统研究和精准把握英美契约法的难度。

　　本书对于英美契约法变迁的研究，无意也无力将英美契约法的所有规则、制度和理论都囊括在内，况且这在事实上也不可能。笔者只是试图从宏观的视角较为系统地研究英美契约法框架体系的形成发展规律、英美契约法核心原则与重大理论的发展演化规律、英美契约法最新发展理论方案和变化趋势以及英美契约法对于中国法治的宏观与微观影响等几个方面内容，尽量将合同法具体规则和制度纳入对英美契约法宏观理论体系的分析中去，以期得出的分析结论更有益于中国契约法治的建构与发展。

　　总之，英美契约法的变迁体现着英美国家经济社会发展的需求，其从古典契约法到新古典契约法再到社会化契约法的发展阶段，其实是美国法的变迁在私法领域的一种反映。从历史阶段上来说，美国法的19世纪是契约法中心的世纪，20世纪是社会法中心的世纪，20世纪末至今可以算是宪政中心的世纪。因此，本书可以说是美国法的变迁发展在契约法领域的具体呈现，英美契约法变迁之研究离不开英美法律与社会变动的宏观背景。

参 考 文 献

一、中文著作

1. 梁慧星:《为权利而斗争》,中国法制出版社 2000 年版。
2. 梁慧星:《民法总论》,法律出版社 1996 年版。
3. 梁慧星:《裁判的方法》,法律出版社 2003 年版。
4. 梁慧星:《民法解释学》,中国政法大学出版社 1995 年版。
5. 孙宪忠:《民法总论》,社科文献出版社 2004 年版。
6. 李永军:《合同法》,法律出版社 2010 年版。
7. 沈达明:《英美合同法引论》,对外经济贸易大学出版社 1993 年版。
8. 王军:《美国合同法》,中国政法大学出版社 1996 年版。
9. 何宝玉:《英国合同法》,中国政法大学出版社 1999 年版。
10. 杨桢:《英美契约法论》,北京大学出版社 2003 年版。
11. 傅静坤:《二十世纪契约法》,法律出版社 1997 年版。
12. 张利宾:《美国合同法——判例、规则和价值规范》,法律出版社 2007 年版。
13. 梁治平:《法律的文化解释》,生活·读书·新知三联书店 1998 年版。
14. 葛云松:《期前违约制度研究》,中国政法大学出版社 2003 年版。
15. 陈融:《解读约因:英美合同之效力基石》,法律出版社 2010 年版。
16. 尹田:《法国现代合同法》,法律出版社 1995 年版。
17. 徐国栋:《民法基本原则解释——成文法局限性之克服》,中国政法大学出版社 1992 年版。
18. 苏力:《也许正在发生:转型中国的法学》,法律出版社 2004 年版。
19. 苏力:《送法下乡:中国基层司法制度研究》,中国政法大学出版社 2000 年版。
20. 王涌:《私权的分析与建构——民法的分析法学基础》,中国政法大学 1999 年博士学位论文。
21. 林诚二:《民法理论与问题研究》,中国政法大学出版社 2000 年版。
22. 杨桢:《英美法入门》,北京大学出版社 2008 年版。
23. 王泽鉴:《英美法导论》,北京大学出版社 2012 年版。
24. 冉昊:《英美财产法基本构造分析——从身份到契约,从契约到关系》,中国社会科学院研究生院 2003 年博士学位论文。
25. 付子堂:《法律功能论》,中国政法大学出版社 1999 年版。
26. 严存生:《新编西方法律思想史》,陕西人民教育出版社 1996 年版。

27. 吕世伦:《现代西方法学流派》(上),中国大百科全书出版社 1999 年版。
28. 黄瑞琪编译:《现代社会学结构功能论选读》,台湾巨流出版公司 1984 年版。
29. 梁治平:《法辨》,贵州人民出版社 1992 年版。
30. 黄文艺:《英美法理学与中国法理学》,载《吉林大学社会科学学报》2002 年第 4 期。
31. 尹田:《法国合同法中的意思自治原则》,载《外国法学研究》1993 年复刊 2。
32. 孙新强、孙凤举:《论英美法上的单诺合同与双诺合同——兼与杨桢教授商榷》,载《环球法律评论》2005 年第 5 期。
33. 美国《第二次合同法重述》第 1—4 章,刘成伟译,载梁慧星:《民商法论丛》第 31 卷,法律出版社 2004 年版。
34. 刘南平:《法学博士论文的"骨髓"和"皮囊"》,载《中外法学》2000 年第 1 期。
35. 陶凯元、张亚普:《中国内地与香港地区合同法律制度若干问题比较研究》,载《法学评论》1997 年第 2 期。
36. 张纯:《论对价制度》,载《财经理论与实践》1997 年第 4 期。
37. 杨丽君:《论英美合同相对性原则》,载梁慧星:《民商法论丛》第 12 卷,法律出版社 1999 年版。
38. 季卫东:《关系契约论的启示》,载麦克尼尔:《新社会契约论——关于现代契约关系的探讨》,雷喜宁、潘勤译,中国政法大学出版社 1994 年版,代译序。
39. 梁慧星:《从过错责任到严格责任》,载梁慧星:《民商法论丛》第 8 卷,法律出版社 1997 年版。
40. 刘承韪:《契约法理论的历史嬗迭与现代发展》,载《中外法学》2011 年第 4 期。
41. 刘承韪:《论美国契约法理论演化"三部曲"》,载《比较法研究》2010 年第 1 期。
42. 刘承韪:《关系契约理论的困境》,载《私法》2011 年第 18 卷。
43. 刘承韪:《"关系契约理论"观察:理论内涵与学术贡献》,载梁慧星:《民商法论丛》第 41 卷,法律出版社 2008 年版。
44. 刘承韪:《英美合同法对价原则之功能分析》,载《中外法学》2006 年第 5 期。
45. 刘承韪:《英美合同法对价理论的形成与流变》,载《北大法律评论》2007 年第 8 卷第 1 辑。
46. 刘承韪:《对价原则的历史解读:源泉与原因》,载《清华法学》2007 年第 10 辑。
47. 刘承韪:《合同相对性原则的形成与流变》,载《南京大学法律评论》2007 年春季号。
48. 刘承韪:《合同理论的丰富性》,载《比较法研究》2006 年第 5 期。
49. 刘承韪:《法恩思沃斯的生平与学术贡献》,载《比较法研究》2006 年第 1 期。
50. 刘承韪:《美国合同法重述:徘徊于法典法与判例法之间》,载《民商法论丛》第 36 卷,法律出版社 2006 年版。
51. 刘承韪:《违约可得利益损失的确定规则》,载《法学研究》2013 年第 2 期。

二、中文译作

1. 〔英〕P. S. 阿蒂亚:《合同法导论》,赵旭东等译,法律出版社 2002 年版。
2. 〔德〕H. 克茨:《欧洲合同法》,周忠海等译,法律出版社 2001 年版。
3. 〔美〕施瓦茨:《美国法律史》,王军译,中国政法大学出版社 1990 年版。
4. 〔美〕科宾:《科宾论合同》,王卫国等译,中国大百科全书出版社 1997 年版。
5. 〔美〕弗里德里希·凯斯勒·格兰特·吉尔摩·安东尼·T. 克朗曼:《合同法:案例与材料》,屈广清等译,中国政法大学出版社 2004 年版。
6. 〔美〕罗伯特·A. 希尔曼:《合同法的丰富性:当代合同法理论的分析与批判》,郑云端译,北京大学出版社 2005 年版。
7. 〔英〕P. S. 阿蒂亚:《英国法中的实用主义与理论》,刘承韪、刘毅译,清华大学出版社 2009 年版。
8. 〔法〕勒内·达维:《英国法与法国法:一种实质的比较》,潘华仿、高鸿均、贺卫方译,清华大学出版社 2002 年版。
9. 〔美〕波斯纳:《法理学问题》,苏力译,中国政法大学出版社 2002 年版。
10. 〔德〕K. 茨威格特、H. 克茨:《比较法总论》,潘汉典、米健、高鸿钧、贺卫方译,法律出版社 2003 年版。
11. 〔日〕大木雅夫:《比较法》,范愉译,法律出版社 1999 年版。
12. 〔美〕卡多佐:《法律的成长,法律科学的悖论》,董炯、彭冰译,中国法制出版社 2002 年版。
13. 〔比〕卡内冈:《英国普通法的诞生》,李洪海译,中国政法大学出版社 2003 年版。
14. 〔英〕密尔松:《普通法的历史基础》,李显东等译,中国大百科全书出版社 1999 年版。
15. 〔德〕马克斯·韦伯:《论经济与社会中的法律》,张乃根译,中国大百科全书出版社 1998 年版。
16. 〔美〕哈罗德·伯尔曼:《法律与革命——西方法律传统的形成》,贺卫方、高鸿钧、张志铭、夏勇译,中国大百科全书出版社 1993 年版。
17. 〔美〕詹姆斯:《实用主义》,陈羽纶、孙瑞禾译,商务印书馆 1979 年版。
18. 〔古希腊〕亚里士多德:《尼各马可伦理学》,廖申白译注,商务印书馆 2003 年版。
19. 〔美〕埃里克·A. 波斯纳:《法律与社会规范》,苏力译,中国政法大学出版社 2004 年版。
20. 〔美〕麦克尼尔:《新社会契约论——关于现代契约关系的探讨》,雷喜宁、潘勤译,中国政法大学出版社 1994 年版。
21. 〔美〕科斯、哈特、斯蒂格利茨等:《契约经济学》,李风圣等译,经济科学出版社 1999 年版。
22. 〔英〕罗素:《西方哲学史》,何兆武、李约瑟译,商务印书馆 1963 年版。
23. 〔美〕梯利:《西方哲学史》,葛力译,商务印书馆 1995 年版。

24. 〔德〕马克斯·韦伯:《新教伦理与资本主义精神》,于晓、陈维纲等译,生活·读书·新知三联书店1987年版。

25. 〔德〕马克斯·韦伯:《社会科学方法论》,韩水法、莫茜译,中央编译出版社1999年版。

26. 〔加〕Peter Benson:《合同法理论》,易继明译,北京大学出版社2004年版。

27. 〔法〕莱翁·狄骥:《宪法论(第一卷:法律规则和国家问题)》,钱克新译,商务印书馆1963年版。

28. 〔美〕罗伯特·考特和托马斯·尤伦:《法和经济学》,张军等译,上海三联书店、上海人民出版社1994年版。

29. 〔法〕E.迪尔凯姆:《社会学方法的准则》,狄玉明译,商务印书馆1995年版。

30. 〔美〕本杰明·N.卡多佐:《司法过程的性质》,苏力译,商务印书馆1998年版。

31. 〔美〕克利福德·吉尔兹:《地方性知识:事实与法律的比较透视》,邓正来译,载梁治平:《法律的文化解释》(第2版),生活·读书·新知三联书店1998年版。

32. 〔美〕伯尔曼:《法律与宗教》,梁治平译,中国政法大学出版社2003年版。

33. 〔美〕罗斯科·庞德:《法理学》(第一册),邓正来译,中国政法大学出版社2004年版。

34. 〔英〕弗里德里希·冯·哈耶克:《法律、立法与自由(第一卷)》,邓正来译,中国大百科全书出版社2000年版。

35. 〔英〕巴里·尼古拉斯:《罗马法概论》,黄风译,法律出版社2000年版。

36. 〔德〕迪特尔·梅迪库斯:《德国民法总论》,邵建东译,法律出版社2000年版。

37. 〔美〕美国法学会、美国统一州法委员会:《美国〈统一商法典〉及其正式评述》(第一卷),孙新强译,中国人民大学出版社2004年版。

38. 〔美〕泰格、利维:《法律与资本主义的兴起》,纪琨译,刘锋校,学林出版社1996年版。

39. 〔美〕卡尔文·伍达德:《威廉·布莱克斯通与英美法理学》,张志铭译,载《南京大学法律评论》1996年秋季号。

40. 〔美〕霍姆斯:《法律之道》,许章润译,载《环球法律评论》2001年第3期。

41. 〔美〕格兰特·吉尔莫:《契约的死亡》,曹士兵等译,载梁慧星:《为权利而斗争》,中国法制出版社2000年版。

三、英文著作

1. Farnsworth, Sanger, Cohen, Brooks and Garvin, *Cases and Materials on Contracts*, University Casebook Series, Foundation Press, 8th edition, 2013.

2. Lon L. Fuller & Melvin Aron Eisenberg, *Basic Contract Law*, west, 6th ed., 1996.

3. E. Allan Farnsworth, *Contracts*, Aspen Law & Business, 1999.

4. Samuel Williston, *The Law of Contracts*, New York Baker, Voorhis & Co., 1920.

5. Frederick Pollock, *Principles of Contract at Law and in Equity*, Stevens & Sons, 1st

ed. , 1876.

6. Konrad Zweigert, Hein Kötz, *An Introduction to Comparative Law* (Ⅱ), North-Holland 1977.

7. A. G. Guest, *Chitty On Contracts*, Volume 1, General Principles, 27th ed. London: Sweet & Maxwell, 1994.

8. Treitel, *The Law of Contract*, 9th ed. London: Sweet & Maxwell, 1995.

9. Ewan Mckendrick, *Contract Law*, 4th edition, Palgrave Publishers, 2000.

10. Robert Upex, *Davies On Contract*, 7th ed. London: Sweet & Maxwell, 1995.

11. A. W. B. Simpson, *A History of the Common Law of Contract: The Rise of the Action of Assumpsit*, Oxford University Press, 1975.

12. Morton J. Horwitz, *The Transformation of American Law, 1870—1960: The Crisis of Legal Orthodoxy*, Oxford University Press, 1992.

13. Kevin M. Teeven, *A History of the Anglo-American Common Law of Contract*, Greenwood Publishing Group, 1990.

14. William Holdsworth, *A History of English Law*, Little, Brown and Co. , 1926.

15. David J. Ibbetson, *A Historical Introduction to the Law of Obligations*, Oxford University Press, 1999.

16. David J. Ibbetson, *Consideration and the Theory of Contract in Sixteenth Century Common Law*, in Towards a General Law of Contract, John Barton, ed. , Duncker & Humblot, 1990.

17. Max Horkheimer, *The End of Reason*, in The Essential Frankfurt School Reader, Andrew Arato & Eike Gebhardt eds. , 1978.

18. Frederic William Maitland, *The Forms of Action at Common Law*, Cambridge University Press, 1st ed. 1909.

19. P. S. Atiyah, *Pragmatism and Theory in English Law*, London: Stevens, 1987.

20. P. S. Atiyah, *Essays on Contract*, Oxford: Clarendon Press; New York: Oxford University Press, 1986.

21. Oliver Wendell Holmes, Jr. , *The Common Law*, Boston, Little, Brown & Co. 1881.

22. John V. Orth, *Contract and the Common Law*, in The State and Freedom of Contract, Harry N. Scheiber ed. , Stanford University Press, 1998.

23. Theodore F. T. Plucknett, *A Concise History of the Common Law*, London: Butterworth & Co. , 1940.

24. P. S. Atiyah, *The Rise and Fall of Freedom of Contract*, Oxford University Press, 1979.

25. P. S. Atiyah, *Promises, Morals and Law*, Clarendon Press, 1981.

26. Richard B. Morris, *Studies in the History of American Law: with Special Reference to the Seventeenth and Eighteenth Centuries*, New York: Columbia University Press; London: P. S. King & Son, Ltd. , 1930.

27. *Restatement of Contracts*, Second, § 1.

28. Allan Farnsworth, *Contracts*, Aspen Law & Business, 1999, 3rd ed..

29. A. L. Corbin, *Corbin On Contracts*, West Publishing Co., 1952.

30. A. W. B. Simpson, *The History of Common Law of Contract: The Rise of the Action of Assumpsit*, Clarendon Press, 1975.

31. Barness, David W. & Stout, Lynn A., *The Economics of Contract Law*, West Publishing Co., 1992.

32. Brewer, Scott, *Moral Theory and Legal Reasoning*, Garland Publishing, Inc., 1998.

33. Campell, David(ed.), *The Relational Theory of Contract: Selected Works of Ian Macneil*, Sweet & Maxwell, 2001.

34. Fried, Charles, *Contract As Promise*, Harvard Univ. Press, 1981.

35. Friedman, Lawrence, *Contract Law in America*, The Univ. of Wisconsin Press, 1965.

36. Golding, Martin P. and Edmun, William A., *The Blackwell Guide to the Philosophy of Law and Legal Theory*, Blackwell Publishing, 2005.

37. Hillman, Robert A., *The Richness of Contract Law: An Analysis and Critique of Contemporary Theories of Contract Law*, Kluwer Academic Publishers, 1997.

38. Horwitz, Morton J., *The Transformation of American Law(1780—1860)*, Harvard Univ. Press, 1977.

39. Horwitz, Morton J., *The Transformation of American Law(1870—1960)*, Oxford Univ. Press, 1992.

40. Kronman Anthony T. and Posner, Richard A., *The Economics of Contract Law*, Little, Brown and Company, 1979.

41. Smith, Stephen A., *Contract Theory*, Oxford Univ. Press, 2004.

42. Weinrib, Ernest J., *The Idea of Private Law*, Harvard Univ. Press, 1995.

43. Arthur Leff, Contract as Thing, 19 *Am. U. Law. Rev.* 131 (1970).

44. Fuller, *The Morality of Law*, Yale University Press, 1964.

45. Eisenberg, The Principles of Consideration, 67 *Cornell L. Rev.* 640 (1982).

46. Eisenberg, The Responsive Model of Contract Law, 36 *Stan. L. Rev.* 1107(1984).

47. Randy E. Barnett, *Perspectives On Contract Law*, 2nd ed., Aspen Law & Business, 1999.

48. Randy Barnett, A Consent Theory of Contract, 86 *Colum. L. Rev.* 269 (1986).

49. Randy E. Barnett, *Perspectives On Contract Law*, 2nd ed., Aspen Law & Business, 1999.

50. Arthur T. von Mehren, Civil-Law Analogues to Consideration: An Exercise in Comparative Analysis, 1009 *Harvard Law Review* April 1959.

51. The Law Commission—*Privity of Contract: Contracts for the Benefit of Third Parties*,

Part VI—The Third Party Rule and Consideration.

52. Lon L. Fuller, Consideration and Form, 41 *Colum. L. Rev.* 799 (1941).

53. Duncan Kennedy, From Will Theory to the Principle of Private Autonomy: Lon Fuller's "Consideration and Form", *Columbia Law Review*, January 2000.

54. Oliver Wendell Holmes, "The Path of Law", *Harvard Law Review* 457(1897).

55. Oliver Wendell Holmes, *The Common Law*, edited by Mark DeWolfe Howe, Boston: Little, Brown, 1963.

56. John H. Baker, *The Legal Profession and the Common Law*, Hambledon & London (1986).

57. Kevin M. Teeven, *A History of the Anglo-American Common Law of Contract*, Praeger, (1990).

58. Maitland, *Forms of Action at Common Law*, Cup, 1948, Lecture I.

59. James Gordley, *The Philosophical Origins of Modern Contract Doctrine*, Clarendon Press, 1991.

60. P. H. WINFIELD, *Pollock's Principle of Contract*, Stevens & Sons Limited, 1946, 12th ed..

61. Christopher Columbus Langdell, *Selection of Cases on the Law of Contracts*, with a Summary of the Topics Covered by the Cases (2d. ed., Boston, Little, Brown & Co. 1879).

62. Christopher Columbus Langdell, Mutual Promises as a Consideration for Each Other, 14 *Harv. L. Rev.* 496 (1901).

63. James Barr Ames, The History of Assumpsit (pt.1), 2 *Harv. L. Rev.* 1 (1888).

64. James Barr Ames, Two Theories of Consideration (pts. 1 & 2), 12 *Harv. L. Rev.* 515, (1899)), 13 *Harv. L. Rev.* 29 (1899).

65. James Oldham, Reinterpretations of 18th-Century English Contract Theory: The View From Lord Mansfield's trial Notes, *Georgetown Law Journal*, August, 1988.

66. Sir Frederick Pollock and Frederic William Maitland, *The History of English Law*, 2nd ed. (1898; reprint ed. Cambridge, 1968).

67. T. F. T. Plucknett, The Relations Between Roman Law and English Common Law Down to the Sixteenth Century, *Univ. Toronto Law Journal*, 3(1939—40).

68. P. S. Atiyah, The Binding Nature of Contractual Obligations, in Donald Harris and Denis Tallon (ed.), *Contract Law Today: Anglo-French Comparisons*, Clarendon Press, 1989.

69. Lorenzen, Causa and Consideration in the Law of Contracts, 28 *Yale L. J.* 621, (1919).

70. Friedrich Kessler, Contracts of Adhesion—Some Thoughts about Freedom of Contract, 43 *Colum. L. Rev.* 629 (1943).

71. Vernon v. Palmer, *The Paths to Privity of Contract*, Austin &Winfield Publishers,

1992.

72. James Gordon III, A Dialogue about the Doctrine of Consideration, 75 *Cornell L. Rev* (1990).

73. E. Allan Farnsworth, Promises and Paternalism, *William and Mary Law Review*, February, 2000.

74. Cheshire, *Fifoot & Furmston's Law of Contract*, Butterworths, 1996.

75. Ibbetson, Words and Deeds: The Action of Covenant in the Reign of Edward I, 4 *Law & Hist Rev*, 1986.

76. J. H. Baker, *An Introduction to English Legal History*, 2nd ed., Butterworths, 1979.

77. J. H. Baker, New Light on Slade's Case, *Cambridge Law Journal*, 1971.

78. Daniel J. Klau, What Price Certainty? Corbin, Williston and the Restatement of Contract, *Boston University Law Review*, May 1990.

79. J. Kent, *Commentaries On American law* 630 ([1826] 12th O. W. Holmes ed. 1873).

80. James Gordley, Enforcing Promises, 83 *Calif. L. Rev.* 547, March, 1995.

81. William Blackstone, *Commentaries on the Laws of England*, Univ. Chicago Press 1979 (1766).

82. Roy Kreitner, The Gift Beyond the Grave: Revisiting the Question of consideration, 101 *Colum. L. Rev.* 1876 (2001).

83. Bone, Normative Theory and Legal Doctrine in American Nuisance Law: 1850 to 1920, 59 *S. Cal. L. Rev.* 1101 (1986).

84. Grey, Langdell's Orthodoxy, 45 *University of Pittsburgh. L. Rev.* 1 (1983—84).

85. Hoeflich, *Law and Geometry: Legal Science from Leibniz to Langdell*, 30 Am J. Legal Hist. 95 (1986).

86. Frederick Pollock, *Principles of Contract at Law and in Equity* (1st ed., London, Stevens & Sons 1876).

87. Mark Pettit, Jr., Modern Unilateral Contracts, 63 *B. U. L. Rev.* 551 (1983).

88. Joseph H. Beale, Jr., Gratuitous Undertakings, 5 *Harv. L. Rev.* 222 (1891).

89. Theophilus Parsons, *The Law of Contracts* (1st ed., Boston, Little, Brown & Co. 1853).

90. C. G. Addison, *A Treatise on the Law of Contracts and Rights and Liabilities ex Contractu* (4th ed., London, V. & R. Stevens & G. S. Norton 1856).

91. James Gordley, Contract Law in the Aristotelian Tradition, in Peter Bension, *The Theory of Contract Law: New Essays*, Cambridge University Press, 2001.

92. Richard A. Posner, *Economic Analysis of Law*, Little Brown and Company, 2nd ed., 1977.

93. Roy Kreitner, "The Gift Beyond The Grave: Revising The Question of Consideration" (2001) *Columbia Law Review*.

94. Rudolph Von Jhering, *Law as a Means to An End*, selected from The Great Legal Philosophers, University of Pennsylvania Press, 1958.

95. Morris R. Cohen, The Basis of Contract, 4 *Harv. L. Rev.* 553(1933).

96. Randy E. Barnett & Mary E. Becker, Beyond Reliance: Promissory Estoppel, Contract Formalities, and Misrepresentations, 15 *Hofstra L. Rev.* 443 (1987).

97. John P. Dawson, *Gifts and Promises*, Yale University Press (1980).

98. Hayek, *Studies in Philosophy, Politics and Economics*, Routledge & Kegan Paul, 1967.

99. V Palmer, "The History of Privity—The Formative Period" (1500—1680) (1989) 33 *Am J Leg Hist* 3.

100. A. G. Guest, *Chitty On Contracts, Volume 1, General Principles*, 27th ed. London: Sweet & Maxwell, 1994.

101. James Gordley, European Codes and American Restatement: Some Difficulties, *Columbia Law Review*, January 1981.

102. Simpson, Innovation in Nineteenth Century Contract Law, 91 *Law Q. Rev.* 247 (1975).

103. Malcolm S. Mason, The Utility of Consideration—A Comparative View, *41 Colum. L. Rev. (1941)*.

104. Clarence D. Ashley, The Doctrine of Consideration, *26 Harv. L. Rev (1913)*.

105. James D. Gordon III, Consideration and the Commercial-Gift Dichotomy, *44 Vand. L. Rev (1991)*.

106. James D. Gordon III, A Dialogue About the Doctrine of Consideration, *75 Cornell L. Rev. (1990)*.

107. Roscoe Pound, Individual Interests of Substance—Promised Advantages, *59 Harv. L. Rev. (1945)*.

108. Malcolm P. Sharp, Pacta Sunt Servanda, *41 Colum. L. Rev. (1941)*.

109. Geoffrey R. Watson, In the Tribunal of Conscience: Mills v. Wyman Reconsidered, *71 Tul. L. Rev. (1997)*.

110. Mark B. Wessman, Retaining the Gatekeeper: Further Reflections on the Doctrine of Consideration, *29 Loy. L. A. L. Rev. (1996)*.

111. Mark B. Wessman, Should We Fire the Gatekeeper? An Examination of the Doctrine of Consideration, *48 U. Miami L. Rev. (1993)*.

112. Lord Wright, Ought the Doctrine of Consideration be Abolished from the Common Law?, *44 Harv. L. Rev. (1936)*.

113. Howard Engelskirchen, Consideration as the Commitment to Relinquish Autonomy,

27 Seton Hall L. Rev. (1997).

114. Daniel A. Farber & John H. Matheson, Beyond Promissory Estoppel: Contract Law and the "Invisible Handshake", *52 U. Chi. L. Rev.* (1985).

115. Max Radin, Contract Obligation and the Human Will, *43 Colum. L. Rev.* (1943).

116. Roscoe Pound, The Role of the Will in Law, *68 Harv. L. Rev. 1* (1954).

117. Roscoe Pound, Consideration in Equity, *13 Ill. L. Rev.* (1919).

118. lces, Peter A. Contract Reconceived, 96 Nw. U. L. Rev. (2001).

119. Ayres, Ian & Gertner, Robert. Filling Gaps in Incomplete Contracts: An Economic Theory of Default Rules, *99 Yale L. J.* (1989).

120. Ayres, Ian & Gertner, Robert. Strategic Contractual Inefficiency and the Optimal Choice of Legal Rules, *101 Yale L. J.* (1992).

121. Ayres, Ian. Preliminary Thoughts on Optimal Tailoring of Contractual Rules, *3 S. Cal. Interdisc. L. J.* (1993).

122. Barnett, Randy E. Contract Remedies and Inalienable Rights, *Soc. Phil. & Pol'y*, Autumn 1986.

123. Barnett, Randy E. A Consent Theory of Contract, *86 Colum. L. Rev.* (1986).

124. Barnett, Randy E. Some Problems with Contract as Promise, *77 Cornell L. Rev.* (1991—92).

125. Barnett, Randy E. Conflicting Visions: A Critique of Ian Macneil's Relational Contract Theory, *Va. L. Rev.* (1992).

126. Barnett, Randy E. The Sound of Silence: Default Rules and Contractual Consent, *78 Va. L. Rev.* (1992).

127. Barnett, Randy E. Consent to Form Contract, *71 Fordham L. Rev.* (2002—03).

128. Beal, Eric D. Posner and Moral Hazard, *7 Conn. Ins. L. J.* (2000—01).

129. Bernstein, Lisa. Social Norms and Default Rules Analysis, *3 S. Cal. Interdis. L. J.* (1993).

130. Bernstein, Lisa. Rethinking the Codes Search for Immanent Business Norms, *144 U. Pa. L. Rev.* (1996).

131. Bernstein, Lisa. The Questionable Empirical Basis of Article 2's Incorporation Strategy: A Preliminary Study, *66 U. Chi. L. Rev.* (1999).

132. Charny, David. The New Formalism in Contract, *66 U. Chi. L. Rev.* (1999).

133. Coleman, Jules L. The Normative Basis of Economic Analysis: A Critical Review of Richard Posner's The Economics of Justice (Book Review), *34 Stan. L. Rev.* (1982).

134. Craswell, Richard. Contract Law, Default Rules, and the Philosophy of Promising, *88 Mich. L. Rev.* (1989).

135. Craswell, Richard. The Relational Move: Some Questions From Law and Economics, *3S. Cal. Interdis. L. J.* (1993).

136. Craswell, Richard. Do Trade Customs Exist? in *The Jurisprudential Foundations of Corporate and Commercial Law*, Edited by Kraus, Jody S. & Walt, Steven D. , 2003 年。

137. Dalton, Clare. An Essay in the Deconstruction of Contract Doctrine, *94 Yale L. J.* (1985).

138. Dimatteo, Larry A. The History of Natural Law Theory: Transforming Embedded Influences into a Fuller Understanding of Modern Contract Law, *60 U. Pitt. L. Rev.* (1999).

139. Eisenberg, Melvin A. The World of Contract and the World of Gift, *85 Cal. L. Rev.* (1997).

140. Eisenberg, Melvin A. Why There Is No Law Of Relational Contracts, *94 Nw. U. L. Rev.* (2000).

141. Eisenberg, Melvin A. The Emergency of Dynamic Contract Law, *88 Calif. L. Rev.* (2000).

142. Farber, Daniel. The Ages of American Formalism, *90 Nw. U. L. Rev.* (1995).

143. Farber, Daniel. Economic Efficiency and the Ex Ante Perspective, in *The Jurisprudential Foundations of Corporate and Commercial Law*, Edited by Kraus, Jody S. & Walt, Steven D. , 2003 年。

144. Farnsworth, E. Allan. The Past of Promise: An Historical Introduction to Contract, *69 Colum. L. Rev.* (1969).

145. Feinman, Jay M. Critical Approach to Contract Law, *30 Ucla L. Rev.* (1983).

146. Feinman, Jay M. The Meaning of Reliance: A Historical Perspective, 1984 *Wis. L. Rev.*.

147. Feinman, Jay M. The Significance of Contract Theory, *58 U. Cin. L. Rev.* (1990).

148. Feinman, Jay M. The Last Promissory Estoppel Article, *61 Fordham L. Rev.* (1992).

149. Feinman, Jay M. Relational Contract and Default Rules, *3 S. Cal. Interdis. L. J.* (1993).

150. Feinman, Jay M. Relational Contract Theory in Context, *94 Nw. U. L. Rev.* (2000).

151. Goetz, Charles J. & Scott, Robert E. Principles of Relational Contracts, *67 Va. L. Rev.* (1981).

152. Gordley, James. Enforcing Promises, *83 Calif. L. Rev.* (1995).

153. Gudel, Paul J. Relational Contract Theory and the Concept of Exchange, *6 Buffalo L. Rev.* (1998).

154. Hillman, Robert A. Court Adjustment of Long-term Contracts: An Analysis Under Modern Contract Law, 1987 *Duke L. J.*.

155. Hillman, Robert A. The Crisis in Modern Contract Theory, *67 Tex. L. Rev.*

(1988).

156. Jackson, Craig Leonard. Traditional Contract Theory: Old and New Attacks and Old and New Defenses, *33 New Eng. L. Rev.* (1999).

157. Johnston, Jason Scott. Should the Law Ignore Commercial Norms? A Comment on the Bernstein Conjecture and Its Relevance for Contract Law Theory and Reform, *99 Mich. L. Rev.* (2001).

158. Katz, Avery Wiener. The Economics of Form and Substance in Contract Interpretation, *104 Colum. L. Rev.* (2004).

159. Kelley, Patrick J. A Critical Analysis of Holmes's Theory of Contract, *75 Notre Dame L. Rev.* (2000).

160. Kennedy, Duncan. Form and Substance in Private Law Adjudication, *89 Harv. L. Rev.* (1976).

161. Kennedy, Duncan. Distributive and Paternalist Motives in Contract and Tort Law, with Special Reference to Compulsory Terms and Unequal Bargaining Power, *41 Maryland L. Rev.* (1982).

162. Kennedy, Duncan, Law-and-Economics from the Perspective of Critical Legal Studies, in *The New Palgrave Dictionary of Economics and the Law*, Macmillan Reference Limited. 1998.

163. Kennedy, Duncan, Legal Formalism, in *Encyclopedia of the Social & Behavioral Sciences*, Elsvier. (2001).

164. Kennedy, Duncan, The Disenchantment of Logically Formal Legal Rationality, or Max Weber's Sociology in the Genealogy of the Contemporary of Western Legal Thought, *55 Hastings L. J.* (2004).

165. Kraus, Jody S. & Walt, Steven D. In Defense of the Incorporation Strategy, in *The Jurisprudential Foundations of Corporate and Commercial Law*, Edited by Kraus, Jody S. & Walt, Steven D, Cambridge University Press, 2003.

166. Kronman, Anthony T. Contract Law and Distributive Justice, *89 Yale L. J.* (1980).

167. Kronman, Anthony T. Paternalism and the Law of Contracts, *92 Yale L. J.* (1983).

168. Lees, Matthew. Contract, Conscience, Communitarian Conspiracies and Confucius: Normativism through the Looking Glass of Relational Contract Theory, *25 Melbourne U. L. Rev.* (2001).

169. Lightsey, Wallace K. A Critique of The Promise Model of Contract, *26 Wm and Mary L. Rev.* (1984).

170. Macaulay, Steward. Non-Contractual Relations in Business: A Preliminary Study, *28 Am. Soc. Rev.* (1963).

171. Macaulay, Steward. Relational Contracts Floating on a Sea of Custom? Thoughts about The Ideas of Ian Macneil and Lisa Bernstein, *94 Nw. U. L. Rev. 775* (2000).

172. Macneil, Ian R. Review of H. Shepherd and B. D. Sher, Law in Society: An Introduction to Freedom of Contract, *46 Cornell Law Quarterly* (1960).

173. Macneil, Ian R. Power of Contract and Agreed Remedies, *47 Cornell L. Q.* (1962).

174. Macneil, Ian R. Comments: An Exercise in Contract Damages: City of Memphis v. Ford Motor Company, *4 B. C. Indus. & Com. L. Rev.* (1962—63).

175. Macneil, Ian R. Time of Acceptance: Too Many Problems for a Single Rule, *112 U. Pa. L.* (1964).

176. Macneil, Ian R. Whither Contracts? *21 J. Legal Educ.* (1968—69).

177. Macneil, Ian R. The Many Futures of Contract, *47 Southern California Law Review* (1974).

178. Macneil, Ian R. Restatement (Second) of Contracts and Presentation, *60 Vir. L. Rev.* (1974).

179. Macneil, Ian R. Contracts: Adjustment of Long-Term Relations Under Classical, Neoclassical, and Relational Contract Law, *72 Nw. U. L. Rev.* (1978).

180. Macneil, Ian R. Economic Analysis of Contractual Relations: Its Shortfalls and the Need for a "Rich Classificatory Apparatus", *75 Nw. U. L. Rev.* (1981).

181. Macneil, Ian R. Lon Fuller: Nexusist, *26 Am. J. Juris.* (1981).

182. Macneil, Ian R. Efficient Breach: Circles in the Sky, *68 Vir. L. Rev.* (1982).

183. Macneil, Ian R. Values in Contract: Internal and External, *78 Nw. U. L. Rev.* (1983).

184. Macneil, Ian R. Bureaucracy and Contracts of Adhesion, *22 Osgoode Hall L. J.* (1984).

185. Macneil, Ian R. Bureaucracy, Liberalism and Community-Amenican Style, *79 Nw. U. L. Rev.* (1984—85).

186. Macneil, Ian R. Reflections on Relational Contract, *141 Journal of Institutional and Theoretical Economics* (1985).

187. Macneil, Ian R. Exchange Revisited: Individual Utility and Social Solidarity, *96 Ethics* (1986).

188. Macneil, Ian R. Relational Contract Theory as Sociology: A Reply to Professors Lindenberg and de Vos, *143 Journal of Institutional and Theoretical Economics* (1987).

189. Macneil, Ian R. Contract Remedies: A Need for a Better Efficiency Analysis, *144 Jounal of Legal Education* (1988).

190. Macneil, Ian R. Relational Contract Theory: Challenges and Queries, *94 Nw. U. L. Rev.* (2000).

191. Macneil, Roderick W. Contract in China: Law, Practice, and Dispute Resolution, *38 Stan. L. Rev.* (1986).

192. Maggs, Gregory E. The Restatement (Second) of Contracts and the Modern Development of Contract Law, *66 Geo. Wash. L. Rev.* (1998).

193. Mautner, Manechem. Contract, Culture, Compulsion, or: What Is So Problematic in the Application of Objective Standards in Contract Law? *3 Theoretical Inq. L.* (2002).

194. Mooney, Ralph James. The New Conceptualism in Contract Law, *74 Or. L. Rev.* (1995).

195. Movsesian, Mark L. Two Cheers for Freedom of Contract, *23 Cardozo L. Rev.* (2002).

196. Murray, John E. Jr. A Tribute to Professor Joseph M. Perillo: Contract Theories and the Rise of Neoformalism, *71 Fordham L. Rev.* (2002).

197. Perillo, Joseph M. The Origins of the Objective Theory of Contract Formation and Interpretation, *69 Fordham L. Rev.* (2000).

198. Posner, Eric A. Contract Law in the Welfare State: A Defense of Unconscionability Doctrine, Usury Laws and Related Limitations on the Freedom to Contract, *24 J. Legal Stud.* (1995).

199. Posner, Eric A. A Theory of Contract Law Under Conditions of Radical Judicial Error, *94 Nw. U. L. Rev.* (2000).

200. Posner, Eric A. Economic Analysis of Contract Law after Three Decades: Success of Failure? *112 Yale L. J.* (2003).

201. Remington, Clark A. Llewellyn, Antiformalism and the Fear of Transcendental Nonsense: Codifying the Variability Rule in the Law of Sales, *44 Wayne L. Rev.* (1998).

202. Schmedemann, Deborah A. An Empirical Study of Context in Contract Creation, *55 S. C. L. Rev.* (2003).

203. Schwartz, Alan. Proposals for Products Liability Reform: A Theoretical Synthesis, *97 Yale L. J.* (1988).

204. Schwartz, Alan. & Scott, Robert E. Contract Theory and the Limits of Contract Law, *113 Yale L. J.* (2003).

205. Schwartz, Alan. & Watson, Joel. The Law and Economics of Costly Contracting, *20 J. L. Econ. & Org.* (2004).

206. Scott, Robert E. The Case for Formalism in Relational Contract, *94 Nw. U. L. Rev.* (2000).

207. Speidel, Richard E. Article 2 and Relational Sales Contracts, *26 Loy. L. A. L. Rev.* (1993).

208. Speidel, Richard E. The Shifting Domain of Contract, *90 Nw. U. L. Rev.* (1995).

209. Speidel, Richard E. The Characteristics and Challenges of Relational Contracts, *94*

Nw. U. L. Rev. (2000).

210. Sunstein, Cass R. Must Formalism Be Defended Empirically? *66 U. Chi. L. Rev.* (1999).

211. Trebilcock, Michael J. Critiques of the Limits of Freedom of Contract: A Rejoinder, *33 Osgoode Hall L. J.* (1995).

212. Whitford, William C. Ian Macneil's Contribution to Contracts Scholarship, *Wis. L. Rev.* (1985).

213. Wonnell, Christopher T. Contract Law and the Austrian School of Economics, *54 Fordham L. Rev* (1986).

214. Woodward, William J. Jr. Neoformalism in a Real World of Forms, *Wis. L. Rev.* (2001).

四、辞书类

1. 〔英〕戴维·M.沃克:《牛津法律大辞典》,李双元等译,法律出版社2003年版。

2. *Black's Law Dictionary*, Seventh ed., West Group, 1999.

3. 薛波:《元照英美法辞典》,法律出版社2003年版。

后　　记

如王泽鉴先生所言,英美契约法是英美法的精髓之所在。不管是英美契约法所具有的多元化与开放性风格,还是英美契约法所秉持的"合同即交易(contract is a bargain)"的市场社会理念,都契合了世界范围内合同法商业化的趋势,从而使得英美契约法不仅成为国际商务游戏规则,也深刻影响了中国合同法。因此,在中国逐步迈向市场法治化和经济全球化的大背景下,能以英美契约法作为研究对象,实在是一件幸运的事情。

我对于英美契约法的专门研究始于2002年。那一年我有幸考入中国社会科学院法学研究所,追随梁慧星老师攻读民商法博士学位。梁老师最初建议我以"美国契约法理论的发展"为博士论文选题,但由于当时自己觉得要系统把握英美契约法的理论系统,似乎很难绕开"对价原则"这一英美法中相对具体但却十分核心的制度和理论问题,于是便将博士论文题目定在了《对价原则研究:英美合同法中的"理论与规则之王"》,并于2006年在法律出版社出版成书。该书在学界得到较好评价,并于2010年获得第三届钱端升优秀法学研究成果奖,算是对自己博士三年全身心埋头阅读与潜心写作的一种肯定吧。

本书(《英美契约法的变迁与发展》)的写作在相当程度上是对自己既往研究的延续,也算是迟交的梁老师十年前所布置作业的答卷。自博士毕业至今的这十年中,我将自己对"英美契约法(理论)变迁"这一主题的思考以文字形式陆续发表在期刊杂志上,才有了现在这本著作。这些文章主要包括:《法恩思沃斯的生平与学术贡献》(《比较法研究》2006)、《美国合同法重述:徘徊于法典法与判例法之间》(《民商法论丛》2006)、《合同理论的丰富性》(《比较法研究》2006)、《对价原则的功能分析》(《中外法学》2006)、《对价理论的起源与流变》(《北大法律评论》2007)、《对价原则的历史渊源》(《清华法学》2007)、《合同相对性原则的起源与流变》(《南京大学法律评论》2007)、《关系契约理论:理论内涵与学术贡献》(《民商法论丛》2008)、《论美国契约法理论演化三部曲》(《比较法研究》2010)、《契约法理论的历史嬗迭与现代发展》(《中外法学》2011)、《关系契约理论的困境》(《私法》2011)、《关于英美法违约救济严格责任的简单思考》(《中德私法研究》2012)等,因此也要感谢上述杂志的编辑们,谢谢他们对于文稿的认可和提出的富有价值的建议。

最应该感谢的还是导师梁慧星先生,感谢他多年诲尔谆谆的教导与栽培。所谓"经师易遇,人师难遭",梁老师不仅授业解惑,更是传道恩师。每次去梁老师家中拜访畅谈,不仅能使自己的才思心智得以启迪,更能顿悟人生之道,尔后"孜孜焉竞其职,莫敢或怠",以对得住梁老师的期望。同样要感谢我的博士导师组的孙宪忠老师和王家福老师,他们一直以来的鼓励和帮助让我有了更多的人生信心和学术勇气。

感谢中国政法大学比较法学研究院院长高祥教授,感谢他所营造的公正、开明与包容的学院风气,也敬佩他所践行的锐意进取的创业精神,同样要感谢比较法学研究院丁玫老师和林林老师对我的无私关照和不断帮助。感谢博士同学、首都经贸大学法学院副院长张世君教授的鼎力支持。感谢北大出版社法律部的邹记东主任和周菲老师的认可和付出。感谢北京理工大学法学院刘毅教授,这位学术与人生路上的同行知己。

最后我想说的是,学术需要心境,尤其需要守得住生命之孤独(钱穆《晚学盲言》)。古人云:"自以灵心施砥砺,应教顽石作琳琅。"生在这样的时代,如果能在孤独中砥砺自心,能在孤独中沉淀生命,你已经算是成功了。

刘承韪
2013 年 1 月 9 日